上海市重点图书

序伦财经文库

中国现代会计之父——潘序伦 传

罗银胜 ○ 著

立信会计 出版社
LIXIN ACCOUNTING PUBLISHING HOUSE

图书在版编目(CIP)数据

中国现代会计之父：潘序伦传/ 罗银胜著. —上海：
立信会计出版社,2017.12
ISBN 978 - 7 - 5429 - 5591 - 3

Ⅰ.①中… Ⅱ.①罗… Ⅲ.①潘序伦（1893～
1985）—生平事迹 Ⅳ.①K825.31

中国版本图书馆 CIP 数据核字(2018)第 011222 号

策划编辑　　孙　勇
责任编辑　　方士华　彭秋龙
封面设计　　南房间

中国现代会计之父——潘序伦传

出版发行	立信会计出版社			
地　　址	上海市中山西路 2230 号	邮政编码	200235	
电　　话	(021)64411389	传　真	(021)64411325	
网　　址	www. lixinaph. com	电子邮箱	lxaph@sh163. net	
网上书店	www. shlx. net	电　话	(021)64411071	
经　　销	各地新华书店			
印　　刷	上海天地海设计印刷有限公司			
开　　本	710 毫米×1000 毫米	1/16		
印　　张	14.5	插　页	3	
字　　数	242 千字			
版　　次	2017 年 12 月第 1 版			
印　　次	2017 年 12 月第 1 次			
印　　数	1—3100			
书　　号	ISBN 978 - 7 - 5429 - 5591 - 3/K			
定　　价	38.00 元			

如有印订差错，请与本社联系调换

谨以此书纪念

中国现代会计之父潘序伦先生诞辰 125 周年

上海立信会计金融学院成立 90 周年

立信会计师事务所成立 90 周年

立信会计出版社成立 75 周年

中国现代会计之父——潘序伦

信以立志
信以守身
信以处事
信以待人
毋忘立信
当必有成

潘序伦

潘序伦先生亲自书写的校训

潘序伦先生对立信会计事业贡献殊多

与潘序伦先生亦师亦友的
顾准同志

潘序伦创办的立信会计师事务所在此办公

柿子湾立信老校舍宗敬堂

上海市河南路吉祥里 18 号立信会计学校原址

潘序伦先生与部分复校倡议人合影

复校后第一届毕业典礼上潘序伦先生发表讲话

潘序伦先生在立信会计丛书编委会上发言

潘序伦著作书影

改革开放后潘序伦先生继续活跃在会计学术舞台上

PAN XU LUN

目 录

序 一

李世平 *

在当代学术界,能被称为一代宗师、"学界之父"的,中国现代会计之父潘序伦先生是其中之一。因此,为这样一位对中国会计有杰出贡献的前辈评功立传,是一件非常有意义的事。

作为国内第一部全面反映潘序伦这位杰出的会计学家的传记作品,将潘序伦先生坎坷辗转的一生尽现于世人眼前,非常难能可贵。

立传也要立信。潘序伦先生在中国现代会计学上成就颇高,这不是天上掉下来的,而完全是后天艰苦奋斗的结果。作者详尽描述了潘序伦从当年一个顽子,几经蹉跎,最后通向成才之路的几个转折点。如去圣约翰大学深造、赴美留学选拔获第一名,采取"人弃我取"的方针选定会计作为自己的终身职业……可见,潘序伦一旦找准目标,就锲而不舍地勇往直前。在美国哈佛大学留学的两年间,他"没有看过一场电影,也未到餐馆吃过一顿饭,从清晨到深夜,都是在自己租赁的宿舍内或学校图书馆里度过的"。这样的持之以恒,刻苦学习,没有超人的毅力是做不到的,毕业时他获得了政治经济学博士学位,奠定了他的会计学基础,之后添砖加瓦,奋斗终身,才成为中国现代会计之父。

作者从多层面上写出,潘序伦先生既是一个功底深厚的会计学家,也是一位经验丰富的教育家,还是一个脚踏实地的实业家。他从投身会计到在上海弄堂办学,又转战山城重庆建校,抗日战争胜利后再回到上海建立新校,直至"文化大革命"后鼎力复校,潘序伦办校立业的艰辛和喜悦,与人共享,永生难忘。一部潘序伦的"传记",其实是一册恢宏的立信校史!潘序伦与学校、会计师事务所和出版社,是密不可分的共同体。晚年的潘老曾与学生聊天,发问"立信意何谓?"学

---

* 李世平,教授,中共上海立信会计金融学院委员会书记,潘序伦教育发展基金会新任理事长。

生回答说："立信会计者，潘序伦也。"潘老不以为然，他说："立信是我的儿子！"这是潘老的肺腑之言。

说起"立信"的命名，作者也作了深刻的解读。潘序伦办的学校、会计师事务所和出版社这"三位一体"的会计教育事业，均以"立信"命名，绝非心血来潮，有着深刻寓意。建立信用，被潘序伦奉为圭臬，成为办学至高无上的信条。"立信"是潘序伦教育思想的内核，贯穿于他一生的办学实践当中。早先，潘序伦取孔夫子《论语》中的"民无信不立"之义，用作"立信"校名。后来，在1937年7月，他又将"立信"作为校训，并引申为"信以立志，信以守身，信以处事，信以待人，毋忘立信，当必有成"。他认为从事会计工作的人，必须在立志、守身、处事、待人等方面，建立信用。无论对人对事，都要坚定不移地守信重诺，严禁弄虚作假。他深深懂得建立信用对于事业会产生长远的影响。"立信"能够在社会上立足，得到壮大，确实与立信精神不可分割，更与潘序伦的一生倡导密切相关。

就潘序伦个人来说，他独特的人格魅力在书中有很多体现。他一身正气，爱国爱民，支持立信师生的进步活动。后来尽管被错划右派，受"文化大革命"冲击，但他任劳任怨，始终为立信事业操劳奔波。他结交广泛，深得人心，即使是教育家马寅初先生对立信也称赞有加，马寅初先生说："不要说来教书，就是要我替他倒夜壶（注：泛称简陋的清洁工作），我也愿意。"潘序伦一生克己奉公，节衣缩食，经常捐款解难，自己却穿有补丁的衣服，还四次婉拒为他分配的福利房……此情此景，一个乐于助人、高风亮节的世纪老人的形象深深印在人们的心中。

笔者还十分用心地对潘序伦的学术建树、教育思想及其体系，尤其是他独特的会计诚信思想作了深刻的概括和总结，从理论上突显了潘序伦作为中国现代会计之父的思想深度，指出他的会计教育思想体系不仅蕴含了一般教育的普遍规律，而且揭示了会计教育的特殊规律；归纳起来是五条：面向社会的教育观、服务经济的职业观、不断发展的革新观、追求卓越的效益观、以信为本的道德观。而这一体系的核心部分，是潘序伦毕生倡导并身体力行的独特的会计诚信思想，其中又蕴涵了爱国主义、无私奉献、大胆革新、艰苦创业、实事求是、敬业守信等精神。作者有力地论证了：经过几代立信人的共同努力，立信人造就了自己的立信会计精神，形成了自己的办学特色，构建了立信会计模式。从职业道德角度看，立信人体现了自己的风范，开创了中国会计诚信的先河，立信会计从而成为中国现代会计发展进程中的一条亮丽的风景线。2016年新校建立时，继续选取"立信"作为校训，将"立诚明德，经世致用"作为学校精神，逐步形成了"六环节六目标"的诚信教育思路和"立德树人"的诚信教育目标，建立了课程、制度、文化、实践、环境五方面立体推进的协同育人机制，并从领导协调、队伍建设、投入保障、科研支撑、评估反馈等方面为诚信教育提供保障。

所有这些，完全可以视作潘序伦先生立信树人的教育思想的延伸！

本书是潘序伦先生的第一部传记作品，作者罗银胜同志是一位中年学者，从事立信校史和潘序伦研究二十余载，甘于寂寞而乐在其中，他"内心有一种难以化解的'潘序伦情结'，或者说是'立信情结'，无时或忘"，加以日积月累，成果卓著，自然成了潘序伦传记作者的最佳人选，能得天独厚地多侧面、多角度、多层次地描述数十年来辛勤耕耘、呕心沥血造就中国会计学的泰斗风范，铸就一种历久弥坚的立信精神和独特的人格魅力，给人以强烈的思想冲击而难以忘怀。

对这样一部画龙点睛，全面反映有血有肉、有情有理的潘序伦先生的传记作品，出于对她的喜爱，我愿作序推介。

2016 年 3 月 28 日

序 二

陈敏之*

我国有新式簿记,开始于 20 世纪 30 年代。当时我国民族资本主义工商业有所发展,而只适用于落后的小商品经济的传统中式簿记已经不符合客观需要。正在这时,潘序伦先生于 1924 年自美国学成归国。归国以后,他就致力于把"新式簿记"这一近代的科学的会计方法在我国加以推广应用。他是我国推广应用新式簿记、从事现代会计事业的创始人。他除了创设立信会计师事务所,直接从事会计师业务以外,还先后创办了立信会计函授学校、立信会计补习夜校、立信会计专科学校和立信会计编译所等机构,通过教学手段,在更大的规模上培养更多的人能在较短时间内学会并掌握这种先进的会计方法。他所创办的这些学校,形式灵活,讲求实效而不图虚名,不占用生产与业务时间,教材通俗而符合我国的实际,既能适合广大店员阶层渴求学习知识技能以改善自己生活条件的要求,又能对工商业主改善其经营管理有所研益,因而能够得到社会的广泛支持而迅速发展。他所主持的立信会计编译所和后来创办的立信会计专科学校,在培养我国高级会计人才、提高我国会计水平方面,都起了积极的作用。

中华人民共和国成立以来,我国许多高级知识分子曾经遭遇过的那种逆境,潘序伦先生也未能幸免。然而老骥伏枥,他并没有气馁。粉碎"四人帮"以后,他虽然身体有病,年逾八旬,仍然热心于我国会计事业的发展。立信会计专科学校在他的积极关心下迅速复校,立信会计编译所也由他亲自参与。他在培养各级会计人才,建立和发展我国社会主义会计理论,介绍国外会计理论的新发展等方

---

* 陈敏之先生,著名的经济学家。他是顾准先生的胞弟。中华人民共和国成立后任上海市人民政府建委原副秘书长,上海市人民政府经济研究中心主任,上海社会科学院经济研究所副所长,上海立信会计专科学校校务委员会委员。陈敏之先生是立信复校倡议人之一。

面都继续作出了贡献。

潘序伦先生和顾准之间有着不同一般的关系。这不仅是因为顾准在他所办的立信会计师事务所工作了 14 年之久,还因为他们之间有着一段不寻常的往事。1927 年,顾准在旧制中华职业学校南科初中毕业后,因为家境贫寒,不能继续上学,由他小学母校老师殷亚华推荐,由王志莘先生介绍到立信会计师事务所当练习生。当时顾准不到十二岁,这在当时是破格的。用潘老的话来说:"顾准聪颖过人,再加上他勤奋好学,没多久就掌握了现代会计这门学科的知识。"潘老对他并不囿于世俗之见,拘泥于学历、年龄等条件,而是根据他的实际才学,委以重任,先后让他担任函授部和夜校部的负责工作。1938 年,潘老还推荐他到之江大学、沪江大学等校任教。尤其难得的是,当时潘老对顾准从事地下革命活动虽然有所觉察,但仍能给以极大的容忍。1934 年至 1937 年间,顾准曾数度被迫流亡,因而也就几次进出于立信会计师事务所,其中最长的一次流亡将近半年。1936 年,出于革命工作的需要,顾准还曾一度到中国银行工作。这种在职业上可以随意"自由进出",在当时的社会上确实极为罕见。其间,国民党上海市党部还警告潘老要"注意赤色分子活动"。潘老明知顾准的"色彩",然而他对国民党的警告却不予理睬。如果没有甘愿担当一定政治风险的勇气和胆识,是难以采取这种正义的态度的。

数十年来,在各个历史时期,由潘老创办的立信会计学校培养出来的各级会计人才,据粗略计算,总数在 20 万人以上。他们分布在海内外,可以说是桃李芬芳,遍及宇内。在国内的历届立信毕业生正在各个领域里从事着财会工作,其中有不少同志在经济工作的各级领导岗位上担任着负责的工作,为改革开放、构建社会主义和谐社会出力。

遥想当年,作为立信复校倡议人,我与潘序伦先生戮力合作,共同推进立信会计事业在新的历史时期的新的发展,仿佛历历在目。潘序伦先生老当益壮,一心一意为着祖国的会计事业和教育事业。他的一生,是会计的一生,是教育的一生,说他是"中国现代会计之父",我认为并不过誉。

作为中国学术界、会计界的泰斗,潘序伦先生的名字将与立信会计事业一起载入中国会计发展史册和现代教育史册。他虽然已经去世,但他毕生奋斗的事业长存。

潘序伦先生的生平事迹波澜壮阔、摇曳多姿;他的教育思想博大精深、内涵丰富,值得我们深入研究和继续发扬。

本书的作者罗银胜同志,是一位年轻的学者,我们结识已有 20 年。在这几年的交往中，我觉得他是一个敦厚、正直、热诚而又具有事业心和责任感的同志。他长期从事立信校史和潘序伦研究，甘于"板凳坐得十年冷"，经年累月，埋首于史料之中，跑腿出力，做了不少有意义的工作。他本着尊重历史、信守真实的原则，历经数载，在目不暇接的专家学者的回忆文字、档案资料、人物谈话以及潘序伦本人的著述中，寻寻觅觅，认真整理，并采访有关人士，其中的艰辛可想而知。现在我看到他下了多年的苦工夫才完成的这部著作，真是感到无比的兴奋和欢欣。

摆在读者面前的这部著作，是我国第一部全面反映潘序伦这位杰出的会计学家的传记，内容翔实，文字朴实，史料丰满，文风清新。正是出于对这部书稿的欣赏，我乐意为它提笔作序，借以把它推荐给海内外研究家和读书界，因为它对我国现代会计史研究既是一种新的开拓，又是一项具有新知新见的学术成果。

我们现在不仅需要更多的财务会计工作者，而且需要把会计工作提到更高的水平上来。在社会经济发展中，不能没有经济核算，这不仅为今天建设社会主义所需要，即使到了将来的共产主义也仍然需要。既然社会不能没有经济核算，那就不能没有会计这种科学的核算工具和方法。正是在这种意义上，会计事业的生命是无限的。潘老 80 年前在我国开创的现代会计事业，现在不过刚刚处在它生命的起点。

是为序。

2006 年 6 月 1 日

序 三

黄宗英*

在病床旁的小桌上,有三座小书山。每天早餐后,就摸一本书看看,不看书就跟没吃饭一样,饿得慌。今天一摸,摸到一本书,是该书作者罗银胜先生赠我的。

潘氏出生在江苏宜兴县蜀山镇,水秀山明。历代诗人白居易、谢灵运、李太白都曾到此处游览。苏东坡还在此买田造屋。后人在此造了不少东坡祠堂,每逢苏东坡的生辰,地方都会集会祭祀。参加的人至少是秀才,潘序伦小时候每每随着父亲溜进去观看,可以说苏东坡是他的"奶师"。

潘序伦的祖父、伯父都中过举人。潘序伦的父亲因太平天国战事而失学,便把光耀门楣的事,寄托在后辈身上,常对小序伦说:"你好好用功,将来中了举人才风光哩!"

后来,潘序伦进了东坡祠堂办的东坡高等小学,小学毕业后,他来到上海,考进了六里桥的浦东中学。浦东中学是由泥水匠起家的杨斯盛先生创办的。胡适曾称毁家兴学的杨斯盛为"中国第一伟人"。杨斯盛临终时的遗言是"那学校用的黑板要改良"。这一切对少年潘序伦产生了深刻的影响。

1907 年,黄炎培任浦东中学校长。由此,黄潘两人结下了终身的师生情谊。不过后来,潘序伦因为抵制老师批评过严"交白卷"而被开除出校。接下来,潘便浮浮沉沉、浑浑噩噩地混过了青春宝贵时光。直到 29 岁,一位浦东中学的老同学去法国留学,这才震撼了潘序伦。他痛感自己不能再瞎混下去了。于是找到黄炎培,黄炎培推荐他进入圣约翰大学深造。1921 年,潘序伦漂洋过海,考取了

---

* 黄宗英,著名作家、表演艺术家、著名演员赵丹夫人。中国作家协会上海分会专业作家,曾任上海市人大常委,上海政协常委。

美国哈佛大学。

潘序伦后来回忆说:"我在哈佛大学企业管理学院尽力选学有关会计的学科,学就得学个透彻。"

这就是潘序伦的性格。他一直说自己在30岁以前尚不知会计是什么东西。俗话说:"太公八十遇文王。"其实,到了30岁,即使学业无成,断断不必灰心,急起直追,还来得及哩!

1924年春夏之交,潘序伦学成归国,被暨南大学聘为教授。他讲课条理清晰,务使学生听懂明白,颇受学生欢迎。当时,潘教授的月工资500银元,加上他还写了《簿记与会计》《公司理财》两本书,可得15%的稿酬版税,所以不到两年就有了25 000元存款。

潘序伦想到自己能出国留学,与南洋兄弟烟草公司简先生的帮助是分不开的。他就捐出一万元,以简先生名义设立"思源帮学基金",扶持贫寒大学生。这笔基金曾帮助过50多名大学生。

然而潘序伦仍不满足,那个时候,潘序伦看到国内民族工商业的发展,迫切需要新式会计人才,他恨不得插上三头六臂,使落后的局面改观。《论语》中说"民无信不立",于是在1927年,潘序伦辞去了教授职务,开设了"立信会计师事务所"。开办10年中,立信会计师事务所承办各类业务4 000多件。比如"九一八"事变后,东北义勇军孤军抗日,深得全国人民爱戴,纷纷募捐支援。当时谣传上海抗日爱国捐款共2 000余万元,马占山将军只收到100多万元。有人指责经办单位有徇私舞弊行为。立信会计师事务所受托稽核了13个经募单位的账目,证实共收到捐款502万元,援助东北义勇军337万元,其余165万元作了慰劳十九路军和救济上海战区难民之用。潘序伦对全部收支账目进行审计,出具证明,也因此与被核查单位《生活》周刊社的负责人邹韬奋先生结下莫逆之交。

至此,潘序伦的会计学专家地位确立,且有了不小社会影响。但他常扪心自问:"这就是我要做的事情的全部吗?""不!"于是,他开始创办立信会计学校。仅举一例。顾准,这个公认的思想家和经济学家,当他12岁时,因家庭困难辍学,托人进入立信会计师事务所当练习生,打打字跑跑腿,空闲时就去看有关会计的书,又去读立信的夜校。顾准睡在事务所的大书桌上,天蒙蒙亮就起来做习题。后来,潘序伦专门派顾准做与会计进修有关的工作,如印蜡纸教材、整理装订等。眼看顾准学业精进,并作为优等生从学校毕业,潘序伦让他在工作之余去学校上些会计的课。顾准16岁的时候,就给学生上"初级会计"课。潘序伦还亲自听顾准上课,以平息同学们认为老师比学生小的不满情绪。渐渐地,顾准就成了一名优秀的教师和会计师事务所的干才。

在潘序伦九十寿庆上,人们赠他以"中华会计之父"的荣誉。上海立信会计金融学院建校 90 年来,已经培养无数专门人才,以科学的新式会计服务于我国的经济发展。会计专业从拨拨算盘记记账,转化为电子生产力成为参与决策的新鲜因素,成为参谋。立信之路所以正确,因为它与市场经济相适应,与改革开放相吻合。

2017 年 11 月 12 日

第一章　当年顽子

一

沿江苏省宜兴县城东南方向走一段路,便是蜀山镇。1893年(清光绪十九年)7月14日,潘序伦出生在这里的一个地主家庭。

潘序伦的故乡山明水秀,历代诗人画家如谢灵运、李太白、白居易等,都曾到此游览。宋朝大诗人苏东坡还在此买田造屋,并在《楚颂帖》中说道:"吾来阳羡(宜兴旧名),船入荆溪,意思豁然,为惬平生之欲。"并作诗云:"买田阳羡吾将老,从初只为溪山好。"后人在此建立了东坡祠堂,每逢他的生辰,地方士绅集会祭祀。参加的人至少是秀才,行礼时都按官阶品级,头戴各式帽顶、花翎,身穿朝服,向东坡神位行三跪三叩首的大礼。潘序伦小时候每逢举行这样的仪式,他都随着父兄溜进去观看。

潘家世代书香,潘序伦的曾祖父和胞伯都在清朝中过举人。他的父亲潘亮之年幼时因太平天国战事的影响而失学,只得花钱捐了个候补知县的虚衔。所以,他把光耀门庭的希望寄予儿辈,他为儿子起名时,将他们兄弟的名字按排行第几取为"某曾"(潘序伦起名为"嗣曾",序伦是他自己成年后另起的),其用意无非是要兄弟用功读书,像曾祖父一样中举,以光宗耀祖。

因此,潘序伦从小就读了不少古文,还曾参加过一场秀才的县试。潘亮之一有机会就私下对潘序伦说:"你好好用功,将来中了举人才风光哩!"

潘序伦就是在这种封建家庭的教育下长大成人的,他受封建科举的影响是很深的。

潘序伦12岁以前,受的是私塾教育,塾师先是他家的一个远亲,后来就是自己的长兄。

潘序伦入学之初，由他父亲带领，跪在红毡地毯上，先向塾师叩三个头。

当时封建礼教的规矩是"一日为师，终身为父"，塾师对学生有绝对的权威，可以任意用"戒尺"责打和禁闭学生，即使学生家长看到也不应劝阻。教室就设在家庭的大厅里，当中供着大成至圣先师孔子、文昌帝君和北斗魁星三座神位。清晨读书之前，学生必须先向神位作揖叩首，潘序伦读书时也是这样真心诚意地行礼祝祷的。

到了1904年，康、梁变法维新之后，废止以"八股文"为取士之途，改为经义、策论和文艺三场考试。经义是以四书五经为题，策论则可议论时政得失。为了准备策论考试，潘序伦的长兄叫潘序伦熟读梁启超的《新民丛报》和《饮冰室文集》。其中有不少篇文章，如《彼得大帝传》《意大利建国三杰传》等，潘序伦都会背诵。所谓文艺，主要是数理化，中外历史、地理等。为此，潘序伦长兄特地为他到上海买了不少理化试验器械和《泰西各国通史》《瀛寰全志》《数理精蕴》等书，使他开始接触到许多新鲜知识。

在科举废除的次年，宜兴县东南八乡上的24家"大族"，集会讨论利用东坡祠堂房屋兴办了一所东坡高等小学，各族子弟都可以入学。第一期共招收36人，分正科、预科两班。

这年，潘序伦13岁，被选入正科，据说正科毕业生就可以算是"秀才"了。学校规模很小，但"麻雀虽小，五脏俱全"，除设校长、学监（相当于教务主任）之外，因学生全部住读，还设有舍监（相当于训导主任）。这些成员，全都是由24个大族论资协商推荐的。例如，校长是由一位年已古稀、姓许的"贡生"担任，他的祖父是进士，父亲是举人；学监姓崔，也是贡生；舍监则是一个祖上做过高官的姓吕的人担任。学校的教育制度和管理方法，仍保留着许多旧科举私塾的痕迹，教职员可以任意斥骂学生。课程除读"四书""五经"、《史记》等古典文学以外，还有英文、日文、数学、中外史地、体操、音乐等，可以说与现在的高中课程差不多了。

潘序伦因为过去已经看过、读过这些书，有了一点基础，所以到年终考试得了个第一名。回到家里禀告了父亲潘亮之，潘亮之向来对子女很严厉，面部表情总是冷若冰霜，这次总算对儿子露出了满意的笑容，亲切地抚摸着他的头颅，勉励他继续努力。

潘序伦小学毕业后，和三哥一同到上海，考进了位于浦东六里桥的浦东中学。

浦东中学是由泥水匠起家后来又毁家兴学的杨斯盛先生创办的。说到杨斯盛，他因"破家兴学"而被胡适誉为"中国第一伟人"。

杨斯盛少时父母双亡,无钱读书。后来学做泥瓦匠以糊口,但他咬紧牙关"睁开眼睛料事,立定脚跟吃苦,驼起肩头做工",辛劳30年,终于成为上海滩一个大富翁。杨斯盛成为富翁之后,没有忘记过去那些苦难的日子,没有忘记穷人。"遇了什么天灾人事,务必捐出巨款,赈济受害的人。遇到什么公益事业,务必出钱捐助。他生平捐钱造的马路也不知有多少条,救活的人也不知有多少了。"但他最为人称道的还是"毁家兴学"。杨斯盛因为少时没有读过多少书,所以他想让孩子们都有书读。于是他捐了10万元,创办了广明小学,还附设一个师范传习所。后来渐渐扩大,改为浦东中学,附设两等小学。但这所学校开办不到两年,他就去世了。他临死时的最后一句话是,"那学校用的黑板要改良"。

1907年春,黄炎培在杨斯盛的盛邀下,负责创办浦东中学,黄炎培任首任校长,这是上海成立最早的一所完全中学。在"勤朴"校训的滋育下,该校名人辈出,涌现了张闻天、蒋经国、蒋纬国、王淦昌、陈芳允、范文澜、罗尔纲、钱昌照、潘序伦、董纯才、叶君健、马识途、殷夫、胡也频、谢晋等著名校友。

1908年,刚小学毕业的潘序伦,闻悉浦东中学的黄炎培校长对学生德、智、体三育的训练极为严格,便前往报名应试,经考试被录取成为该校的一名学生。由此,黄、潘两人结下了师生情谊。黄炎培亲自担任修身课教师,"讲课时,讲得有声有色,富有兴趣,发人深思,学生认为是难得的乐事。任师(黄炎培号任之——引者)真是一位教育家和心理家,我们和他谈话,犹如见到了严父,又如遇着了慈母。"[1]对此,潘序伦在晚年还记忆犹新。

潘序伦在校期间,学习成绩优异颇得师长的青睐,他的文章经常被当时的校刊所采纳,下面的一篇《知非》是潘序伦当年的作文:

> 世之人于其言行,上之是者,固常自知之。而其非者,则常不自知。不能自知其非,即不能自改其非,而过因之成矣。故夫非也者,过之所由成也知。知非即无过,无过,即圣贤虽然,非岂易知者哉。乡党自好之人,束身自爱之士,清洁自守之吏。鞠躬尽瘁,殚心竭力。以事其事,其心非不正也。其志非不可嘉也,然而偶一不慎,非即乘之迫其既中于非也。又往往未能知其非。而致之甚,且自负为是。而力行之鼓。其一往直前之气,而一线之差,遂如汽车之出轨,强弩之离弦,其祸乃不可收拾。古来英雄豪杰,因自负之一念以致身败名裂者,岂少也哉。然则知非有法乎?曰:"反省者,知非

---

[1] 潘序伦:《缅怀黄任之老师》,见中华职业教育社《社史资料选辑》第1辑,第137页。

之法也。虚心者,知非之原也。虚心则不敢,自负其无非。反省则必能自知其非,既能自知其非,故过不能成矣,过虽成必能改过矣。"虽然世又有明知为非,而故为掩饰者焉。亦有既知为非,而惮于迁改者焉。是则以鸩疗渴之类,小人之所为而已矣。

那时潘序伦 15 岁,自恃各科成绩优异,经常考得第一名,就骄傲自满起来。在行将毕业时,因抗议某教师批分较严而发生的交白卷的风潮中,潘序伦也卷了进去,被开除了学籍。1983 年,浦东中学党委书记和校长,来到潘序伦家访问,并出示潘序伦 18 岁那年写的登在校刊上的几篇论文。潘序伦对他们说:"我真惭愧和后悔,我是一个被开除的学生,没有资格做你们的校友。"

成功本没有捷径可走,只能刻苦钻研,循序渐进。但潘序伦和他的三哥那时都是年少气盛,不肯按部就班,而喜欢跳班越级。据潘序伦后来回忆:

记得在浦东中学读到二年级时,我们就一同去投考天津高等工业学校,结果竟被录取了,我还取得第一名,我三哥取得第二名,我们兄弟都很高兴,以为指日就可以做高等学校学生了。不料我大哥和二哥只许我三哥去,而一定要我等到中学毕业后再进高等学校。我从 14 岁先父去世后,依照封建礼教中所谓"长兄为父"的体制,一切家庭事务,均由我大哥做主。这时我只能听他的,但心中大不高兴,认为我的学业比三哥还胜过一些,为什么同意他去天津高工反而不许我去呢? 大哥说:"你年纪尚轻,尽量好好按部就班地求学,不必性急,否则,欲速则不达。"这些话,当时我是听不进去的,直到后来我因乱跳乱转学校,走了许多弯路,才认识到我大哥当时的劝阻是对的。所以,接下来我每逢遇见因天资比较聪明、成绩比较优秀而自满的学生们,总是现身说法,用我大哥的话来劝勉他们呢。[1]

二

潘序伦在他的青年时期走了许多坎坷之路,用他自己的话说,就是"在青年时期由于自己的过错,在求学、就业方面所走过的许多弯路,其中有一段时间,我

---

[1] 潘序伦:《潘序伦回忆录》,中国财政经济出版社 1986 年 8 月版,第 11—12 页。

险些堕入了污泥浊水之中。我这段历程很可以作为现代青年升学、就业的借鉴。因我毕生从事会计事业，因此更希望财会界的青年同志引以为戒，庶免重蹈我的覆辙。"①

潘序伦被浦东中学开除以后，就转入当时的常州府中学堂就读。那时正值辛亥革命，中学由五年制改为四年制，因此，他很快就获得了常州府中学堂的毕业证书。

当时共和民主体初创，全国各地都需要政法人才，潘序伦为做官的虚荣心所驱使，就考进了南京民国法政大学。这所大学是当时几位政客筹办的"野鸡式"私立大学。

潘序伦在这所大学读了不到两年，有所长进。但因它不符合大学的办学条件，就被主管部门勒令停办。这样，潘序伦便第二次失学了。

不久，潘序伦又看到报纸上刊登的南京海军军官学校招收无线电收发班学员的广告，其中所列的学员待遇，除了学、膳、宿费全免外，每月还发给每人生活费18块银元，每学期发给冬夏军服各一套，待遇可算得上优厚了。潘序伦当时想，以前家庭为自己负担的求学费用已经不少了，倘能考进这所军官学校，倒可以减轻家庭的负担，而没有考虑电信收发工作对自己是否适合，就贸然投考了。这次去报考的学生很多，足足有1 300人，想来他们也是和潘序伦一样的心理：学校既不要费用，还有津贴！结果只录取了21名，潘序伦竟得了第一名。这样，他就成了我国第一批学习无线电专业的学生。

海军军官学校的教师，是由海军部用重金聘请来的挪威人，每天学习的是极简单的电磁知识和练习收发无线电报。毕业考试考了五门科目，潘序伦的成绩每科都是100分。根据他的学习成绩，按照学校的惯例，把他留校担任助教职务是不成问题的。但学校领导认为他骄傲自满，对于师长礼貌不周，就把他派到海军某舰上去任准尉无线电收发报员，每月饷金不过18块银元，和做学生时的津贴相等。

舰上生活既辛苦又单调，待遇又是如此之低，这时潘序伦才意识到，像他这样的人在军舰上当个无线电收发报员，实在太不适合了。于是，他就假报疾病，钻空子请病假回家休养，接下来就呈请退出军籍。

可是海军领导已看出潘序伦是有意规避，便行文到他原籍宜兴县署，追要他回去，否则要他赔偿学校投入的学、膳、宿等一切费用，约计2 000多块银元。后

---

① 潘序伦：《求学经过的自述》，《商业会计》1983年第9期。

来，他总算找到了吴淞海军医院，恳求医师为他出具了"确有疾病，不适合在海军军舰上服役"的证明，才算了结此案。

这就是潘序伦第一次求学就业的失败。究其根源，无非是因他一时贪图小便宜，以致蹉跎了青年时代的宝贵光阴。

潘序伦第一次的就业失败了，接踵而来的第二次和第三次的失业，更是毫无意义。

那时，潘序伦姐夫的一位胞兄夏某，他在清朝的官职是"候补道"，当时任南京造币厂厂长之职，潘序伦恳求他为自己谋份职业。夏某觉得不好回绝，就发下一张委任状来，派潘序伦在该厂当一名翻译员，月薪30元。

其实在造币厂里没有什么翻译工作可做，而潘序伦当时的英语程度也够不上当翻译员，每月30元只不过是一项干薪。但那时他还嫌太少，几次恳求这位姻亲厂长大人另委他职。

果然不久，厂长又给潘序伦加了一个"邦技士"名义，薪金增加了10元。其实潘序伦对造币工艺一无所知，仍是干薪性质罢了。在这种情况下任事哪会久长？不到两年，潘序伦的这位姻亲厂长就因故去职了，他在该厂任职也就随之告终。

潘序伦从造币厂卷起铺盖回到宜兴蜀山家中以后，不久就担任了乡村小学教师职务。

在这里又过了一段时间，潘序伦听说有位宜兴同乡世交周某做了镇江中学校长，他就极力恳求周某在该校为自己谋个工作。最后，他终于得到了一个"教习"（教师）的职务。每周任课10小时，月薪40元。

不久周某又给潘序伦每周增加了两小时的课程，月薪也加到了48元，这要算潘序伦30岁以前得薪的最高纪录了。

潘序伦所担任的课业，虽然每周只有12小时，但科目有英文、数学、历史和地理，可谓门类繁多，凡是其他专科教员所不愿担任或不便担任的课程，都交给了他，把他作个尾闾。于是他就成了一个样样都能，但没有一样精通的人。

于是，潘序伦就发愤自修英语，拿了那时商务印书馆出版的《英华袖珍字典》，几乎把它读得滚瓜烂熟。但除了死记生字之外，说和写都不行。

五四运动之前，潘序伦自谋职业，就这样浮浮沉沉地度过了六个年头。后来，轰轰烈烈的五四运动爆发，镇江中学自然也不能置身世外。这位守旧派的校长遭到了学生的反对，最后离职而去。

有道是："城门失火，殃及池鱼。"潘序伦这个教课能力不是太好的校长同乡，属于校长这一阵营,当然只能随着他一同离校。

因此,潘序伦这时又失业了。他不禁感叹:自己没有真实的本领,要想在职场混饭吃,实在是太难了。

后来,潘序伦的情况越变越坏。他从镇江中学回来以后,在家乡闲住了半年。"小人闲居为不善,无所不至。"他竟在乡间结识了一群赌徒,经常出入于乡间赌窟,进行赌博。他的结发妻子储氏不忍潘序伦如此堕落,每次都扯着他的衣襟不让出门,但他总是夺门而出。

眼见潘序伦就要向深渊中沉沦,全家人都为之着急。后来,总算来了一个转机,才使他醒悟过来。事情是这样的:

1919 年的农历除夕,按照宜兴本乡习俗,凡是旅居他乡的人都要回乡过年。潘序伦听说西邻的小时同学、现在外地任小学教师的周君已回家来了,就顺便过去与之聊天。

周君对潘序伦说,他任小学教员已多年了,觉得自己没有学识,前途没有希望,听说近来到法国去"勤工俭学"的人很多,他也想拼凑一些旅费到法国去留学。这寥寥几句话,似雷轰电击般地打动了潘序伦的心。

潘序伦回到家里,躺在床上整夜不能入睡。心想,周君的家境要比自己清寒些,年龄也比自己大些,天资比自己还要差些,他倒有这样的志气,想到国外去留学,像自己这样不求长进,浑浑噩噩,虚掷光阴,实在太对不起自己了!

大年初一天刚破晓,潘序伦就唤醒自己的妻子储氏,对她说明情况,请她不要阻止自己在新春头三天里仍到外面去玩玩,因为自己早和一班赌友约定,不能失信——"从大年初四起,我保证不再赌博闲荡,如有机会,要同周君一起出国留学!"

潘序伦的二哥听到这番话,不禁嗤之以鼻,他说:"你还是安分守己在家好好度日罢,我们的祖先还没有这种福分,会生一个出洋留学的子孙!"

潘序伦此时只好忍气吞声,强忍着未吭声。

第二章　岂敢蹉跎

一

潘序伦的家境平常,哪里有自费留学的条件呢? 况且自己的英语程度很低,以前所进的学校又都不合资格。不得已,潘序伦就去上海找时任浦东中学校长的黄炎培,请他帮忙出主意,给一个入学的指导建议。

暌违几载,黄炎培与潘序伦彼此都十分兴奋。黄炎培听了潘序伦的想法以后,很纳闷地说:"你还想再求学吗?"

"是的",潘序伦说,"将来有机会还想出国游学呢!"

黄炎培说:"你的志愿很好,假如你想出国留学,可先到大同学院去补习英文、数学。"

潘序伦早先因为在镇江中学担任英文老师的时候,自己的英文程度太不行,受了同事和学生不少的讪笑,所以很想到有英文的"庄岳之间"之称的圣约翰大学去补习一番。圣约翰大学的入学考试,原是非常困难的,他岂能侥幸于万一? 莫管它,且请黄炎培先生介绍进去做个特别生,或者能够勉强收留罢!

黄炎培慨然应允,答应了潘序伦的要求,给在圣约翰大学任教的朱友渔博士写了一封介绍信。

潘序伦拿着信,径直到圣约翰思孟堂去见朱博士。朱友渔博士看了介绍信后很客气地对他说:"潘先生,你想入敝校求学,鄙人是欢迎的,稍后我和你去见卜舫济校长。"

听到这番话,特别是"先生"这一称呼,潘序伦感到很惶愧,因为在旧社会是断乎没有教授称学生为"先生"的。这一声"先生"勾起了他很多的心思。

潘序伦心想,想必是因为我宽袍大褂,年纪看来,当有 30 多岁的光景(其实这时他不过 29 岁,只因环境欠佳,心绪不宁,看上去显老些,倒是真的),况且黄先生的介绍信上又说,潘序伦曾经担任过军界、政界、学界种种的职务。虽然朱教授称一声"先生",确实也是对潘序伦相当的敬重。但在他的心理上,感受却大大的不同,像他这样大的年纪,本来应该做先生了,只因他青年时代,时时更换学校,更换职业,到现在真所谓"学书不成,去学剑,又不成",仍回过来做学生。潘序伦思前想后,心中好不难过! 好不辛酸!

潘序伦由朱教授引见了卜舫济校长,卜校长很熟练地用英语与潘序伦谈话。其实卜校长能说一口很流利的上海话和普通话,他之所以用英语交谈,无非是要考验潘序伦的英语程度如何。潘序伦很勉强地应答了几声"yes"和"no"。

事后朱教授告诉潘序伦:"卜校长认为你的程度固然还差得很远,但想到你已任职多年,有了经验,且求学精神可嘉,所以收你为特别生(旁听生)。"

这对圣约翰大学来说,也算是一件特别事。至此,潘序伦又重新开始了他的学生生活。

圣约翰大学是一所出名的教会学校。美国圣公会上海主教施若瑟将上海的三个教会学校神道学校、培雅书院、度恩书院合并成"圣约翰书院"。1881 年 10 月,圣约翰书院正式设置英文部,学生入学要收费,每月付墨银(墨西哥银洋)8 圆。许多富家子弟纷纷前来求学。然而由于各方面的急需,单靠英文部还远远不能满足社会的需要,于是从 1884 年起圣约翰书院把预科改为半天学英文、半天学中文,并扩大招生名额。美国圣公会还派遣年轻的卜舫济到上海负责该校的英语教学工作。那时,中国人颜永京牧师一度担任院长(后来圣约翰大学男生宿舍命名"思颜堂"就是为了纪念他)。1888 年,卜舫济继任圣约翰书院的院长,逐步进行课程教学改革,除中文课外,其他课程一律开始使用英文教材,学生课内课外须讲英语。所以,圣约翰书院的英文水平在当时中国的大学中首屈一指。卜舫济任院长后,着手把圣约翰书院升格为大学。1890 年,书院增设了大学课程,仅有大学生 2 名;1895 年有大学生 6 名。1896 年 1 月,卜舫济写信给圣公会差会部,建议在圣约翰书院增设大学部,开设文理、医学和神学三科;文理科学制 3 年,医科收预科毕业生,学制 4 年,神学科收文理科毕业生,学制 3 年。圣公会差会部批准了卜舫济的建议。1899 年,圣约翰书院共有大学生 27 名,全部为男生。其中教徒学生和非教徒学生的比例为 1:3,非教徒学生多为富家子弟,要缴学费 120 圆墨银,教徒学生可享受减免费待遇。进入 20 世纪,上海作为工商都市,对西方教育的需求持续上升,远远超过了圣约翰书院的供应能力。1900 年,圣约翰书院只能接受三分之一的入学申请者,1904 年,学生 187 人,大部分来自商人家庭;基督徒 57 名,其中 4 人在大学部学习。1905 年,美国哥伦比亚特区颁发给圣约翰书院授予学位的许可证,从这一年起正式改名为圣约翰大学。校长仍为卜舫济。1906 年,圣约翰大学设置文、理、医、神 4 个学院。1907 年,圣约翰大学首批毕业生 6 名,其中 4 人获文学学士学位。有人认为,这是中国教育史上第一次在中国本土获得现代意义上的学士学位。由于圣约翰大学在美国注册,该校获得学士学位的毕业生很容易进入美国大学深造。耶鲁大学不要求考试就可接收圣约翰大学的学生攻读研究生,其他多所大学也愿意接收圣约翰大学的学生进入他们学校读本科高年级。1907 年至 1908 年,有 30 多名圣约翰大学的毕业生在美国留学,10 多名在英国留学。后来圣约翰大学又设工学院,并附设研究院和附属高中。到 1913 年,圣约翰大学全校学生人数达到 500 人,其中四分之一的学生在大学部学习,教师人数也增加到 40 名。1918 年,圣约翰大学把中学部分出去,成为独立的教会大学。1920 年,圣约翰大学的学生有 250 多人。

刚开始的时候,同学们都以为潘序伦是个国文先生,后来知道他也是学生,都觉得有些奇怪,常常有人在他的宿舍门口探头探脑地张望。

在圣约翰大学里,通用的语言是英文,像章程、规则、通告、书信等都是用英文书写;同学间相互交谈也是用英语;教师讲课更不用说,不论中国或外国教师都是用英语。有了这样好的条件,所以潘序伦就抓紧了英语的学习。

起初,潘序伦在班里的英文成绩很差,教授们知道他不会说英语,所以总不向他提问。

有一次,朱友渔在社会学班上破天荒地问了潘序伦一个问题,原应答个"Yes",但是潘序伦错把"All right"一句答出来了,顿时引得全班同学哄堂大笑。自此以后,许多教师为顾全他的脸面起见,便再也不向他提问。

潘序伦只有自己拼命用功。卜校长和经济系主任雷曼教授看见潘序伦读书着实努力,又曾经在南京法政大学和海军军官学校读过几年,告诉他说:"倘若你本学期大考各科全部及格,便可以升做大学四年级正式生。"

这样一来,潘序伦有了一个新的希望,更加努力修习功课。到学期大考,八门功课里,虽然还有一门心理学成绩略差几分及格,但是校长、系主任还是允许他做四年级的正式生,让他把以前在海军学校、法政学校里所读的功课,来充作大学前三年的学分。这对圣约翰大学来说,确实是首开先例。因此,有人说潘序伦是靠了介绍人黄炎培先生的大面子,校长才肯特别通融的呢!

自从成为圣约翰大学四年级的正式生后,潘序伦在学业上便始终是一帆风顺。潘序伦没有辜负他们的期望,第一学期考试,成绩便是名列前茅。最后毕业考试,各科成绩均为全班之冠,并在全校英文作文比赛中,得了唯一的一块金质奖章,被授予文学学士学位。接下来的一学期,他八门选课的考试成绩,有四门在 90 分以上,其余四门也在 80 分以上。全班同学 50 人中,考试成绩和潘序伦一样好的,只有方立庆同学一人。这是 1921 年的事。

这所学校设置的宗教科目为必修课,所用课本就是《圣经》。每逢星期日,全体在校学生照例都要到学校专门设置的教堂里去"做礼拜"。但是,这并未能使潘序伦信仰上帝,他之所以进入圣约翰大学,完全是为了学好英语。潘序伦在圣约翰大学求学过程中,有两点较深刻的体会:一是要在逆境中善于忍耐。如果不咬紧牙关,忍受住周围同学的种种刺激,而贸然辍学返乡的话,将有可能终生堕落下去。二是要有勤学苦读的毅力。如果自己不能勤学苦读,就不会获得圣约翰大学文学学士的学位,更不可能获得留学美国的机会。总之,"成功道路多艰难,奋力前趋能过关"。

不过那时候,潘序伦家庭里的情况,极为不佳。对此,潘序伦后来回忆说:

> 连年鸰原抱痛①,鼓盆遭戚②,经济上很受打击。兼之以前我糊口四方的时候,多少总好得些薪金,现在重新就学,并且重新婚娶,非但毫无收入,反平添了巨额的特别支出,因之家境很是窘迫,一年半前自费出洋的豪念,至此早知难达目的。③

以潘序伦当时的经济条件,想要留洋深造,其可能性非常渺茫。他之所以能够去美国留学,全赖简氏兄弟的南洋兄弟烟草公司的资助。

鸦片战争以后,"救亡图存,匹夫有责",一批爱国人士决心走"实业救国"之路,发展民族工商业。其中来自广东佛山的简照南、简玉阶兄弟,成为 20 世纪初活跃在民族工商业界的两颗闪亮明星。

1902 年,英美烟草公司成立,在短短的几年中,这家公司就垄断了中国的卷烟市场。1905 年春,中国国内掀起了抵制美货的运动,这给民族烟草业提供了

---

① 鸰原为兄弟之代称,鸰原抱痛指兄弟痛逝。《诗经》有"鹡鸰在原,兄弟急难"句。
② 鼓盆遭戚,指丧妻。典出《庄子》,"庄子妻死……鼓盆而歌。"
③ 潘序伦:《求学经过的自述》,《商业会计》1983 年第 9 期。

发展契机。简氏兄弟瞅准这一机会,决心投资民族烟草工业。1905 年下半年,简氏兄弟集资 10 万块银元,在香港地区正式成立"广东南洋烟草公司"。1916年,简照南在上海租入东百老汇路栈房,购置了卷烟机,次年便开工生产卷烟。第一批产品投入市场后,效果良好。由于生产顺利,简照南不失时机地扩大生产规模,先将原来租用的地方买下来,后扩建厂房,几年之后"南洋"宏伟的厂房出现在黄浦江畔。1917 年,"南洋"盈利 150 万元,1918 年盈利 200 余万元,营业额达 1 400 余万元。1918 年,简照南将无限公司改为有限公司,将上海分厂改为总厂,业务重心逐渐由香港转移到了上海。

1919 年,简照南公开向社会招股,并于当年对公司进行改组成立新公司,定名为"南洋兄弟烟草股份有限公司"。总公司设在上海,分别在天津、北京、营口、济南、青岛、汉口、南京、镇江、汕头、厦门、香港等地设立分公司。公司还在河南许昌、山东坊子、安徽刘府设烤烟厂,全公司制烟工人总数有数万人。1923 年,公司盈利 400 多万元,1925 年盈利 1 200 多万元。"南洋"真正成为民族资本中最大的烟草企业,简氏兄弟也成为当时首屈一指的华侨巨商。简氏兄弟所生产的品牌"红双喜",现仍在上海等地的烟厂生产。

后来在 1949 年 9 月,简玉阶应邀出席全国政协一届一次会议,是全国工商界 15 名代表之一。中华人民共和国成立后,南洋兄弟烟草公司经过军事监管,于 1951 年 2 月转为公私合营。简玉阶被任命为副董事长,简照南之子简日林受聘为总经理,公司从此纳入社会主义轨道。1957 年 10 月,简玉阶在上海病逝。而他的哥哥简照南因积劳成疾,已于 1923 年在上海病逝。

1921 年夏,潘序伦在上海圣约翰大学毕业。这时他只希望早日就业,以维持一家三口的生活。这时上海《申报》和《新闻报》上刊登的一则启事,引起了潘序伦的注意,启事称:南洋兄弟烟草公司招考留学生,录取后,每月可供给膳食费 80 美元,往返路费、服装费全部由公司负担;但报考条件是要有国内名牌大学保送。

潘序伦早就想进一步深造,于是,他又找到黄炎培先生。

黄炎培让潘序伦赶紧向圣约翰大学申请,并修书给校方,予以保荐。

这对潘序伦来说真是一个难得的机会。他赶紧向圣约翰校方申请,学校同意保送。考试结果公布,他在上海考区圣约翰保送的 4 名考生中,以第一名被录取。同时被录取的还有后来成为金融家的王志莘。不久,他们一同去美国著名的哈佛大学学习。

潘序伦在圣约翰大学读书,文科不是他的专业,此次出洋,在选科上认真斟酌了一番。他是比较喜欢理工各科，可是在中学里，他未能把理化学好，现在到美国大学入工学院，程度是跟不上的；再读文科，仍不是他的专业；读法科师范科等，又不是南洋兄弟烟草公司所期望的，所以潘序伦决定选读商科。

然而，在商科中，中国赴美留学生绝大多数是选修"银行货币学"一科，因为那时银行业一时勃然而兴，大大小小的银行遍设于全国各大城市。而在当时学生中存在着毕业即失业的观念，留学生选修"银行货币学"一科，不仅就业机会多，还可以谋取较高薪金。潘序伦虽然也是从就业考虑，但是他采取了"人弃我取"的方针，选定了会计作为他的终身职业。

潘序伦觉得，会计是一门应用面很广的学科，公私事业单位以及农业方面都有需要。所以，他认定我国日后对于会计人才的需要定会逐年增加。平心而论，潘序伦的选择还是对的。

当时国内学生选读银行系、理财系的非常普遍，选读会计的倒还很少，因此，潘序伦便采取"人舍我取"的策略，决定选读会计，将会计作为自己的终身职业。对这点潘序伦后来说："说来很是惭愧，现在虽是人人尊我一声会计专家，并且时有过誉我为会计学泰斗的，但在三十岁以前，我还没有好好地学过会计。"

哈佛大学（Harvard University）是美国一所声名显赫的私立大学。它创立于 1636 年，是美国最古老的大学之一。

学校早年开设的课程以英国大学的模式为基础，但是在思想上与这个殖民拓荒地盛行的清教徒的哲学保持一致。尽管它早年的许多毕业生成了整个新英格兰地区的清教徒聚居地的牧师，学校却从未正式加入过某一个特定的教派。一份出版于 1643 年的小册子阐明了哈佛大学的办学目的："促进知识并使之永存后代。"

哈佛大学有 10 所研究院、40 多个系、100 多个专业，其中以商学院和法学院最为闻名。多年来，哈佛大学除了培养大量的美国学生外，还接纳了来自世界各地的大批留学生和访问学者。

在哈佛大学计划要设立商学院时，有赞成者，也有反对者，争论相当激烈。最后，哈佛大学采取了一个巧妙的办法，解决了这一难题。1908 年成立的哈佛商学院只是一个研究生院，而不设大学本科。招生标准之一是学生必须具备学士学位。这样，哈佛商学院就不仅有别于先期设立的宾夕法尼亚大学沃顿管理学院、纽约大学管理学、芝加哥大学管理学院和加州大学管理学院，而且比这些学院更高一筹。因此，哈佛商学院一开始就成了美国第一所授予学生工商管理硕士学位（MBA）的研究生院。哈佛商学院成立后第一期招生数仅 59 名，到

1916年增至142名,但受第一次世界大战的影响,1918年仅招收了18名学生,是哈佛商学院历史上招生人数最少的一年。随着战争的结束,学生人数激增,1919年招生人数高达412人。目前哈佛商学院每年招生800名左右,包括工商管理博士、在职管理人员课程学生,在籍学生数有4 000多人。

那时潘序伦的会计学教师,是哈佛商学院的科尔教授。科尔教授是一位六七十岁的老者,在美国会计学名家中,他虽然比较守旧,但是讲解非常清楚,说理非常透彻,习题非常多。潘序伦一生会计学的基础,可以说就是在这里奠定的。

在哈佛大学修满了商学硕士的课程,潘序伦又到哥伦比亚大学去研究商业经济。同时问业于Kester教授,继续研究会计,取得了博士学位。在这3年当中,潘序伦自朝至夕,总在书城里过日子。在费用方面,他也极会节省。他在书堆后面,就放着一个煤油炉子,自己做饭,吃完又是读书。南洋烟草公司每月给他津贴80美元,他在波士顿、纽约等生活昂贵的城市,用去不到50元,余下来的一部分买书,一部分还要汇回中国作为家用。

这样,在同学当中,常常有人说潘序伦这种勤奋节俭的生活,是谁都过不来的。可是在潘序伦自己看来,虽觉得这是自己的本分,但其他学生能够在这方面比得上自己的,似乎也确实很少。

对自己的留学生活,潘序伦后来回忆说:

> 我在哈佛大学企业管理学院除了选修经济学、商品学、销售学、市场预测等以外,尽量选修有关会计的学科,如初级会计学、高级会计学、成本会计、银行会计、政府会计、会计制度设计等。当然这只是20世纪30年代的会计学科目。50年代以后,会计学的分科更多,我只是跟随时代的需要,继续不断地学习,才免于落后。这是后话。当时,哈佛企业管理学院会计学系的主任教授,是年过七旬的科尔博士。他的会计学识虽比较守旧,但讲解得很透彻,习题也非常多。我一生会计学的基础,就是在这里奠定的。

> 我在哈佛大学学习期间,就预定要在毕业后到纽约的哥伦比亚大学政治经济学院进一步攻读博士学位。因之,我在哈佛这两年的课业非常繁重,不仅要学好必修、选修各科,还要准备政治经济学博士考试的各项课程。在这种情况下,我只好勤学苦读,星期日和假期也不休息,放弃了一切游览娱乐。两年期间,我未看过一场电影,也未到餐馆吃过一顿饭,从清晨到深夜,都是在自己租赁的宿舍内或学校图书馆里度过的。有时连饭也没有工夫做,只好买个面包就着一杯温水充饥。

　　我在哈佛大学苦读了两年后,取得了企业管理硕士学位(MBA)。随后我又到哥伦比亚大学政治经济学院进一步攻读博士课程,博士课程要博览广学,以自习为主,上课时间较少,而我在纽约和另一个同学合租的宿舍很小,不免彼此干扰。因此,我干脆把学校的图书馆作为自己的自修室,每天从开馆起直到晚上闭馆止,我总是带上几块硬面包充饥,整天在图书馆学习。英、美、德、奥各学派的经济书籍我都借阅,马克思的《资本论》我也读过。但当时不是为了接受马克思主义,而是为了挑《资本论》的眼子,批驳马克思主义。现在看来,这是何等的可笑。

　　博士考试,需要撰写一篇论文和通过口试。我选定的论文题目是:《中美贸易论》。初审中,老师对我的论文曾吹毛求疵地提了不少问题,并要求我重写某些章节,这使得我食不甘味,寝不安席,但在西里门主任教授复审时,却盛赞我的论文广征博引,写得不错,才使我安下心来。毕业考试的前几天,我因苦读过度,不仅精力不济,而且思想混乱。为了镇定情绪,我干脆把一切已知都束之高阁,整天到纽约各大公园去参观、游览,呼吸新鲜空气,倒也很有效果。考试那天,我精神饱满,体力充沛,对主考老师提出的各种问题,对答自如。最后,考试团一致决定,授予我政治经济学博士学位。[①]

　　潘序伦总结自己的求学经历说:"至少给我本人几桩切实的教训。(1)求学最忌毫无计划,多换学校。像我最初忽而投考工业学校,忽而改进法政学校,忽而改进海军学校,年青时代的黄金光阴,白白地胡乱混了过去,好不可惜。(2)求业必须有相当的专门技能,方才能够持久。倘使仅靠了亲戚同乡的帮忙,终究是不中用的,像我担任造纸厂翻译员、邦技士及中学教员,便是一个例子。(3)求学求业,必先立志。倘若没有坚强的意志,则一遭磨折,一受刺激,随时可以有中辍的危险。像我28岁中学教师卸职的时候,倘不立志向上,哪里能够听着邻居勤工俭学的话就立即发奋,再行入学呢? 在圣约翰大学里受了许多刺激,倘不立志坚定,又哪里能够继续学习而不辍学呢? 幸而我的意志还算坚强,没有沦为乡村中的堕落子弟而不能自拔呢! (4)求学总要能耐劳耐苦。语云:'好学近乎知。'像我这种天资平常的人,倘使在学校里还不努力用功,断断做不到圣约翰大学的四年级正式生,也断乎考不取出洋学额。这都是我一生事业的关键节点。(5)一

---

① 《潘序伦回忆录》,中国财政经济出版社 1986 年 8 月版,第 21—22 页。

生学业事业的成就,倒不关年龄的迟早。俗话说:'太公八十遇文王'。我总算在本国会计界里取得成绩,但是在30岁以前,尚不晓得会计是什么东西。因之可知人们到了30岁,即使学业无成,断断不必自觉灰心。急起直追,正还来得及呢!"①

---

① 潘序伦:《求学经过的自述》,《商业会计》1983年第9期。

第三章　投身会计

一

当时上海的教育界、经济界对潘序伦已有所了解。原来,潘序伦在美国撰写博士论文时,曾将其中若干章节寄回上海,在一份名叫《大陆报》(China Press)的英文报纸上发表,文中新颖的见解、畅达的文笔,令人耳目一新。

1924年春夏之交,留学美国的潘序伦,通过3年刻苦攻读,完成了学业。启程回国的日子终于到了,当时中美之间没有飞机航班,只能靠海运交通。潘序伦没有走直接回国的航线,而是搭乘绕道航行的客轮,绕了一个大圈子。这样,一则是为了开阔眼界,增长见识;再则是为了缓解疲劳,放松心情。

这次,潘序伦乘坐的是当时英国最豪华的"威仪"号邮轮,但他手头只有南洋兄弟烟草公司的回国旅费和少数的积蓄,所以只好精打细算,买了一张三等舱的船票。在邮轮上,舱位之间等级分明。

这位堂堂的博士,一路上除了在甲板上领略壮美的日出和汹涌的海浪之外,百无聊赖,只好待在床位上,浏览随身携带的书籍,其他地方哪里也不能去。这实在把他憋得够呛。如此坚持了7天,邮轮抵达英格兰的利物浦港。潘序伦赶紧上岸,退掉这一航班。他从陆路观赏了英国、比利时、德国、意大利、瑞士和法国的众多名胜古迹,然后到达法国濒临地中海的马赛港。在这里,潘序伦购买了一张廉价船票,换乘了一艘破旧的货轮,顺着地中海、苏伊士运河和印度洋南下回国。

在货船停靠在希腊、锡兰、马来亚等地的口岸时,潘序伦都尽情地上岸游玩。最后,从香港坐船回到上海。

归国途中,异国他乡的旖旎风光、民风物产,都给潘序伦留下了深刻的印象。

潘序伦回到上海,便有不少大学竞相聘请。经过考虑,潘序伦应聘了上海商科大学担任教务主任兼会计系主任,随后又出任了上海暨南大学商学院院长。他在这些学校任教期间,主讲西方现代会计学,将复式簿记方式及其理论引入上海商界。他培养的数百名大学生,是中国最早接受会计专业教育的人群之一。

潘序伦在教学和管理上一向以严谨著称,他对学生的要求很高。尽管教务工作繁忙,他还担任了许多骨干课程的讲课,如簿记、成本会计、审计学等。不少课程用英文讲解,通晓易懂,对学生帮助很大。因而他受到了人们的拥戴。后来,潘序伦要辞去教职,去执行会计师业务,学校里还掀起了一场声势不小的挽留活动。

曾经辅助潘序伦先后在桂林、广州和香港创办立信会计学校的蔡经济,是潘序伦在暨南大学的得意门生,据蔡经济忆述:

> 我第一次见到潘师是在国立暨南商科大学(国立暨南大学的前身)教务处前的大堂内,当时他戴了一顶圆形的向上卷边的铜盆草帽,满面笑容地由火车站走来,进入大堂之内,再转入教务处。可是,教务处的大门正在装修玻璃,他未能即时进去,只好回出来同其他教授商谈事情。不久,他又想转入教务处,可是大门仍未修妥。他对修理工说:"再过五分钟,我一定要进去。"结果,等了一阵,他终于进入了教务处。此时已有许多学生在教务处等他解决关于学科和学分的问题,同时也有若干教授来同他商量关于教课的问题。他干净利落地一一处理完毕,使他们满意而归。不久,上课铃一响,他即带了教科书上课去了。当时有一位同学在我旁边,就对我说:"毕竟是博士,一切照规定的原则办理,处事爽快,真是难得。"①

蔡经济这里提到的"火车站",是指上海的真如火车站,暨南大学当时位于那里。"暨南"二字出自《尚书·禹贡》篇:"东渐于海,西被于流沙,朔南暨,声教讫于四海。"意即面向南洋,将中华文化远远传播到五洲四海。学校的前身是1906年清政府创立于南京的暨南学堂,后迁至上海。暨南大学恪守"忠信笃敬"的校训,注重以中华民族优秀的传统道德文化培养造就人才。

在蔡经济的印象中,当时潘序伦教他们的学科,是簿记(即初级会计学)和成本会计两科。潘序伦对于会计理论的讲解非常清楚,而且举例很多。因此,学生

---

① 蔡经济:《潘序伦博士百年诞辰有感》,载《立信史话》,立信会计出版社1993年11月版,第54页。

学后相当得益。潘序伦特别强调理论与实务结合,每教一课,必有相当多的习题,要学生在课外去完成。如果学生偷懒而不做习题,则习题会愈积愈多。所以,学生绝不能偷懒,否则,不但习题无法理清,而且连下一课的理论恐怕也听不明白了。

潘序伦的学生都认为,做他的学生的确是相当辛苦的。当时有些同学因为偷懒,修读了两个月,就无法读下去,只好少读簿记一科,实在是相当可惜!

潘序伦主张理论要与实务结合,然后,可望有专长。所以,会计学科除平时有相当多的习题外,还专门设有一科,即"会计实习"。会计学科的各种习题,有专人为之批改。批改中发现的问题,则由批改人分别摘出,交给有关教授在上课时答疑,务使学生弄懂为止。潘序伦还主张教学和实习分为两人处理,吸收分工合作之效。因为习题太多,一个教授无法批改,所以可能减少作业。如果请专人批改作业,教授既可按时教授学科,而习题仍可照常进行。这对学生来说实在是获益匪浅。此后,上海各大学对于会计学科的教学,也采用潘序伦的方法。所以,潘序伦不但是中国会计的改革者,也是会计教学方法的提倡者。

在暨南大学,潘序伦的"口头禅"也非常出名。蔡经济回忆说:"一个人有无口头禅,我初时并不注意。对于教授簿记科的潘师,是否有口头禅,我更不大留意。由于潘师在教授簿记科时为使学生易于明白,常常举例特别多。那时大学教授都用英语讲解,每举一例要讲一句'For instance'。因举例多,上一堂簿记课,虽然只有短短一个小时,但确实要讲数不清的'For instance'。由此'For instance'这个词组就被大三的学生——杨昌运同学,收集为潘师的口头禅。杨昌运同学收集了上海多个大学(那时最有名的所谓江南八大学)教授的口头禅,集中写了一篇短文,刊登于上海最畅销的《申报》'自由谈'内。我们才知道潘师的'For instance'也被收集在内。后来,我们再注意观察,确有这种事实。"①

潘序伦与他的学生蔡经济的结交还是学生成绩的缘故。因为蔡经济虽然是上潘序伦的簿记班,但潘序伦上课从不点名,一上课就是不停地讲解,直到下课,他才停止讲课而离开教室。他很少在班上与学生谈话,事实上也没有时间谈。除了学生问问题外,他一直在黑板上大书特书各种"For instance"。那时同学们的簿记作业,是由一位大学四年级的林仲川同学批改的。据林仲川说:"一次簿记期考,蔡经济得了第一名,我就将考卷交给潘老师看,潘老师看了相当高兴,同时对我说,'有机会希望见见蔡经济。'"

---

① 蔡经济:《潘序伦博士百年诞辰有感》,《立信史话》,立信会计出版社 1993 年 11 月版,第 55—56 页。

　　不久,蔡经济到学校教务处有事接洽,那时刚巧林仲川同学也在教务处工作,就将他介绍给潘序伦。从此潘序伦就认识蔡经济了。数日后,蔡经济被调到教务处工作,受潘序伦的指挥,办理日常教学的事务。从那时起,潘序伦与蔡经济结下了终身的友谊。

　　潘序伦对于工作如痴如醉。常常有这样的情况:到了下班时,职员都走了,而只剩下潘序伦一人,还在做他未做完的工作,考虑明天做些什么工作。学校没有加班费的补偿。所以,蔡经济等人为他在晚上做些工作时,他总是会说“对不起”等客气的话。有时除了说客气话之外,潘序伦又给他们一两元钱或一些果品,作为工作的酬劳。

　　在蔡经济的印象中,有一次,暨南商科大学一位高级人员到教务办公室拜访潘序伦,潘序伦说:“要我做对不起人的事。我是不会做的。”原来此人要请潘序伦发起倒校长的台,他执意不从。

　　从美国留学回国后,潘序伦在大学就职,每月约有银币 500 元的收入。同时他还写了《簿记与会计》和《公司理财》两本英文教科书,由上海商务印书馆出版发行,全国发行。按照当时通行的办法,他可向商务印书馆抽取每书定价 15% 的“版税”,这样每月的收入又增加了数百元。由于潘序伦在生活上早已养成了节约的习惯,因此不到两年,他就有了 2.5 万元的银行存款。

　　有了这笔钱,潘序伦首先考虑到自己留学时,南洋兄弟烟草公司简照南先生曾先后资助银币 1 万元。他想,他之所以有今天,与简先生的帮助是分不开的。于是潘序伦就以“饮水思源”的名义,捐出 1 万元为简先生设立“思源助学基金”,既是纪念热心教育事业的简照南和曾经帮助他的黄炎培,同时也可资助学习成绩优良而出身贫寒的学生,帮助其完成学业。后来,潘序伦赴美时的同学王志莘听说此事,也要为他的资助人出资 3 000 元,共同做好这项盛事。但由于王志莘当时家境不宽裕,潘序伦就为他垫付了 3 000 元,这样助学金的总额为 1.3 万元。

　　他们这一行动得到了当时负有盛名的几位教育界老前辈黄炎培、江问渔(中华职教社总干事)等人的赞许。潘序伦和王志莘就敦聘他们为基金的董事,组成了一个董事会,全权管理基金的保管和分配。基金则存入上海商业储蓄银行,该行总经理陈光甫也出任基金的董事。潘序伦与陈光甫关系一直不错,他们后来并肩投入抗日救亡运动。

　　接受这项奖学金的人数,先后有数十人,其中不少都已成才。可惜的是,这笔长期存在银行的基金,因国民党所发行的“法币”逐年贬值,直到这 1.3 万元的实值，已变成泡沫而告终。

南洋兄弟烟草公司简照南选派分赴英、美两国留学的学生，总计约有 50 余人。潘序伦在几年后，又约同全体同学在简先生上海市北京西路的寓所"觉园"内，合建了一座"思源亭"，并请著名教育家黄炎培撰写碑文，建立碑碣，以垂永久。

二

20 世纪 20 年代，正值中国民族工商企业发展的黄金时代，随着企业的发展，那种上收下支、科目颇简的中式簿记已难胜任日趋繁复的财务活动，现代会计在中国有相当广阔的前景。

这时，潘序伦从美国学成归来，推广应用新式簿记——现代会计学，是完全不同于我国传统的旧式簿记的一种新的会计理论和方法。他借助科学原理，对社会各个领域的经济活动，按其不同类型的具体特点，设计各种不同的会计制度，进行系统的记录、计算、分析、检查。较之我国传统的旧式簿记，新式簿记要精确、及时、科学得多，因此受到开始运用现代资本主义方式经营的新兴工商业者的普遍欢迎。为适应这种社会需要，潘序伦的会计事业从立信会计师事务所，扩展到立信会计补习夜校，后来又创办立信会计专科学校、立信会计编译所、立信会计用品社等。当时众多中小工商企业中从业的职员、练习生、学徒，迫切要求增进业务知识，改善社会地位，因此，这种业余补习、灵活多样的办学方式，不仅受到他们的普遍欢迎，也得到多数业主的支持。立信会计补习学校和会计事业在这一期间有极大的发展。

1927 年 1 月，潘序伦看到当时工商界通用的旧式簿记亟待改良，企业会计急需人才，便辞去了各大学的教职，自行设立了"潘序伦会计师事务所"，从事会计师业务，并编译出版会计丛书和创办会计学校。

早在 1918 年，北洋政府农商部就颁发了《会计师暂行章程》，领到农商部会计师第一号执照的是谢霖。他在北京组织了"正则会计师事务所"，但因当时他还担任中国银行总行的总稽核职务，所以并未积极执行会计师业务。当时国内人士对会计师职业的性质和业务范围了解有限，因而会计师业务未能普遍推广。1921 年，徐永祚在上海开设了"徐永祚会计师事务所"。这时，全国仅有 13 人领有会计师执照。1925 年 3 月，上海会计师公会成立时也只有会员 23 人。为了提高各界人士对会计师职业的认识，上海会计师公会成立时发表的"缘起"中指出：

> 夫会计师制度，实为经济进步之产物。际此工商业勃兴，企业组织日益
> 复杂之秋，举凡创始之设计，平时之检查，以及收束之清理，胥有赖乎会计师
> 为之整理臂划，方诸律师、医师，其社会相需之切，未为多让，而又处于超然
> 之地位，本其独立不倚之精神，证明财界诸般之真相，以坚社会之食用，而供
> 公众投资之参证，其影响所及，正不独直接之利害关系从而止，此美国所以
> 有"公共会计师"之称也。

1927年，国民政府财政部颁布了《会计师注册章程》。其后，会计师移归国
民政府工商部管辖，又另颁发了《会计师章程》。1929年，立法院又制定了《会计
师条例》并公布施行。至此，会计师的职务范围便逐渐确定。比如，《会计师条
例》第一条明确规定："会计师受公务机关之命令或人之委托，办理关于会计之组
织、管理、稽核、调查、清算、证明及鉴定各项事务。""会计师得充任检查员、清算
人、破产管财人、遗嘱执行人及其他信托人。""会计师得代办纳税及登记事务，并
得代撰关于会计及商事各种文件。"同时它还规定："会计师不兼任公务员或工商
业之经理人员或董事、理事，对于其有利害关系之事件，不得执行业务，不得利用
会计师地位，在工商业上为不正当之竞争，对于受命、受托事件，不得有不正当之
行为，或违背废弛其业务上应尽之义务。"

由于有了这些法律的明确规定，会计师业务发展较快。到1933年，全国注
册会计师人数已达1 246人，天津、广东、武汉、浙江、九江、南京、山东、重庆等省
市也相继成立"会计师公会"。但以"会计师事务所"为专业者，仍远不如医师、律
师那样普及。

尽管潘序伦在事业上一帆风顺，但他并没有满足于现状。他看到了这样一
个趋势，就是当时国内民族工商业的发展，迫切需要改革旧式簿记和懂得经营管
理的会计人才。他恨不得拥有三头六臂，使落后的局面尽快得到改观。1927年
1月，潘序伦辞去两所大学的教授职务，在上海爱多亚路（今延安东路）租了一间
房子，开设"潘序伦会计师事务所"，执行起会计师业务。

上述会计师业务复杂多样，要做好这些事情，是不可能一蹴而就的。在实践
中，潘序伦常常告诫自己，工商业者在业务经营中，最重要的是要建立起客户对
自己的信任，而以财会工作为职业的会计师，则更需要在社会上建立起一种"诚
实不欺"的信誉，公正地为客户服务。

潘序伦深深感到,要开展会计师业务,就要取信于社会。出于这种认识,第二年他取了《论语》中"民无信不立"之意,将"潘序伦会计师事务所"改名为"立信会计师事务所",并以建立信用,争取他人对自己的信任为立信会计师事务所的第一主旨。后来,他又把它引申为"信以立志,信以守身,信以处事,信以待人,毋忘立信,当必有成",并把它作为训条,要求立信会计同仁共勉。

立信会计师事务所开业后,正值我国民族工商业有所发展时期。当时国民政府成立了主计处,在监察院设立了审计部,陆续制定和颁布了一些经济法规,如《公司法》《会计法》《营业税施行细则》《银行业收益税法》《所得税暂行条例及施行细则》等,大大增加了社会对会计、审计工作的需求,因而促进了会计师业务的发展。

立信会计师事务所在成立之初,仅聘用了一位计核员作为助理,承接一些查账、登记等案件。后来,随着立信会计师事务所业务的发展,潘序伦不断扩充人员。钱乃澄、顾询、许敦楷、郭驹、张蕙生、钱素君、李鸿寿、蔡经济、王澹如、陈文麟、王逢辛、唐文瑞、施仁夫、管锦康等会计师,以及李文杰会计师兼律师、周鲲律师等都先后来立信会计师事务所工作。人员增加了,办公场所也不断扩大。因为原址不敷使用,立信会计师事务所便迁到江西路(现江西中路)452 号正义银行 2 楼,开始设主任会计师室、会计师室、稽核科、文书科等。

几次迁移后,到 1936 年 2 月搬到浙江兴业银行大楼办公时,全所已有成员50 余人,租赁房屋十余间,分设有稽核、信托、法律、文书、编辑和总务六个科。

潘序伦在业务活动中讲究信誉和公道的原则,加上他的文字、外语功底坚实,中西学兼擅,无论在承办会计及工商业的申请、咨询还是受托申辩、诉讼时,大都说理详尽,效率高,质量好,因而他的事务所很快声名鹊起。一时间,登门求助的客户接踵而至。立信会计师事务所在开办后十年中,承办各类业务案件 4000 余例,成为全国规模最大的一家会计师事务所。

当时事务所的业务对象主要是新兴的民族工商业和中外合办企业,如南洋兄弟烟草公司、申新纱厂、永安纱厂等。不少公营工商企业和社会团体也委托立信会计师事务所办理各项业务,如邮政储金汇业总局、中国红十字会等。立信会计师事务所业务涉及的范围非常广泛,接受的委托业务遍及全国,赢得了社会的认可。

例如,"九一八"事变后,东北义勇军孤军抗日,深得全国人民的拥护和爱戴,民众纷纷募捐支援。当时传说上海抗日救国捐款共达国币 2 000 余万元,但是马占山将军只收到 100 多万元。有人指责经办捐款的《生活》周刊社、东北义勇军后援会和上海市临时救济会等单位有徇私舞弊行为。立信会计师事务所受委托稽核了 13 个经募单位的账目,证实共收到捐款 502 万元,援助了东北义勇军 337 万元,其余 165 万元作了慰劳十九路军和救济上海战区难民之用。潘序伦对全部收支账目进行审核,出具证明,公诸社会,以后无端指责谣言也因之平息。

从 1939 年开始,潘序伦还委派他的学生先后在国内一些重要城市设立了分所,如 1939 年由蔡经济会计师主持设立了桂林分所,1941 年由王逢辛会计师主持设立了重庆分所,1946 年由张蕙生会计师主持设立了南京分所,同年由蔡经济会计师主持设立了广州分所,1948 年由管锦康会计师主持设立了天津分所,等等。潘序伦和立信会计师事务所俨然成为当时中国会计界的巨擘名宿。

潘序伦提倡立信,他自己也是这样做的。潘序伦待人诚心诚意,即使有人批评他,他还是诚心诚意对待别人。在立信会计师事务所内,一位名叫唐荣山的职员,时时批评潘序伦查账手续上有很多不甚高明之处,潘序伦从善如流,以诚相待。唐荣山确是一位查账经验丰富之人,那时立信会计师事务所对外查账工作,都靠他办理。[1]

潘序伦多次强调,人无信不立,信是立身之本。他自己的行动,就体现了立信精神,他以崇高的精神力量说服人、吸引人、团结人、鼓舞人。潘序伦总是严于律己,从不高高在上,尽说空话,不干实事。立信会计师事务所上班没有签到簿,规定每天上午 9 点上班,当时全所工作人员数十人,潘序伦一般都是前 3 名到的。各个查账案件,他总是亲自过问,并经常抽样式地到被查单位,与查账人员一道进行审计,有时候,事务所工作繁忙,他提出每天加班 1 个小时,而他则带头作出了表率。

在立信会计师事务所工作,职员每天上午 9 点上班,下午 5 点下班,而潘序伦总是在早上 9 点前到办公室。

潘序伦到达办公室后,第一件事就是看报纸,一看有什么新闻,二看有什么查账机会。当时,一般会计师事务所的主任会计师大多是上午 10 点或 11 点才上班,而潘序伦则特别早到,可见他工作非常努力。

有一次,因为潘序伦早到而找到一次很好的查账机会。他会得意地对下属讲这件事。一天,他照常上午 8 点到办公室,翻开当天报纸一看,北方黄河的大

---

[1] 蔡经济:《潘序伦博士百年诞辰有感》,《立信史话》,立信会计出版社 1993 年 11 月版,第 57 页。

水成灾,上海各界即成立"黄河水灾委员会",该委员会中有稽核一科,拟请会计师担任,以示公开。

潘序伦看到这条消息,即刻打电话给该委员会的主持人,拟担任该委员会的稽核工作。该委员会的主持人在电话中当即答应了潘序伦的请求,潘序伦立即筹划派人去接管这项工作。事后该主持人对潘序伦说:"徐永祚会计师曾于当日上午11点打电话来,拟担任该委员会的稽核工作。"

但该委员会的主持人对徐会计师说:"我已于今晨8:30答应潘序伦会计师担任,非常抱歉。"

潘序伦一直以此为鉴,向事务所全体职员说明,每日很早办公不但对于身心有益,而且可以为事务所争取更多的工作机会。

潘序伦晚年回忆说:"我国会计师职业不是从我开始,设立会计师事务所也不只是我立信一家,而我之所以能略有信誉并稍有成就,大致有以下几点:

(1) 树立信誉。我认为会计师的信誉很要紧,可以说是会计师业务的生命力,所以我把我的事务所改名为'立信',就是要取得社会的信誉。但是,资本家委托会计师办事,总希望对他们有利。这样,有个别会计师就以造假账或出具不真实的证明书以迎合某些委托人的要求,而取得会计师业务。但是,这种业务我所是绝对不接受的,我宁可放弃这种委托。这样,当时看起来似乎是'吃亏'了,但日子一久,就会给社会人士产生一种印象,认为'立信'是信得过的,是可靠的,反而会引来大批的业务。'立信'的实践就充分证明了这一点。当然,在当时,这是从个人事业出发的。今天,我们会计人员应当忠实履行国家赋予的职责权限,让党和人民信得过,努力为四化作贡献。

(2) 关心会计人才的前途,介绍会计人才就业。在'毕业即失业'的旧社会里,一个青年如果没有一技之长和至亲好友的介绍,要找到一份工作是非常困难。因此,我很关心会计人才的前途,尽可能介绍会计人才就业。除了对本所德才兼优的学员大力进行培养外,还尽力介绍社会上的会计人才就业。如我所新成立时,就从东南大学和暨南大学商科毕业学生中,选用了顾徇、许敦楷、蔡经济、王澹如等学员,还登报招考录用了韩曼涛等同仁。对自办的会计学校毕业生,除了留用一些成绩优良的同学在我所工作外,一遇机会,我总是竭尽全力介绍他们到机关、企业去工作。后来,我们还专门成立了'立信会计职业咨询所',大力开展了这项工作。通过职业介绍,不但扩大了会计人才队伍,也有力地促进了会计师事务所业务的发展。

(3) 建立会计专业制度、培训会计专业人才。古时王荆公说过:'合天下之众者财,理天下之财者法,守天下之法者吏也;吏不良,则有法而莫守;法不善,则有财而莫理。'用现在的话来解释,法就是制度,吏就是人才,要理好财,必须先设计会计制度,健全财务管理。而有了好的制度以后,还必须有公正无私、忠于职守的专业人才来执行。所以,我把这段话作为事务所工作的指导思想,并把它作为序言写在立信会计专科学校毕业同学纪念册上。我在设立会计师事务所初期,就深深感到非改良企业会计制度和训练会计专业人员不可。因此,我从这两方面着手,一面附设了会计补习学校,一面自行编译会计书籍,并开设图书社,把事务所、学校和图书社三者融合起来,形成三位一体的'立信会计事业'。现在看来,在旧中国半封建半殖民地的社会制度下,立信会计事业从客观上来说,只能还是为企业主的利益服务,其在会计专业制度建设和会计人才的培训方面,也带有很大的局限性,与社会主义制度下的会计事业是不可同日而语的。"

三

　　潘序伦成立立信会计师事务所不久,有一位当时还起眼的小伙子,出现在他面前,他就是顾准。下面简单地介绍一下顾准。

　　顾准,1915 年 7 月 1 日生于上海一个多子女的家庭,兄弟姐妹共 10 人。他在家中排行第五,自幼从母姓。原籍苏州,后举家移居上海。

　　顾准后来回忆自己幼年时的生活,说:"我是生活在一个破产的中等资产阶级家庭之中。"家庭衰败使顾准在小学毕业后选择了进入职业学校的求学道路,他希望能学到一技之长早点就业,为家庭摆脱经济困境。即使在学校减免学费的情况下,顾准读完两年初中后,贫困的家庭已无力再供他上高中了。

　　1927 年夏天,顾准因为家境清贫,在中华职校初中毕业后,不得不中辍学业。这时,他由小学老师殷亚华推荐,并经已在银行供职的王志莘介绍,进入由潘序伦主持的立信会计师事务所当练习生。王、潘两人系留美同学,1921 年同时得到南洋兄弟烟草公司的创办人简照南、简玉阶的资助,去美国哥伦比亚大学深造。因为这一缘故,他们两人的关系十分密切。

　　这一年,顾准不过 12 岁,进入潘序伦的立信会计师事务所是顾准人生中的一个重大事件。他从此进入了会计学这一领域,会计知识和职业给予他的不仅是职业和成就,还有行为方式和思维方法。顾准开始了他的职业生活,开始了会计学的研究、教学和实务工作,从事会计学著作的写作,与会计学结下了不解之缘,成为著名的会计学家。虽然这"并不是出于对会计学的爱好,纯粹是一种偶然的机缘",①同时,他的学术造诣和成就也不仅限于会计学一个领域,但会计对他的影响很大。

顾准进入立信会计师事务所时虽然非常年轻,但"立信"的训条及人文环境对他的影响很大。此时的他正在成长,环境对他的身心熏陶、性格塑造产生了巨大影响是毋庸置疑的。

顾准进入立信会计师事务所时是一个练习生,干的是杂活。然而,顾准聪颖好学,勤奋努力,仅上过会计夜校半年簿记课程且只有职校初中学历的他,通过自学竟然逐步掌握了相当的现代会计知识和原理。随着会计事业的发展,慧眼识才的潘序伦大胆地使用顾准,从 1928 年到 1929 年,顾准便由练习生升任为会计员、查账助理员、会计夜校助教;1930 年出任立信会计函授学校负责人;1932年下半年担任了立信会计夜校的教师,继而承担了大专班银行会计课程的教学任务。期间,顾准还担任《高级商业簿记教科书》编辑助理,独立编写了《簿记商业习题详解》。1932 年,顾准开始编著《银行会计》的讲义,1934 年《银行会计》正式出版。② 顾准就这样成长了起来。

潘序伦在现代中国会计史上,创办了富有特色的融学校、事务所、出版社于一体的立信会计事业。在这一事业的架构发展中,顾准既得益成才,也贡献殊多,功不可没。对此,潘序伦在其晚年(时在 1980 年)还念念不忘,他回忆说:

关于顾准同志参加革命的历史事实,最近已由上海社会科学院历史研究所为他撰写文史资料。我今天只写他与我和"立信会计事业"的一段关系,作为我追忆悼念他的一篇短文。

顾准同志在 1927 年,由我的留美同学(他的中华职业学校的前辈同学)王志莘先生介绍,到我那时所初创的立信会计师事务所做练习生。他那年只有 12 岁,生性活泼,孩气未除,常在事务所里跳跳蹦蹦。他来我所时,只是中华职业学校初级班的毕业生,因家境贫寒,无力升学(1949 年以前公私立学校都要向学生收取学膳宿费,私立学校收费更大,贫家子弟当然大都失学),我就命他在立信会计补习学校学习簿记会计等科。因他是事务所的练习上,白天做些工作,所以由所供给膳宿,每月支给工资数元(当时是用银币的)作为生活津贴;在晚上业余时间补习会计簿记,当然不收学费。

① 陈敏之:《顾准与会计学》,《读书》1984 年第 7 期。
② 《顾准自述》,第 8—10 页。

顾准在补校学习一年光景，我看到他的成绩优良，所做簿记会计书中的习题答案，非常准确，就派他充任会计簿记等科的助教，专任批改学生所做习题的工作。此后不久，他的著述天才就逐渐显露出来了。他首先为我在那时所编撰的一册《高级商业簿记》编了一本《习题详解》，初版是用蜡纸刻印成书的，后就交与上海商务印书馆出版，名为《高级商业簿记习题详解》，作为立信会计丛书的一种。我那时正在编写我国第一本《政府会计》，请他帮忙，因看他所编写的部分写得很好，就二人以共同名义出版了。当时顾准同志只有16岁，时常被我派到某些银行去查账，他因之对于银行会计发生兴趣，又动笔编《银行会计》一书。他的初稿当然还不能算成熟，我就请银行会计专家金国宝先生（是我的留美同学，任职于中国银行）为他修改订正，对文字不很通顾之处，也加以润饰。稿成之后，也交与商务印书馆出版，作为大学丛书的一种，列入《立信会计丛书》之中。顾准同志既有志于编写银行会计，我就派他到那时中国银行去担任查账职务，因之他又汇集我国各银行的会计制度，纂写一册《中华银行会计制度》，内容比较前册详尽精密得很多。

那时日本军阀侵华战起。杭州的之江大学（教会私立学校）迁到上海租界上课。校长李培恩要我介绍一位银行会计教师，我即为顾准介绍。李校长皱着眉头对我说："顾准是一个初中毕业生，来做大学教师，有些说不过去！"我答道："顾准所著银行会计教科书，现在我国各地商学院都在采作教本，你要聘请银行会计教师，除他之外，还有何人？你认为他的学历不够，就听你另请高明罢！"同时上海圣约翰大学也要我介绍银行会计教师，我仍为顾准介绍，一言而定。之江大学另聘银行会计教师无着，只好仍请了顾准去担任此课，那时顾准年才19岁。

顾准不久在立信事务所内已担任编辑科副主任职务（我兼任此科主任），工资以及主任分红以每月计算，在当时银币250元左右；他又兼任两所大学的教师，每月薪金也可有一百数十元；我满以为他可能安心在立信工作，做我的资本主义会计事业的接班人了。那时我明知他在立信校和其他学校做青年革命工作，但我是不问政治、只重业务的，对于顾准的种种活动，总是眼开眼闭，故作不知。但有时我知道，他在上海有被国民党逮捕的危险，就派他到南京、汉口去查账，使他暂离上海，为他掩护。

到1940年秋，中日战争已经爆发，上海租界岌岌可危，顾准突然向我提出辞职的申请。我当时好比受了雷轰电击，心中痛苦，不知所云。我问他：

"你在立信生活很不算差,你辞职将到哪里去高就呢?"他对我说:"我在立信搞会计工作,不过是混口饭吃吃而已,我将去苏北参加新四军干革命,这才是我的夙愿。"我听到这话,知道无法坚留,就为他在那时福州路的大西洋西菜馆,设筵送行。可是他到苏北新四军去,每月只能领到生活费 5 元,在沪一家生活难以维持,我就介绍他的爱人方采秀(后来改名汪璧)到某餐馆工作,每月可有百元的收入,足以暂时维持他在沪家庭母弟的使用。这时顾准是 27 岁,先后在立信 14 年的关系就是如此。

我与顾准不通音讯,直到 1940 年底,上海租界随时有沦陷于日寇之势,我也由上海经香港飞往重庆,在那里仍办我的会计师事务所,并建立重庆和北碚许多会计学校。有一天重庆周公馆(周恩来总理在重庆的办公所)转来顾准一信,说他已到延安,生活当然十分艰苦,希望我汇些钱给他补充衣食之用,我随即托周公馆代我设法汇给他已经相当贬值的旧"法币"一万元。1949 年 5 月上海解放,顾准随着陈毅将军到上海,就到我家来看我,说我在重庆汇给他的一万元已经收到不误。①

1980 年潘序伦又说:

顾准同志在我国现代会计界中,可称为一个难得的人才。他天资聪颖、才华出众,早在 1927 年就参加我所创办的立信会计师事务所作一名练习生,当时只有十二三岁。他经过刻苦勤奋自学,掌握了会计这门科学,便在所编辑部工作和主编第一卷《立信会计季刊》四期(由立信同学会主办)。由于他讲解透彻,说理清楚,深得同学们的欢迎和爱戴。1935 年商务印书馆出版他所编著的《银行会计》列为《大学丛书》,他也开始登上大学的讲坛。以后又陆续写了不少有关会计的著作和论文,如与我合著的《中国政府会计制度》、《会计名辞汇译》(中英文对照)等,均有他独特的见解和大胆的探索,深为社会赞誉,我亦有所倚赖焉。②

事隔多年,潘、顾两人的友情并没有因为岁月的流逝而消逝。通过上述言

① 潘序伦:《顾准和我的一段史实》,见陈敏之、丁东编《顾准寻思录》,作家出版社 1998 年 9 月版,第 313—315 页。
② 潘序伦为顾准遗著《会计原理》所作的序言,知识出版社(上海)1984 年 8 月出版。

语,人们仍能体会到潘序伦对顾准的"怀念和无限惋惜之情"。

1927年至1940年,这是顾准在立信的13年。这13年是顾准人生旅途的重要驿站。立信是顾准成名成家的地方,同时也是他投身爱国救亡运动,参加革命工作、地下斗争的场所。

潘序伦对刚进事务所的顾准,给予了父辈般的照顾,从经济上、事业上提供方便,同时对其进行培养。刚入职的半个月,除供膳外,顾准领到薪水4元,第二个月提高到6元,以后逐月增加2元,到该年11月薪水为12元。这样维持一年半以后,又有增加。

初进事务所,由于人员精干,一人往往需要身兼数职。当练习生的顾准,每天除了接待应酬,给来所联系业务的客人让座倒茶,到银行送缴款子等之外,有些公司登记和代办商标注册的正式业务,潘序伦也让顾准去做。

没过多久,事务所人员增加,分工细化,上述业务便有专人承办了。顾准就做一些抄写、跑腿等辅助工作。

这时候,潘序伦根据他从事会计师的体验,深感中国会计人才的匮乏和推广新式会计的紧迫。基于这种认识,他在设立事务所后不久,就着手进行会计职业教育。1927年夏天,潘序伦先在事务所开办了一期簿记训练班,以在私营工商企业工作的青年小职员和练习生为对象,利用事务所晚上空闲时间上课,由事务所工作人员(包括潘氏本人在内)担任教师。这一训练的教育方针,在于改良旧式簿记的上收下付记账方法,传授西方复式簿记的技能和知识。首期学员虽然仅有23人,但这小小的训练班,可以说是后来规模恢宏、名声远扬的立信会计学校的雏形。

立信的簿记训练班从第二期起正式定名为立信会计高级职业补习学校,时间是1928年春季。顾准成为该校首届学员。同届学员人数很多,事务所原有教室已不敷使用,只好移至河南中路吉祥里的一栋两层楼的房屋,并以此作校舍。训练班晚上上课,每天授课两小时,每期单科专修半年。顾准利用业余时间,念了一期簿记,为时半年,对会计有了初步了解,这成为他会计生涯的启蒙。此后,他学以致用,当过事务所的会计员、查账助理员,并升任文书科工作(主要代办公司登记和商标注册业务)。

立信高级职业补习学校办得很发达,这是由于其教学讲究实效,注重实用,适合了社会需要。招生人数愈来愈多,班级与科目也随之扩大。学员不但有在职青年,还有不少失学失业青年。他们为了取得一技之长,勤奋好学,成绩大多优良,普遍受到工作单位的好评。顾准当然也不例外。

　　潘序伦在办学实践中考虑到，学生要掌握会计这门学科，就必须亲自动手实践，这样才能真正学到手。因此，立信高级职业补习学校创办伊始就重作业、课卷多，每节课都备有习题，并配备一位辅导助教。从 1929 年开始，顾准被潘序伦选作助教，为学员解答疑难问题和批改作业。顾准虽然年纪轻、阅历浅，但他勤勉笃实的工作作风，深得潘校长的青睐。

　　《高级商业簿记教科书》是潘序伦的成名作，由潘序伦主编，并经多人审稿校阅，精心推敲，务求通俗易懂。从 1929 年起，该书随写随印成讲义在夜校中使用，潘序伦让顾准利用夜间闲暇抄刻讲义，每张 1 500 字，每天晚上可刻 2 张左右。他边刻边自学，对商业簿记这门学科逐渐熟稔起来。这年年末，也就是该书编写后期，顾准成了专任助理编辑，等全书定稿誊正，他就到商务印书馆联系出版事宜。这本列入大学丛书的会计书籍十分畅销，为各商业企业和会计学校广泛采用。

　　通过两三年的锻炼，顾准初步掌握了会计这门学科，在立信会计师事务所崭露头角。

第四章　致力办学

一

　　潘序伦作为会计学专家的地位已经确立,并且有了一定的社会影响力。"这难道就是我要做的事情的全部吗?"他常常扪心自问。

　　他想起了宋代政治家王安石说过的一句话:"夫合天下之众者财;理天下之财者法;守天下之法者吏也。吏不良,则有法而莫守,法不善,则有财而莫理。"潘序伦把这句话理解为,要理好财必须先设计会计制度,健全财务管理,而有了好的制度以后,还必须有公正无私、忠于职守的专门人才来执行。他还把这句话作为序言,写进立信会计专科学校毕业同学纪念册。

　　潘序伦根据自己从事会计师的体验,深感中国会计人才的匮乏和推广新式会计的紧迫。基于这种认识,他在设立事务所后不久,就着手进行会计职业教育。他先后创办了立信会计补习学校、函授学校、专科学校和高级职业学校等不同层次和类型的会计学校,向社会输送了大量的会计人才,真可谓"立信,立天下之信;潘序伦全力办学,十万弟子,桃李芬芳"。①

　　潘序伦办学完全是适应社会需要的。辛亥革命以前,我国工商企业和国家机关的会计工作一直沿用古老的单式收付簿记。对于西式即双记式借贷簿记方法,除在殖民主义者设立的洋行里采用外,其他地方很少采用。到了 20 世纪 20 年代,才由几位留学日本的商科学生引进了所谓"复式簿记"。起初是在银行界试用,后渐及大型企业。随着生产的发展,新式会计的采用渐渐普及起来,可是熟习新式簿记的会计人才仍然非常紧缺,因此,新式会计的推行非常缓慢。潘序

---

① 立信会计海外校友会:《贺潘老从事会计教育六十年》中语。

伦与立信会计师事务所的同仁以改良中国旧式会计、建立新式会计为己任,专门为许多工商企业担任会计制度的设计工作,但他们仍觉得对于改良会计工作的贡献不大,因而立志兴办会计学校,广泛收录学生,传授西式会计知识。当时工商企业急需新式会计人才,因此,在青年普遍失业声中,立信毕业的学生往往比较容易找到适当工作。这对当时工商企业采用科学管理方法,也有所促进。

1927年,潘序伦投石问路,先是在他的事务所内开办了一个簿记训练班,招收青年小职员和练习生,让他们利用夜晚空闲时间上课。这小小的训练班,可以说是后来规模恢宏、名声远扬的立信会计学校的雏形。

潘序伦早就想在会计教育方面干一番轰轰烈烈的事业,现在刚办了个训练班,便深受社会的欢迎。因此,在1928年春天,他和立信会计师事务所的同事钱乃澂、顾询、李鸿寿、陈文麟等一起正式创办立信会计补习学校,起初是会计师事务所的一个附属单位。校址设在河南路吉祥里18号的一栋两层楼房内。每天授课两个小时,每期单科专修半年。由于讲究实效,注重实用,迎合了社会需求,招生人数逐年增加,班级与科目也随之扩大,除原设的簿记班外,还陆续添设了英文簿记、会计学、银行会计、政府会计、公司会计、成本会计、税务会计和审计等课程。学员不但有在职青年,还有不少失学、失业青年,这些学生为了取得一技之长,勤奋好学,成绩大多优良,普遍受到工作单位的好评。

据潘序伦本人回忆说:

> 立信会计学校原以潘序伦会计师事务所附设会计补习班为名,是会计师事务所的一个附属单位。所谓校舍,只是在晚上占用事务所的半间写字间,教师和管理人员都由事务所的职员兼任,补习班的开支只有一些水电、文具、邮费等。而所收学生每月数元的学杂费,都作为事务所的杂项收入。我们会计补习班的目的,是因当时委托我们代为设计西式簿记会计制度的单位纷至沓来,这些单位原来任用的会计人员,绝大多数是没有学过西式簿记会计的旧式账房先生,所以在委托我们改良会计工作的同时,要求我们代为训练这些账房先生学会西式簿记。我们认为对于这些人员加以训练,费时费力很多,不如把他们集成一班同时训练,所以会计补习班就作为会计师业务的一部分而创立起来。

> 到第二期开学前,自动报名要求入学的人很多,于是我们决定把事务所附设的训练班改为独立的会计补习学校,先后设置初级和高级商业簿记、高等会计、银行会计、公司会计、成本会计、政府会计、审计学等课程。到1936

年秋,学生已达一千数百人。后来又在重庆、北碚、桂林、广州、南京、兰州、天津、北京等地先后办起各级分校,学生人数因案卷散失无从确计,但据1948年出版的《立信会计学校概况》估计,毕业学生总数当在十万人以上。解放初期两三年内,学生人数还有大量增长。

后来我们认为补习学校学生肄业时间太短,缺少系统学习。难以成为高等会计专业人才且补校毕业生按照当时政府规定,在学历方面不能取得正式资格会妨碍他们广泛就业的机会。因此,我们又陆续创立了立信会计专科学校一所、立信高级会计职业学校三所。这些都是正规学校。图书等费用极大,在经济上成为整个立信事业赔钱贴本的重大负担。

在这种情况下,我们提出了"取之于社会,用之于社会,取之于会计,用之于会计,取之于学生,用之于学生"的口号,尽量把会计师业务收入,以及书社的营业收益捐给学校,并把个人或集体编著翻译的多种《立信会计丛书》的版权,捐给学校作为基金,推动学校的发展。[①]

潘序伦自1928年开设补习学校(这一教育方式基本上是为了适应业余人员的需要。学生都是各企业或机关的在职人员,年龄比较大,三四十岁的学生很多,甚至有五十几岁的学生。其中一部分是旧会计人员为适应改账需要而来学习的,一部分是适应当时社会对西式会计人员日益增长的需要而来学习的。随着入学人数的增加,为了照顾上海各区职工学习,补习学校除在黄浦、卢湾区自有校舍可开日、夜班外,曾在黄浦、静安、提篮桥、南市、虹口各区,租借其他学校教室开办夜校。)开始,潘序伦采用灵活多样的办学形式来普及会计知识和技能:

1930年,办函授学校,解决了学生的入学问题,函授学员遍布全国。

1935年,办晨校,让在职青年在夏季利用早晨上班以前的空隙时间学习。

1936年,办星期日校,让在校学生利用星期日休息时间学习会计知识,以备日后就业所需。

1937年,办日校,又称"速成科",旨在帮助失学和失业的人在短期内修完几门会计课程。

此外,每年还开办短训班。立信曾办高级会计职业训练班(高中毕业程度入学,一年毕业)、中级会计职业训练班(初毕业程度入学,一年毕业)、会计职业训练班(初中毕业程度入学,三学期毕业)。抗日战争开始后,国民政府教育部曾委

---

① 潘序伦:《立信会计学校的创办和发展》,见《立信史话》,立信会计出版社1993年11版,第2—4页。

托各校设立各种中等技术短期训练班,并发给必需的经费,立信亦曾几次接受委托,因此立信训练班一度设有公费生。

这所补习学校,从 1927 年至 1952 年,共计举办了 50 届,学生累计达 7 万余人。鼎盛时仅上海一地,它就设有 11 所分校。另外,在潘序伦大力支持下,北京、广州、桂林、衡阳、重庆、南京、天津、兰州等地也陆续建立了分校。有人说,这是一所当时中国最大的从事成人会计教育的学校。立信学校的发展,是用多样化的教育方式来适应普及和提高的不同要求的。

潘序伦在办学过程中,还有一个非常突出的特点,就是广收女性学生。这在学校的发展方面,也起了一定的促进作用。

受传统思想影响,在其他各校中,女生所占比例很少。立信学校开办前期,女生也很少。社会上很多人对妇女就业仍有歧视,妇女求职困难,因此,她们也想学习专门技术,以便找到适当职业。潘序伦认为,妇女的性格一般适宜担任财务会计工作,因此在录取学生时,一律以成绩为标准,不歧视妇女。这就使女生入学人数逐步上升,在后期,有些班级女生超过半数。例如,1946 年秋,北碚立信高级职校学生 77 人中,女生占 41 人,1948 年春,上海立信会计专科学校入学人数 167 人中,女生占 79 人,最突出的是 1948 年 1 月上海立信职训班毕业生 71 人中,女生竟占 48 人,这为妇女就业创造了有利的条件。

另外,还需澄清的一点就是,立信会计学校在其发展过程中是否存在"盲目性"。立信原是私立学校,设在上海,并附设函授学校。抗日战争开始后,内迁厂商增加,学校随即向国统区的后方发展。抗日战争胜利后,许多工商企业向沿海复员,学校又开始向沿海城市发展。1949 年后发展更快,1951 年仅上海一地,立信学生共约 1.9 万人(包括函授),仅补校就设有分校十所,入学学生 15 000 多人,重庆、广州、北京、天津的各级学校也有 3 000 人左右。立信学校在 1949 年以后迅猛发展,但不能说是"恶性发展"。按照现在的认识,原因主要有两点:一是由于立信集中在沿海城市,这与 1949 年前民族经济首先在沿海地区发展有关,那时失学失业的人数众多,他们都希望学习会计技术,以谋职业;二是由于立信以会计为专业的学生众多,与其他技术学校培训人才的比例不能协调,以致出现一时一地会计人员过剩而其他技术人员不足的现象。

二

潘序伦创建的立信学校,是与上海河南路吉祥里联系在一起的。一听到立信，就想到吉祥里；一谈到吉祥里，就想到立信。常常会听到有的立信老同学说："我是在吉祥里读书的。"有的老同学则说："我是在吉祥里毕业的。"吉祥里因立信而闻名。

是的，立信会计学校在吉祥里有十几年之久，从暂借，到租赁，到购置。在此进进出出的学生有近十万人，当然其中立信教职工也不在少数。就拿李鸿寿来说，20世纪30年代初他就在吉祥里补习学校教课，每星期有六个晚上有课。40年代初，他又在专科学校教课达六年之久（从1939年到1945年）。他对立信有深厚的感情，对吉祥里也有好感。

李鸿寿回忆说："1930年前，我在潘序伦会计师事务所附设会计补习班教课，地址在江西路452号楼上。那里，白天由事务所办公，晚上加一些长课桌和长板凳则成为教室。我每周教课6个晚上，周一、周三、周五教中文簿记，周二、周四、周六教英文簿记。不久，事务所迁到宁波路（河南路附近）的一家小银行楼上，改名为立信会计师事务所，学校也改名为立信会计学校。上午银行开门前、下午银行关门后，均由后门进出。后门对面就是吉祥里，都是石库门三楼三底房屋，专供开商号、钱庄用的。房租很贵，吉祥里房屋空关着租不出去，大门上贴着'招租'的条子。但是，因为补习学校收费很低，所以负担不起巨额房租。于是我们与经租账房商量，借几间晚上上课，进出走后门，大门上的'招租'条子照样贴着。如有人要租，我们让出，但我们可以少付一些租金。他们同意了。后来局势稳定了，市面好起来了，租房的人多了，所有房屋都有人租，就连我们用的房子也有人要租。然而，我们感觉几年来在这个地方办夜校，地点适中，职业青年来去方便。所以，我们决定勉力租下，并充分利用。当时除夜校上课外，早上开晨班，上午开上午班，下午开下午班，星期天开星期班。1939年秋到1945年秋，专科学校也在这里开班。班数多，学生多，房租的负担相对减轻了一些。"[1]

这样租赁双方，相安无事没有多久。1943年间，吉祥里房东认为上海房租低而顶费贵，打算将整个吉祥里的房子分宅出售。但是，他们知道立信办学没有钱买房子，却又不肯迁让。所以，开房客座谈会时，他们不邀请立信师生，生怕立信师生反对，对他们不利。于是，他们专门托人来与立信商量，无论买还是迁，都给予优惠。立信坚决不同意。'买'，没有钱；'让'，师生不同意。后来，他们又提出愿以半价卖给立信。

---

① 李鸿寿：《立信会计学校的策源地——吉祥里》，《立信史话》，立信会计出版社1993年11版，第23—24页。

但是,吉祥里的房子半价也要几百两黄金,立信拿不出那么多钱。最后大家商量了一个办法,组织一个地产公司,学校作为二分之一的股东,其余由社会招募,不足之数则请立信老当事人投资入股。后来,吉祥里18号终于归新组织的地产公司所有,其中立信占半数。抗日战争胜利后,潘序伦校长由渝返沪,肯定这些做法,认为这是为学校立了一大功。

一天晚上,潘序伦在南京路新雅粤菜馆宴请全体股东,一则表示感谢,二则商讨房产的善后事宜。潘序伦提出:凡愿意将股份捐给学校的,学校出感谢信;调回股份收据有困难的,作价收买。最后,大家一致同意捐献。这样,吉祥里18号房屋就全部归立信学校所有。

<h2 style="text-align:center">三</h2>

潘序伦初创补习学校时的目的,在于为青年人解决职业问题。随着形势的发展,提高办学层次,进一步满足社会对精通业务、具有管理水平的高级会计人才的需求,已刻不容缓。这成了潘序伦牵肠挂肚、朝思暮想的头等大事,尽管补习学校已初具规模,且具有一定的社会声誉。

立信会计补习学校、立信会计函授学校尽管入学者很多,且在社会上取得了良好的声誉,但潘序伦并不以此为满足。潘序伦认为,会计是一门实用学科,服务各行各业。随着社会的发展,既需要能够记账做账、精打细算的中初级会计人员,更需要有精通业务、具有管理能力的高级会计、审计人才。补习学校及函授学校时间短、所学内容少而简,不利于学生今后的工作和继续学习。因此,潘序伦经过与会计师事务所同仁商量后,决定筹办以培养高级会计人才为目标的一所高等学校。

1937年2月,潘序伦等为筹备设立立信会计专科学校一事呈报上海市社会局。按当时规定,所需建校资金法币17万元也已筹集齐备。此前,潘序伦提出创建大学的倡议,迅速得到了立信同仁和社会各界的积极响应,很快筹集到这笔建校基金,其中包括潘序伦自己捐出的6万元。他延聘著名的教育家、会计学家、经济学家和实业界的巨子,如当时的国民政府委员兼主计长陈其采、中国银行总经理宋汉章、交通银行董事长钱新之、商务印书馆总经理王云五、中国职业教育社总干事汪恒源等8人,组成立信会计专科学校董事会,潘序伦出任校长。

当年4月20日,在上海香港路银行俱乐部召开立信会计专科学校第一次校董事会,潘序伦和学校董事陈其采、王云五、钱新之、宋汉章、江问渔、钱乃澂、李文杰、李鸿寿出席。会议讨论通过《学校组织大纲》及其他章程,并推定董事长、副董事长与校长的人选。5月,校董事会呈报当时国民政府教育部备案。7月15日,校董事会备齐建校有关文件,由董事长陈其采签署报请上海社会局转呈国民政府教育部要求准许学校开办。8月12日,上海市社会局发文称,奉国民政府教育部指令,私立立信会计专科学校准予建立。立信会计专科学校的建立,标志着学校在立信会计补习学校、立信会计函授学校前期基础上的进一步发展,从而开始形成立信会计专业教育更为完整的体系。

潘序伦在向当时教育部的报告中,将该校办学方针归纳为:"管教务期严格,学生学验并重,出路必予保障。"经备案后,学校于7月开始招生。不料招考完成,"八一三"战事发生,学校只好暂行停止建造校舍。

在当年10月,潘序伦在《创办立信会计专科学校缘起》一文中介绍了相关情况:

> 昔者,我国工商各界,对于会计一项,向不重视。回此本所创立之初,即深觉各公司商号及工厂之会计制度,简陋残缺,实有改进之必要。然欲改良各业会计制度,自必先从造就相当之会计人才入手。乃于民国十七年春,在本埠开设会计夜校,俾会计职员及职业学生,均得利用业余时间,补习会计学识技能。惟是远道学生,每不能舍职来沪入学肄业,因之于十九年八月,增设函授学校,适应环境需要,又设立晨校、日校、星期日校,更于川滇黔康各省中心地之四川重庆设立分校。以上乃本所办理会计补习学校之经过情形。九载以还,入学者为数已达七千余人,毕业学生之服务于社会者,亦幸得一般工商家之信任,借使展其所学。是本所对于养成普通会计人才之目标,可谓已得相当之成就。惟查社会之进演,无时或已,企业之组织,亦愈形繁复。处现时代之立场,欲负改进会计之使命,盖非创办会计专科学校以造就高等专门人才不可。本所数年以来集中同仁心力编著立信会计丛书,迄今已出版者计有三十余种。关于会计学术之书籍,种类略备,以之作为会计专科学校之教本,亦勉可适用。会计专校一旦建立,则所有丛书可借学子研求之力,而时加修订,傅切实用,一方并可将丛书版税,充作学校基金。此项版税,嗣后每年可收两万元,用以补助专科学校经费,已无虞不足。序伦复出执业十年所积余之现金六万元尽数捐作本校建筑基金,本所各会计师又共同捐助图书数千册,再由本所于本期业务收入项下,捐拨本校设备费五千元,总计基金一项包括现金及财产,总值有十七万元之巨,以之办理一会计

专科学校暂时不致竭蹶。今岁正值本所创业十周年,故决于本年起,创设立信会计专科学校,以资纪念。学校一切章则,均按照国民政府教育部所颁法规办理,期于最短期内,呈部立案,俾卒业同学,可应国民政府高等考试,或充任会计师。兹者,校董会业已呈请立案,校舍亦已觅定。所有本所附设之补习学校,拟即改为专科学校之补习科,并于两年间,在本埠中区地带,自建校舍,以垂永久,至于今后,校务之进展,则全赖于工商各界及全校同学之时赐协助也。①

有位哲人说过:"事情的开始,一般总不是那么顺利。"立信会计专科学校创建伊始,应验了这句话。

迫于形势,1940 年 7 月,潘序伦只身经香港来到重庆,即刻将设在北砖的立信会计补习学校分校,加以充实改组为专科学校,另组校董事会。

对这段潘序伦创建立信会计专科学校的经过,亲历者李鸿寿记得很清楚,他告诉我们说:

> 1937 年春,我常到南京去查账。一天,潘序伦先生写信叫我立即回沪,商讨筹建立信会计专科学校。我于次日返沪。潘先生邀集钱乃澂、李鸿寿、李文杰、章钦贤等商谈。潘说:历届补习学校学生以及社会上青年学生和职工纷纷要求我们办一所高等会计学校,现已向教育部了解,凡举办专科学校,必须有建筑基金 10 万元,流动基金 6 万元,图书设备 5 万元。潘又说:他本人从事会计师职业以来,已积蓄了 6 万元,可以全部捐出。立信同仁共同编写的《立信会计丛书》每年版税 2 万元,用"资本还原计算法"估值为 10 万元,即版税可收 10 年,每年 2 万元,以 5 万元作为利息,1 万元作为回收资本,请商务印书馆总经理王云五出具证明。立信会计师事务所同仁所藏书籍全部捐出,估值 1 万元。在研究筹资的基础上,又商定请国民政府主计处主计长陈其采任校董会董事长,王云五为副董事长,聘请中国银行总经理宋汉章、交通银行总经理钱新之、职业教育家江问渔为校董。立信方面,除潘本人外,请钱乃澂、李鸿寿、李文杰为校董,李文杰兼校董会秘书。大家一致表示同意以上方案。随即由潘先生亲自聘请各位校董。李文杰到教育部领取各项表格。1937 年 4 月 15 日在上海香港路银行召开第一次校董会。到

① 原载《立信月报》1937 年第十期。

会校董计有陈其采、王云五、宋汉章、钱新之、江问渔、潘序伦、钱乃澂、李鸿寿、李文杰等九人,推举陈其采为董事长,王云五为副董事长,潘序伦为校长,李文杰为校董会立秘书。当即向教育部呈报。不久,上海市社会局转来教育部批文,准予开办私立立信会计专科学校。于是,潘校长便聘请钱乃澂为教务主任,李文杰为训导主任,章钦贤为总务主任,李鸿寿为秘书,负责筹备事宜。当即租赁北苏州路中国银行仓库四楼为校舍,屋顶平台为操场。还聘请李权时、金国宝、唐庆增、潘仰尧、周仲千等专家以及立信同仁为教师。正式定于同年7月招生,在《新闻报》用整幅出了一个特刊,将办学宗旨、办学方针、校董会组织、教职员名单以及校舍平面图一一列入。7月初,报名投考的学生非常踊跃。不料,"八一三"战火蔓及上海,我校校址适在苏州河北,靠近战区,只得暂时停办,补习学校仍在吉祥里继续开学。为了防止通货贬值,将银行存款购置在徐家汇柿子湾土地三十余亩,以备建造校舍。[①]

立信会计专科学校建立后,当即进行校务运作,聘请钱乃澂、李文杰、章钦贤分任教务、训导、总务主任;黄逸峰为教授兼教务副主任;李鸿寿任秘书;聘请李权时、金国宝、唐庆增、潘仰尧、周仲平等专家以及立信会计师事务所同仁为教师。学校租借北苏州路中国银行仓库四楼暂作校舍,着手办理第一期招生事宜。但因1937年发生日军侵占上海的"八一三"事变,学校原定的招生工作无法如期开展。

黄逸峰是职业革命家,是大革命时期的共产党员,曾经多次入狱。1936年,黄逸峰第六次出狱以后,经朋友介绍,到沪江大学担任了会计学教授。1937年春天,潘序伦创建了立信会计专科学校,旋即,黄逸峰被立信聘为教授兼教务副主任。黄逸峰除了担任繁重的教学组织工作外,还讲授会计、簿记等课程。这时,他还在中共领导的上海职业界救亡协会中担任组织部长。1939年,他经潘序伦介绍,认识了当时的广西省政府会计长张心澂(当时兼任立信会计补习学校桂林分校名誉校长)。黄逸峰出任广西大学会计学教授,并编写了《簿记学》一书。他在桂林工作了一段时间后,转辗去苏北参加抗日斗争,担任了苏北联合抗日部队司令员、苏北参议会议长等职。

1939年4月,学校准备利用上海租界沦为"孤岛"的特殊条件,向国民政府

---

① 李鸿寿:《立信会计专科学校创建经过》,《立信史话》,立信会计出版社1993年11月版,第26—28页。

教育部呈请准予招生。5月24日,国民政府教育部批准同意于暑期招生。9月,学校招收第一期专科新生38名。原来租借的北苏州路校舍因已被日寇占领,不能使用,所以只能暂在河南路吉祥里立信会计补习学校校址内设班施教。在非常困难的情况下,潘序伦与立信同仁齐心协力,艰苦办学,按照"管理务期严格、学生学验并重、出路必予保障"的办学方针,重视提高教育质量。学校不仅开足会计专业相关的全部课程,而且注重职业道德的培养,以"信以立志,信以守身,信以处事,信以待人,毋忘立信,当必有成"作为校训。1941年7月,首届专科生修业期满,以潘序伦校长名义向有关方面推荐。用人单位收到推荐信后,大多复信要录用一两名。毕业生先后被银行、报馆、工厂等录用,也有留在立信会计师事务所工作的。例如,钱学钧到浙江兴业银行,孙家博到信谊药厂,顾福佑到新闻报馆,杨国树留在立信会计师事务所工作。事后用人单位对立信毕业生的表现普遍反映良好。

1940年、1941年以及1943年学校又续招三期新生,在上海当时艰苦的条件下,前后共招四期学生。

为学校后续发展考虑,学校于1940年动用建校资金9.4万余元购置徐虹路柿子湾校舍基地,以备抗日战争胜利后建造新校舍之用。

1940年前后,上海形势恶化,潘序伦赴重庆创办立信会计师事务所和立信会计学校。潘序伦离开上海时,将上海立信会计师事务所和学校的工作委托李文杰、钱乃澂、李鸿寿、陈文麟(不久也调到重庆去了)和叶朝钧几个人共同负责。

1941年太平洋战争爆发,日军进入上海租界。为了维护"立信"声誉,经请示潘序伦,他们商定将学校改名为"明信",事务所则改名为"上海文件代办所"。为了维持立信同仁生活,他们又组织了一个"通达企业公司",商请立信老当事人入股,公司经营商业、证券、保险业务。"通达"有双重意义:一是生意兴隆通四海,财源茂盛达三江;二是"通权达变",不得已而经商。于是连夜将所有门窗上的"立信"全部抹掉,改为"上海文件代办所""通达企业公司"和"明信会计学校"。他们当即向学生说明,等到立信恢复时,所有文凭和证件一律调换。

立信学校要求学生毕业后能胜任会计实务工作,因此,坚持严格和实用的培训方针。首先,在学习时间上,保证每学期授课20个星期,上课时点名,规定在一学期内学生缺课三分之一以上,不能参加期终考试,迟到早退三次作旷课一次。其次,在考核学习成绩方面,各类学校都严格实行考试,补习学校规定70分为及格,不及格者不准毕业。

为了贯彻切合实用的方针,各项课程除讲授课本内容外,还特别重视练习。

高级商业簿记等课程,平时加强练习并有实习题。学生通过实习,对整个簿记过程有更深的了解。同时,学校实行助教改卷制度,对各项习题编有详解,由助教掌握,认真改卷,对学生发现和纠正错误比较有利。此外,学校还通过簿记会计竞赛、增加习字课程、加强珠算练习等办法,使基础技能训练得到可靠保证。为了训练学生阅读英文书籍和担任英文会计工作或外贸会计工作的能力,学校曾设英文簿记会计课,或参用英文习题。设英文课程的班级,按英文程度进行分班教学,以便加强教学效果。

更重要的是,在立信会计师事务所和同学会的配合下,学校经常组织学生去工商企业和政府机关参观、实习。委派成绩优良的学生参加查账实习,后期学校还让学生参加立信会计师事务所附设"会计职业咨询所"工作。通过这些实践活动,不但使学生加深了对课本知识的理解,有利于实际运用,而且增加了他们的就业机会,许多实习学生和查账员被机关、企业留用。同时学校也常留用一部分优秀学生当助教,有条件时将其培养为教师。

函授学校采用通信教学,学生对课业容易自流。针对这一特点,他们对函授学生解答疑问,力求迅速,批卷力求详尽,并发行函授刊物,作为补充教材,使学生减少学习困难。学校规定修业期限为半年,可以请假延期,并规定学生至少每天阅读讲义一小时,练习及解答问题一小时,使学生能按时学完课程。对中途停学的学生,学校经常函催复学,尽量使学生能学完全部课程,并规定 70 分及格,以保证毕业生的学习质量。

立信毕业生虽然大部分是补习学校学生,但由于在教学中注重全面发展,因此,不少毕业生在实际工作中逐步成为能够全面掌握企业管理的厂长、经理。这主要是学生自己的努力,但学校的严格训练也是有利条件之一。

立信是一所私立学校,经费主要来源于学生所缴的学费,再加收少许杂费。立信补习学校收取学费以各科每星期上课的时数为标准。初级班在一学期内每小时收学费 1.5 元至 1.7 元。中级、高级班每小时收 2 元至 2.5 元。这都是按没有贬值时的通用银元或纸币计算的,后来"法币"迅速贬值,学费也按物价适当调整,但绝赶不上货币贬值的速度。

为严格要求学生练好基本功,学校开设珠算、习字、商业算术等科,收费都照初级班计算。这种收费标准,在当时的私立学校中,是比较低的。另外,学校还对无力缴付学费的学生制定有减免费的办法,一般可减三分之一至三分之二,但全免的很少,因全免学费的学生,往往会对课业不加重视,半途而废。

补习学校每学期所收学费,大致足以支付专任职员和兼任教师的薪金。补习学校教师基本都是业余兼职的,每授课一小时支薪一元。专任职员人数极少,所支薪金,在整个学期的工薪总额中所占百分比很低,这是因为学校职员大都由立信会计师事务所的会计师或会计员兼任。补校校长、教务主任、分校主任等全都不支付兼薪。所收杂费,用来支付校工工资和文具、水电等费用。至于扩充校舍、购置校具等基本建设经费,原则上由《立信会计丛书》向出版发行机构所收的版税负担。

事实上,上海立信补习学校在学生人数增至几千人时,总校的专职教务员只有两三人,校工只有一两人,分校都在晚间上课,班主任都由教师兼任,每月略支数元补贴,分校校工则由晚间出租教室的中小学原雇工友兼任,每月给两三元补贴。总、分校所用的水电、文具、邮电、修理等费,都是精打细算,不许有一点浪费。少数专任职员的膳宿问题,都由立信会计师事务所负担。因此,上海立信补习学校学生人数虽逐年增加,有几学期增至1.6万人,但学校的经常费用,几乎可以全靠学杂费收入支付,有时还可略有盈余贴补学校扩充的经费。重庆和其他各地补习学校、训练班,在精打细算、勤俭节约的情况下,也大都如此。

立信会计专科学校和立信高级会计职业学校,是高级正规学校,也用这种作风力求达到自力更生。不过专科学校学生绝大部分是寄宿的,校舍规模较大,专任教授职工的人数也多,当然不能与补习学校相比。可是学校有书籍版税和书社投资盈利两项巨额收入,所以,学校的经费只有小部分依靠学费收入,且每年仍有积余。各地的立信高级会计职业学校,虽也是正规学校,但学生大都走读,所以仍能做到自给自足。至于扩展设备所需经费,则由校董会筹补。因此,当1953年立信各校陆续移交人民政府接收时,除交了几十座建筑物和大量用具、图书以外,上海立信会计专科学校还交了现金4万多元,重庆高级职业学校交了5 000元。

对潘序伦来说,立信学校虽以自力更生为主,但他感到,在必要时也不能不争取"外援"。这里所谓"外援",可分人力、物力、财力三项来说。人力方面的"外援",首先表现在师资的征聘,其次是教材的编写;物力方面的"外援",则是图书的收集;财力方面的"外援",则为校舍的大规模兴建,为此不得不向工商界募捐。

在立信最初建校的十几年间,所用教材都由潘序伦和立信会计师事务所同仁顾询、钱乃澂、顾准、李鸿寿、陈文麟、钱素君、张蕙生、王澹如、施仁夫、唐文瑞、王成杰等编著。图书馆的书籍,则是立信同仁自有的书籍凑集而来的。至于财力,则以学费收入为主,以立信会计师事务所收入作为补充。

可是年复一年,学校的规模不断扩大,学生人数逐渐增加,完全依靠自己的力量难以应付。于是20世纪三四十年代,在人力方面,广泛征聘了数百位校外的会计专业人员和一般工作人员,担任日、夜校教职员工,又征求国内政治、经济、工商管理等学科的专家,来为本校的出版机构立信会计书社编写各科教本。到50年代,出版刊物200多种。在物力方面,由立信同学会数以万计的校友为本校新设的图书馆征募图书,在短短的数年内就征集到中外图书5万余册,其中最大的捐赠人是校董会副董事长王云五,他捐赠了2万册左右,其次是潘序伦的胞兄潘伯彦,他捐赠了线装书3 000多册,潘序伦本人也把存书2 000多册全部捐赠。在财力方面,1941年迁往重庆以及抗战胜利复员回沪以后,因开始大量购建校舍,除以立信会计师事务所的大部分收入捐作建筑基金外,还靠立信同仁、校友、同学的捐赠以及立信书社所给学校的版税开支,此外还扩充校董会,大量向商界募捐,使学校规模进一步扩大。

第五章　服务经济

一

　　潘序伦从事会计实际工作和教育工作之际,正是我国民族工商业迅猛发展的年代。经济的发展,对各类人才的需求与日俱增。潘序伦抓住了这一有利时机,精心操作,形成了独具特色的立信会计事业。

　　中华民国建立以后,人们普遍认为,革命的时代已经过去,今后应当是建设一个富强的中国的时代了。孙中山说:"今日清帝退位,中华民国成立,民族、民权两主义俱达到,唯有民生主义尚未着手,今后吾人所当尽力的即在此事。"①他的这番话反映了当时人们的普遍心态。人们致力于发展经济,振兴实业,民族资本主义工商业得到了迅速发展。第一次世界大战前后,帝国主义列强无暇东顾,给中国民族工商业的发展带来了新的机会。上海的民族资本更是领时代之先,取得了长足进步。

　　经济的繁荣,为立信会计师事务所的发展创造了条件,使之脱颖而出,成为当时中国第一流的会计师事务所。该所拥有的会计师、服务的客户、承办的案件,罕有俦比。数以千计的企业、机关、团体委托立信会计师事务所办理数以万计的案件。名列中国民族资本榜首的荣氏企业(指荣宗敬、荣德生的申、福、茂系统,即申新纱厂、福新面粉厂、茂新面粉厂等企业,后以荣毅仁为代表)、郭氏企业(指郭乐的永安系统,即永安公司、永安纱厂、永安机器厂、大华印染厂等企业,后以郭棣活为代表)、刘氏企业(指刘鸿生的企业系统,即上海水泥公司、大中华火柴公司、章华毛纺织厂、华东煤矿公司等企业,后以刘念智为代表)和简氏兄弟的

---

① 孙中山:《在南京同盟会饯别会的演说》,见氏著《孙中山选集》,人民出版社 1981 年版,第 93 页。

南洋烟草公司等都是立信会计师事务所的常年客户。外资企业中也有不少立信会计师事务所的客户，如美商中有著名的联合航空公司、可口可乐公司、加利福尼亚德士古石油公司、华纳兄弟影片公司、环球影片公司、派拉蒙影片公司、北极冰箱公司、哥伦比亚唱片公司等，英商中有怡和公司、怡和纱厂、太古轮船公司等。不少合营工商企业和人民慈善团体也委托潘序伦办理各项业务，如邮政储金汇业总局、中国红十字会等。可见，立信会计师事务所业务范围之广，遍及全国。

在办理业务的同时，民族工商业对财会人才的需求日益强烈。为了适应各行各业对财会人才的迫切需要，潘序伦在多个地区创办立信会计学校。他认为，办学必须以服务经济为导向，瞄准社会需要，多渠道培训，多形式办学，广开学路，多出人才。他的执业观，就是会计教育覆盖各个层面，从夜校到星期日校，从训练班、补习班、速成班到函授、专科学校，一切从时代需要出发，从当时当地实际情况出发，多方创造有利条件，便于不同行业、不同地区、不同水平的青年都能获得不同层次的会计专业知识，在短时间内就能培养出大量的有用人才，直接为经济建设服务。

潘序伦曾经深刻阐释会计与经济的结合，使教育工作有的放矢。早在20世纪40年代初，潘序伦就提出，会计与经济是"当"的关系。他说过："本人20年代以来在工商界、会计界服务，觉得十几年前我国各大企业，不要说会计，就是连簿记也根本说不上。到现在为止，各公司工厂虽然有了簿记，还没有正确的会计。政府机关的会计，也只是刚走上轨道，不能说是已经具备严密完整的制度。考会计的主要精神，便是在做到孔子所说的'当而已矣'。预算应如何编选才算适当，决算应如何编订，收支应如何平衡，总要使它走入'当'的途径，才算尽了我们的责任。到那一天能够完全达到'当'的目的，那还有待同仁的努力。"[①]他对会计与经济的紧密结合的论述，使会计教育明确了服务对象。

潘序伦屡屡强调，人无信不立，信是立身之本。在会计师事务所和图书出版社的具体业务活动中，潘序伦把"立信"思想溶化为企业文化，成为脍炙人口的立信精神。他在内部管理中恪守立信精神，受到了大家的尊敬。举几个小例子：一是会计公开。事务所的全部收支，均由会计列表报告，年终结算有多少盈余也不保密。年终利润的分配，除第一部分作为普通分红，人人有得（相当于数月工资）以外，第二部分作为执行会计师的特别分红，余下部分再作为主任会计师分

---

① 潘序伦：《第一次全国主计会议报告》，见中国第二历史档案馆第四全宗，第34249卷。

红。而主任会计师分红所占比例,他主动提出逐年减少,以增加第一部分和第二部分分红。会计公开可以使人不猜疑,这确是明哲的管理之道。二是创建立信同仁的工资制度,把月薪分成两部分,一半是正薪,另一半则是加薪。加薪部分如果在非常时期无力支付,可以不发。"八一三"事变后,事务所收入有所减少,但因过去有结余,加薪从未停发。总之,潘序伦先生对立信事业的管理既严格又科学,使立信团队凝聚力增强,全体同仁同舟共济,真诚地共同合作,即使工作辛苦一点,也毫无怨言,真正做到了人人爱所如家、爱校如家。

潘序伦领导的立信会计师事务所对所接受的业务,以立信为准则,认真负责,因而在社会上逐渐树立起良好的信誉。加上国民政府相继制定颁发了如《公司法》《会计法》《营业税施行细则》等经济法规以后,社会上对会计师业务的需求大大增加。由于事务所的业务又有新的发展,江西路 452 号的办公室不够使用,1932 年事务所于是迁入宁波路 190 号华东银行 3 楼,共有办公室 9 间。事务所除原有室、科外,因编写《立信会计丛书》,力量扩大,故另增设编辑科,又因会计业务涉及法律诉讼案件增加,故又增设法律科。当时,包括会计师和律师以及查账员、职员、工友等,全所人员有 30 多人。至此,事务所已具有一定规模,业务范围也相应扩大,担任了不少大中型企业的查账工作和会计顾问。委托查账的著名民族工商企业除了上述之外,还有天厨味精厂、信谊药厂、茂昌冷气公司、中国银行、邮政储金汇业总局、国货银行等。上海市工部局(原上海公共租界的最高行政机构)和所属的中小学也委托了查账业务。由此,事务所的信誉更见提高。

1936 年 2 月,事务所由宁波路再迁江西路(现江西中路)406 号新建的浙江兴业银行大楼 4 楼,共有办公室约 10 间,分设主任会计师室、计核科、文书科、法律科、信托科、总务科、编辑科、学校部等机构。不久,国民政府开征所得税,事务所新增了不少会计顾问和办理所得税申报业务,从而使事务所业务进入全盛时期,工作人员有 70 多人。

1937 年抗日战争全面爆发,1940 年潘序伦离开上海去重庆另组重庆立信会计师事务所。上海的事务所由潘序伦委托李文杰、钱乃澄、李鸿寿、叶朝钧 4 人负责维持。太平洋战争发生以后,在当时的恶劣环境下,李文杰、李鸿寿等与在重庆的潘序伦始终保持联系,先后用商行、书局、企业公司、文件代办所等名义,使事务所和补习学校等立信事业得以延续,并购进河南路吉祥里的房产,为以后立信会计学校的发展奠定了物质基础。

1945 年抗日战争胜利,潘序伦于这一年 9 月返沪,仍从事会计师业务,负责事务所的工作。这时所有中外工商企业都要重新注册登记,事务所承接这方面的业务,数量颇为可观,其中接受委托的外商企业就有上百家,如美商的联合航空公司、可口可乐公司、华纳兄弟影片公司、加利福尼亚德士古石油公司等,英商的信和洋行、太古轮船公司等以及其他外商企业,为此事务所增设了外商科。

1949 年上海解放后,立信会计师事务所继续开展一定数量的业务。1951年,立信会计师事务所经上海市税务局批准为特约查账员,查核 1950 年度工商企业缴纳所得税事宜,一度业务骤增,但以后业务逐渐减少。为了节省开支,立信会计师事务所对部分人员被另作了安排,所址迁至江西中路 391 号,以缩小租房面积。1956 年,国家对私营工商业进行社会主义改造,整个经济结构发生新的变化,会计师事务所已无存在的必要。因此,上海各会计师事务所联名向市主管部门申请办理终止业务,经批准后,会计师和工作人员由有关方面作了相应调配安排。至此,事务所宣布结束。

立信会计师事务所从 1927 年创立至 1956 年结束,近 30 年中,由于始终以建立信用,争取社会的信任作为第一主旨,同时注意处理好内外的关系,因而业务发展快,委托客户多,先后为中外工商企业办理注册登记、查账证明、清算破产以及其他案件累计上万件。在各会计师事务所中,立信会计师事务所是委托户较多、业务较广、影响较大的会计师事务所之一。

二

1932 年 3 月,中国银行、上海银行、浙江兴业银行、浙江实业银行等发起组织"中国兴信社"。该社为学术团体,以研究征信问题及信用调查方法为主要目的。中国兴信社是一个会员制的协会组织,最初会员包括中国银行、交通银行、上海银行、浙江实业银行、浙江兴业银行、四行储蓄会、中央银行等。中国征信所是由中国兴信社成员发起,并于 1932 年 6 月 6 日在上海成立的。中国征信所会员有基本会员、普通会员和特殊会员三种。中国征信所成立之初基本会员有 12家,这些银行本身均为股份有限公司组织,其对征信所负有无限责任。后由中国兴信社成员提议,将征信所改组为股份有限公司。1934 年 1 月 11 日,中国兴信社第六次成员大会通过改组原则,2 月 13 日第七次成员大会通过实行,额定资本国币 2 万元,委托潘序伦先生主办的立信会计师事务所办理中国征信所股份有限公司登记事宜。立信会计师事务所在中国征信所注册登记中,是作为被委托的中介服务机构。立信会计师事务所为中国征信所对企业股份有限公司的注册登记申请,提供查证业务和注册手续,作为代理人的是立信会计师事务所主任会计师潘序伦。1934 年 5 月，中国征信所正式委托潘序伦先生为"呈请设立登记之代理人"。

　　最早的申请是在 1933 年 7 月，潘序伦代表中国征信所向上海市社会局提出设立股份有限公司的申请。上海市社会局提出，中国征信所股份有限公司的成立事关重大，仍按照公司成立程序转请实业部核准。8 月 7 日，实业部将中国征信所申请案例转回上海市社会局，并批复不便核准设立股份有限公司的申请。实业部令称："查该公司第三条所列业务，均非商业之行为，所请设立登记未便照准，兹将原呈文件费银一并发还，仰切转给具领。"

　　中国征信所股份有限公司因为其营业内容不符合所谓商业行为规范，公司性质首被定为非商业性机构。至此，中国征信所设立股份有限公司的第一次申请以未获批准而结束。

　　立信会计师事务所在此后近一年的时间里，先后多次向实业部提出注册成立中国征信所股份有限公司的申请。在呈请上海市社会局并转呈实业部的文件中，他们充分表达了关于中国征信所股份有限公司注册登记的艰难并按照有关规定照办的意图，"查商公司之组织，完全依照公司法各规定办理，前次呈覆之甚详，但自呈请登记至今，相隔已一载有余，如此延宕时日，致使商公司业务之进行剧受不利之影响，且各股东之责任，因久不确定，亦属万分不妥，迫不得已，惟有再请钧局转呈实业部请其体念商艰，免于稽延，迅行核准，发给执照，实深公感"。

　　1934 年 10 月 9 日，中国征信所股份有限公司的登记执照底稿由实业部核发，具体内容为："兹因祝仰辰等设立中国征信所股份有限公司呈请所在地主管官署登记，本部查核相符，以公司法施行法第 31 条发给执照，以资凭证。摘录登记事项如下。公司名称：中国征信所股份有限公司。所营事业：（甲）调查工厂、商号、个人之身家事业财产信用；（乙）调查市场状况；（丙）发行信用调查报告书、商行名录及其他刊物；（丁）代收账款；（戊）办理其他附属业务。股份总银数：国币二万元分为二百股。每股已缴银数：国币五十元。本店所在地：上海香港路 4 号。股份有限公司设字第 821 号。"在潘序伦和立信会计师事务所的帮助和努力下，中国征信所在起步发展的道路上迈出了艰难的一步。

　　立信会计师事务所在中国征信所股份有限公司申请注册登记的事上，起到了经济查证、完全代理的历史作用，为后来中国征信所和立信会计师事务所之间良好的关系往来奠定了坚实的基础。虽然实业部最后参照日本成例，核准中国征信所成立股份有限公司，但潘序伦和立信会计师事务所在办理申请过程中，与主管官署之间展开的公司属性、对社会的影响等方面问题的辩论，显示了潘序伦和立信同仁的智慧与力量。

在中国征信所申请成立股份有限公司的过程中,潘序伦结合当时民商合一法律体制力主中国征信所的合法性地位。潘序伦在代理申请中提出,中国征信所的设立在法理上符合现行法律。我国在传统上是采用民商合一法律体制的国家,商法只是民法的一个部分,可以说民法是基本法,而商法是特别法。商法以营利性的营业行为为调整对象,而营利性的营业行为仅仅是经济生活的一部分。就民法而言,债权制度则是关于流通领域的商品交换活动的一般规定,民法与商法联系紧密。潘序伦以民商合一法律体制为基础,提出了中国征信所股份有限公司设立的合法性原理。

中国征信所申请注册股份有限公司之所以非常困难,是因为当时在社会上及政府部门中有一些人认为,中国征信所的成立有违于中国传统风俗。在中国征信所设立股份有限公司面临困难之际,潘序伦作为中国征信所按照法定程序聘请的代理人,"援引民商合一立义则法律行为不背公共秩序及善良风俗为原则""声叙该公司以营利为目的,仍请登记"。参事厅在随后转送商业司的公文中,针对潘序伦所称中国征信所企业营业性质是以营利为目的的观点进行批驳。"由查该公司所营业务为:(甲)调查工厂、商号、个人之身家事业财产信用。(乙)调查市场状况。(丙)发行信用调查报告书、工商行名录及其他刊物。(丁)代收账款。(戊)办理其他附属业务。除戊款不计外,丙款虽可比附出版业,但仍为甲乙两款调查之结果,是其他调查他人身家事业财产发行信用报告为业务之主体已属显然。此种社团视为公益法人能否勉强比附,尚未可必,乃以营利为目的则流弊所至恐有不堪设想者。该代理人即援民商合一立义则法律行为以不背公共秩序及善良风俗者为原则。民法第72条有明白之规定,何得以此种行为为营利之目的,况调查报告而可以营利为目的的组织公司,则各种学术视察团均可以营利为目的。而组织公司矣,宁有是理,至于丙款应另依出版法办理,丁款侵入自由职业范围不得作为营利事业,该代理人所称实属毫无理由,应请贵司酌予批复为荷"。

1933年11月,实业部发至上海市社会局指令:"据中国征信所股份有限公司声叙,该公司以营利为目的,让请登记等情,转请鉴核由。呈件均悉,查该公司所营业务,据所呈备款,除戊款不计外,丙款虽比附出版业,但为甲、乙两款调查之结果,是该公司实以调查他人身家事业财产发行信用报告为业务之主体。以此为业务,且以营利为目的,流弊所至,何堪设想,且原呈既援民商合一主义,则法律行为不背公共秩序及善良风俗为原则,民法第72条规定甚明,以此种行为为营利之目的,自称法律所许。至丙款应另依出版法办理,丁款侵入自由职业范围,亦不得作为营利事业。"面对公共秩序及善良风俗问题的争辩,潘序伦通过多次上呈文件阐述自己的观点,维护中国征信所的权益。

关于中国征信所征信活动是否有违"善良风俗"之事,中国征信所第一任董事长章乃器在申请股份有限公司之前,曾撰文就类似问题有所阐述。针对"不应该把中国工商业家的内容'和盘托出'地告诉给洋商会员"的问题,章乃器指出,与外商的营业竞争,还是要靠营业方法的敏捷与知识的充分。不肯出面的股东在法律上是一种隐性合伙人,是应当秘密的,但出面股东则没有秘密可言。征信所的报告既要告诉别人若干内容不良的工商业者,同时也要告诉别人许多内容良好的工商业家。就如同"一堆品质高低混杂在一起的商品一般……我们把这大堆的'统货'接登记整理清楚了,总价格自然马上要抬高"。关于男女婚姻方面调查事项,为将要结婚的男女调查对方的人品,这属于人事征信的范围。"在外国,有些女子怀疑她的丈夫的行为,有些男子怀疑他的妻子的行为,往往也请征信所给他个调查报告。……有专营这一类调查事务的,叫做人事征信所"。中国征信所作为主要为工商业客户服务的机构,也为一些工商业客户做过一些雇员信用的调查工作,但对人事征信业务较少涉及,更没有承做婚姻伤害事情的调查业务。上述情况表明,中国征信所应该不存在有与"善良风俗"相背离之事。中国征信所顾问蔼庐1932年在《银行周报》上撰文指出,鉴于中国征信所是从事工厂、商号及个人身家事业方面的信用调查,这与会计学原理有着密切的关系,所以拟聘请几位著名的会计师担任顾问,每年酌送酬劳,以便编制报告书时提供咨询意见。

潘序伦是中国征信所聘请的主要顾问之一,在技术上不断给中国征信所以指导。征信活动的重要内容,是获取和收集相关委托客户的信用信息资料。信用信息资料的种类有很多,其中比较重要和具体的是财务状况的信息资料,特别是在企业信用调查过程中,企业的资产负债表、损益表、资产状况变动及收支表等是专业性质比较强的信用信息。在当时中国会计信息资料还不是非常规范的情况下,中国征信所对资产状况方面信用信息的管理工作,大多是由潘序伦等人进行技术指导的。例如,中国征信所在对一个发电设备企业进行调查时,遇到会计科目的处理问题,在潘序伦等人的指导下,中国征信所制定了统一的固定资产、经营资产等会计科目。潘序伦作为中国征信所顾问群的一员,在会计科目处理和信用信息规范方面给予了正确的指导。

中国征信所不仅聘请潘序伦和立信会计师事务所作为注册公司的代理人和

中介机构,同时还把许多重要的代理事项交给潘序伦及立信会计师事务所。除了上述登记设立公司代理人委托外,中国征信所还委托立信会计师事务所主任会计师潘序伦为"呈请备案之代理人""呈请派员检查之代理人"。中国征信所作为一个主要出版征信报告、征信日报和征信行名录机构,出版物是其重要的业务之一。中国征信所在1933年4月,还委托潘序伦为"呈请著作权注册之代理人",这也是近代上海知识产权保护的重要案例。

潘序伦创立的立信会计师事务所与中国征信所本来就素有往来,立计会计师事务所的陈文麟会计师曾任中国征信所编审,潘序伦还经常聘请中国征信所的章乃器等专家学者,为顾准等人在1931年成立的立信同学会做关于中国经济方面的演讲,向立信同学会传授爱国思想。

金融征信事业发展其实包括两个方面,除银行业务征信之外,还有一个重要方面是保险征信业务发展问题。保险事业的发展同样离不开征信事业的支持,潘序伦这时在上海成立有关保险业征信及信用评估业务机构,是中国近代民族保险征信事业的先驱。

近代上海早期保险查验机构主要为外商公证机构把持,主要有上海鲁意斯摩公证行、三义洋行、博禄公证行、保险审估公司、瑞和及远东公证行。早在1927年,潘序伦就主持呈请主办益中公证拍卖行股份有限公司,分为拍卖、公证、鉴估三部,其公证业务主要是受保险人与被保险人委托进行保险查验。中国人主办最早的专业保险查证机构,是1935年潘序伦等人联合创办的联合保险公证事务所。

1935年8月,为适应华商保险公司发展业务的需要,潘序伦继设立益中公证行之后,成立专业保险查验机构——上海"联合保险公证事务所",改变之前公证与拍卖合而为一的服务模式,打破了上海外商保险公证行独家垄断的局面。联合保险公证事务所全称是"潘序伦会计师、王海帆会计师联合保险公证事务所",是潘序伦与王海帆联袂成立的,并于8月15日起开始提供保险公证服务。它的宗旨在于以公正无私态度为保险公司及保户提供查证服务,并决意革除一切陋习,"以增高此项职业之地位"。成立两个月,联合保险公证事务所就接办案件四五十起。

1945年11月,为了更好地提供专业保险查验服务,联合保险公证事务所延聘上海著名工程技术专家作为专门顾问,以便在提供相关保险查验估价时能够力求准确。潘序伦所延聘专家计有土木工程师李叔和,建筑师赵深,机械工程师王尔陶、沈泮元,电机工程师寿俊良,卫生设备专家朱树怡,自动放火设备专家陈祖光。专家人才库的建立,是上海联合保险公证事务所科学地开展保险查证的人才保证。[①]

潘序伦在近代上海征信事业发展过程中,从支持专业征信机构的建立和发展,到亲自创办民族性的联合保险征信评估机构,在上海征信事业的发展史上,留下了极其重要的一页。

三

1941 年 6 月,潘序伦在重庆与生活书店合作创建了立信会计图书用品社。其宗旨是为内地工商企业培训会计人才提供会计用书和为工商企业提供所需会计账册、报表。早在立信会计师事务所创办之初,潘序伦在设立立信会计补习学校的同时,组织有经验的同仁开始编写《立信会计丛书》,委托商务印书馆出版发行。事务所内设置有编辑科,负责编写事宜。立信会计图书用品社的成立,为立信会计事业三个组成部分(即事务所、学校,图书用品社)的整体发展奠定了基础。

潘序伦于 1940 年秋离开上海到重庆。在继续从事会计师业务的过程中,鉴于内地工商业的会计人才十分缺少,潘序伦在重庆市区内开办了立信会计补习学校。学校一经招生,要求入学的学生非常多,加上立信会计专科学校内迁四川陆续招生,教学所用会计等专业教材极为缺乏。由潘序伦主编的《立信会计丛书》到 1940 年为止,共编辑 57 部。这套丛书由于写作态度严谨、内容翔实和文笔流畅,深受各界欢迎,经委托商务印书馆作为大学丛书出版发行后,更见畅销。

1937 年,商务印书馆为吸取 1932 年"一·二八"淞沪抗日中书馆遭到日机炸毁的惨痛教训,事前将所有纸型运往香港存放。当时在抗战内地,虽然十分迫切需要会计教材,但限于物资条件以及纸型又在香港,无法供应内地。重庆立信会计补习学校为应急需,只得刻蜡纸油印,但印数有限,纸张质地又差,不能有效解决问题。

值此困难之际,幸得生活书店总经理徐伯昕的支持,徐伯昕建议潘序伦向商务印书馆租回《立信会计丛书》纸型,由立信和生活书店合作组成一个出版机构,专门出版《立信会计丛书》,以便解决会计教材的书荒问题,并印制发行会计账册、报表,供工商企业选用。发起人有潘序伦、徐伯昕等人。经过短期筹备,于

---

① 参见孙建国:《论潘序伦与近代上海征信事业的发展》,《上海立信会计学院学报》2005 年第 1 期。

1941 年 6 月 1 日正式成立立信会计图书用品社。潘序伦亲笔写了篆体立信两字圆形图案，向国民政府商标局申请图书和会计账册注册商标。额定资本 10 万元，先收 6 万元，由立信和生活书店各出资 3 万元，并组成董事会，推选潘序伦为社长，徐伯昕为总经理（他在成立后即离开重庆去香港）。另由生活书店派诸度凝担任经理，主持业务。立信派蒋春牧担任副经理，主持内部管理。社址最初设在重庆林森路 16 号立信会计师事务所内，不久迁到陕西路民生实业公司大楼。不到 1 个月，这座大楼遭日机全部炸毁，立信会计图书用品社仍迁回原址办公。

这时向商务印书馆提出要求收回《立信会计丛书》纸型，得到该馆总经理王云五的同意，潘序伦即通知将从上海调赴重庆工作的立信校友王成杰、施明璋等人，分批取道香港，向商务印书馆取得最急需的会计教材纸型多部，经陆路历经艰险带到重庆，然后立即赶印，保证了秋季开学用书。立信会计图书用品社同时兼营会计账册、报表，克服了纸张材料供应紧张和印刷困难，同时也赶印以供工商企业应用，各界无不称便。

这时期，日本对重庆轰炸频繁，每天都要鸣警报，这不仅给工作增加不少困难，而且所有财产随时都有可能被炸毁。为此，立信会计图书用品社对纸张材料、纸型和存书等财产，采取分散存放的办法，在市区和郊区分设三个仓库：其一在长江南岸罗家坝山坡上，租用了一大幢泥墙草顶房屋，为存放纸型和逃避日机轰炸而疏散职工家属之用；其二在望龙门城墙下购买了一幢木结构双开间两层房屋，为存放纸张材料之用；其三在市郊头塘，租用了一间仓库，为存放图书之用。

由于立信会计图书用品社所出版的《立信会计丛书》和印刷发行的会计账册、报表专业性较强，在内地是独家经营，因此业务甚为发达。在开业不到一年的时间内，除在市内七星岗设立一个门市部和在邹容路设立一所专印会计账表的印刷厂外，1941 年冬还在桂林市环湖东路设立桂林分社，并先后在成都、西安、贵阳、昆明等各大城市设立特约经销处。

随着业务的发展，原有林森路办公室不够使用，立信会计图书用品社遂于1942 年 2 月迁到千厮门行街 22 号的一座三开间三层楼新建房屋内（这座楼房在 1949 年以前重庆发生大火中全部烧毁），除二楼为立信会计师事务所办公室和三楼为宿舍外，底层全部作立信会计图书用品社办公室和营业部（包括营业部仓库）之用。当年年底，又为扩大营业需要，向中国铅笔厂租用保安路（民族路口）二层楼市房一幢，将办公室和营业部迁去，原千厮门行街 22 号底层，全部扩充为营业部仓库。

　　1943 年春，日机空袭警报日渐减少。潘序伦筹款为立信会计学校在重庆市区小什字药王庙街 25 号建造的三层立信大楼落成。立信会计图书用品社将保安路的办公室迁入大楼 3 楼，成立管理处，同时将邹容路的印刷厂迁入立信大楼后面新建的厂房内，并扩大印刷设备，计有：对开印书机 1 台、四开印书机 1 台、圆盘机 3 台和排字浇版等。当时重庆的电力十分紧张，印刷厂内虽装有马达，但常因电力不足或停电，机器不能开动，只得雇人摇动机器。生产速度极慢，不得不同时再委托外厂印书，以满足业务方面的需要。在这一年的下半年，原租用保安路的市房因业主中国铅笔厂要求收回自用，立信会计图书用品社在林森路中大街一块被日机炸毁的空地上自建五间半式三层楼市房二幢，将保安路营业部迁入营业。

　　1944 年冬，日军攻陷湘桂。桂林分社在匆促中除工作人员逃出外，全部财产遭毁，损失惨重，以后未能复业。

　　1945 年抗日战争胜利后，潘序伦飞回上海。此时急缺会计书籍，为了适应需要，立信会计图书用品社迁回上海，租用河南中路 339 号一座五开间三层楼市房为社址。底层为营业部，二楼、三楼为办公室。

　　用品社迁回后，由于业务面向全国，无论是业务范围还是组织规模都有扩大，从业人员较重庆时增加了一倍以上，并因为生产需要买下了四川北路仁智里一所具有全能印制账簿设备的印刷厂。同时为扩展业务需要，立信会计图书用品社先后在南京、广州、天津、北京等大都市增设分社，并在全国其他大城市设立特约经销处，在港澳地区推销《立信会计丛书》。后来由于交通中断，1949 年后才由蔡经济在香港地区自行成立立信会计图书公司，出版有会计丛书 20 余种。

　　会计图书用品社自创建以来，业务发展很快，所需要的资金，在最初七八年中，一般每年增资两次。由于立信方面每次增资投入的资金较多，与生活书店原来各半投资的比例有了很大变化，在 1947 年年底之前，生活书店在社内的股份已全部作价让出。

第六章 抗日风云

一

在上海,潘序伦俨然是一位成功人士。在繁忙的工作之余,他偶尔会去跳舞、打麻将……与妻子鲍亚晖仳离。鲍亚晖(1895—?),是著名书画家,名韫,与潘序伦同乡,也是江苏宜兴人,樊少云弟子,寄居上海,初学五一亭,曾与陆小曼、李秋君、顾青瑶、吴青霞等组织中国女子书画会,擅花鸟、人物、山水,无闺阁萎靡之气。

然而,潘序伦是一位具有爱国主义思想的教育家,强烈的爱国主义精神贯穿于他的教育活动的始终。起初,潘序伦如同当时的先进教育家一样,主张"教育救国",设想通过教育促进国家的独立富强,解决社会生计问题,使中华民族崛起于东方之巅。"九一八"事变,进一步唤起了他的爱国热情。他逐渐认识到,只有国家和民族的解放,才有民族经济与教育的发展,才能从根本上解决社会生计问题。因此,他积极参加了抗日救亡活动和民主运动。他参与了为抗日将士以及民主人士的募捐活动,为《生活》周刊等进步报刊义务审计等,并从会计教育、会计实务、会计出版等不同层面,有效地促进了战时经济的发展。他还积极支持立信师生的进步活动,保护了爱国师生。在国民党撤离大陆时,他坚持留在上海,等等。所有一切,都说明潘序伦先生的一生都是爱国的。

潘序伦从事抗日救亡活动,与邹韬奋是分不开的。

潘序伦与邹韬奋,同是美国圣公会在沪设立的圣约翰大学的校友。他们后来都成为中国现代史上的风云人物,邹韬奋是杰出的新闻记者、政论家和出版家,潘序伦则是知名的会计专家和教育家。

从小喜欢文史的韬奋先生原在南洋公学攻读工科,1919年转入圣约翰,改学文科。为了改变经济上的窘境,他从事写作和翻译工作,杜威的《民本主义与教育》一书,便是那时候翻译的。邹韬奋先生的兴趣和志愿是从事新闻事业,但一时没有机会,只好走"曲线就业"之路,先做英文秘书,后兼任中学英文教员。1922 年,他在中华职业教育社任编辑部主任,后来主编该社的机关刊物《生活》周刊。他根据读者需要,改变编辑方针,以讨论社会问题为主,同时开辟"信箱"专栏,为读者解答各种疑难问题。在他的苦心经营下,《生活》周刊销路日益扩大,受到社会的欢迎。从"九一八"到"一·二八",日本帝国主义发动的侵华战争不断加紧,邹韬奋在《生活》周刊上大声疾呼,号召读者捐款抗日,得到了广大民众的热烈响应。他的《经历》一文中记载:"当时我们周刊社的门口很小,热心的读者除邮汇捐款络绎不绝外,每天到门口来亲自交捐款的,也挤得水泄不通。"

"九一八"事变后,马占山将军领导的东北义勇军,深得全国人民的拥戴,民众纷纷募捐支持。立信同学会踊跃参加募捐活动,并发动立信师生进行征募,尽自己的微薄力量,表达抗日的决心,做到有钱出钱,有力出力。当时谣传上海抗日救国捐款共达国币 2 000 余万元,而马占山将军只收到 100 多万元。据此有人指责经办捐款的《生活》周刊社、东北义勇军后援会和上海市临时救济会等单位有徇私舞弊行为。

听此传闻,潘序伦暗中思忖:这不是在影射经办捐款的《生活》周刊社等单位有贪污行为吗?在顾准等人的支持下,潘序伦让立信会计师事务所受托稽核了 13 个经募单位的账目,证实共收到捐款 502 万元,援助了东北义勇军 337 万元,其余 165 万元作了慰问十九路军和救济上海战区难民之用。立信会计师事务所将全部收支账目,出具证明,公诸社会,使谣言不攻自破。

不久,邹韬奋感到《生活》周刊的出版周期较长,不能及时反映对重大时事问题的意见,很想办一份符合人民大众需要的日报。1932 年 3 月,应读者建议开始筹办《生活日报》,邹韬奋与胡愈之、戈公振、李公朴、杜重远、毕云程等人发起,由读者集资创办《生活日报》。当时办报须向上海市社会局登记注册,并成立股份公司。邹韬奋便委托潘序伦代理。这年 3 月,潘序伦代拟了《生活日报股份两合公司章程》,刊登在《生活》第 7 卷第 12 期上。不料,事情又有了变化,公司的性质要作调整。8 月,邹韬奋给潘序伦回了一封信,内称:

> 序伦我兄大鉴:
>
> 　　昨晚畅谈,无任快慰。关于《生活日报》股份,本定股份两合公司之章程,现拟改为有限公司,特行奉上,乞为依法修改。

邹韬奋还在信中与潘序伦商讨了修正意见的细则。潘序伦接到此信后,又忙碌不停,多次奔走,欲促成《生活日报》的早日创刊。

邹韬奋以《生活》周刊名义公开招募股款,引起读者热烈反响。到9月中旬,不到半年就集资15万元,有2 000多人参与,但是各界群众踊跃入股的盛况,吓坏了国民党当局,他们不准《生活日报》办理登记手续。潘序伦和邹韬奋的努力成了泡影,邹韬奋只好忍痛宣告《生活日报》在上海停办,后在香港择机创刊了。

1932年4月2日,邹韬奋在《正在积极筹备中的生活日报》一文中说:"我们深信言论机关新闻事业非有独立的精神,决难始终维持其公正的态度。"1936年6月7日,《生活日报》终于在香港面世,日销2万份,总共出了55期,邹韬奋在上面发表了55篇社论。6月20日,他写了《关于〈生活日报〉问题的总答复》(21日发表在《生活日报星期增刊》第3号),他理想中的《生活日报》"是反映全国大众的实际生活的报纸""是大众文化的最灵敏的触角""是五万万中国人(包括国内和国外的中国人)一天不可缺少的精神食粮",登载的消息都是"和人民大众有切身利害关系的一切东西"。他憧憬着有一天,《生活日报》在120层楼上办公,每天飞机送来各方面的专访通讯,短波无线电台接收几千万封的国际特约电讯,发行量达到500万份,平均每100人拥有一份《生活日报》,同时用多种文字出版,并至少在全国十个地方出版。他的梦想当然不可能实现,不到两个月,《生活日报》就停刊了。他把《生活日报星期增刊》改名《生活星期刊》,移到上海出版,但也只出了14期。①

"九一八"事变后,上海各界人士掀起了提倡国货、抵制日货的运动,在这一高潮中,爱国工商界和金融界团结起来,"星五聚餐会"便应运而生。这是一个国货厂商与银行家等的联络组织,潘序伦先生参与了它的筹建工作。"星五聚餐会"的会址位于南京路大陆商场(今东海大楼)内。

每逢星期五中午,会员们聚餐一次,参加人数由最初的两三桌扩展到后来的三四十桌,主要是联谊、学习和交流,了解国内外工商经济情况。餐前请社会名流、专家学者作报告,会员受益匪浅。对于"星五聚聚会",潘序伦先生花费了很多心血,颇受会员们的敬重。他长期担任总干事,在发展会员、邀约名流、安排节目等方面,起了不小的作用。

抗日战争结束后,星五聚餐会继续活动,并持续增加不少新人。时值潘序伦先生出任南京政府经济部副部长,他与王云五部长出于国民党的压力,对当时的

---

① 参见傅国涌:《追寻失去的传统》,湖南文艺出版社2004年10月版,第248—249页。

经济主张"统制",因而引起不少民族工商业主的不满。在星五聚餐会上,有人当面向潘序伦先生提出责难,如诸尚一先生提出的问题虽然尖锐,却切中要害。潘序伦先生对此非但没有怀恨在心,反而引为诤友。他们的友谊一直在延续,到立信会计师事务所恢复后,诸尚一主持了事务所的工作。

"淞沪之战"的一声炮响,给埋首于办学与会计实务的潘序伦先生以极大的震动。在爱国之心的感召下,潘序伦和黄炎培、邹韬奋、杜重远、陈光甫等进步人士,一起投身于抗日救亡的潮流之中。他们携起手来,积极参加支持东北义勇军、十九路军的活动,为抗日军队征募军需用品和慰劳品。潘序伦捐了不少钱,出了不少力。

陈光甫(1881—1976),银行家,原名辉祖,后易名辉德,字光甫,以字行世,江苏镇江人。1909 年毕业于美国宾夕法尼亚大学,同年回国。辛亥革命后,任江苏省银行监督。1914 年转任中国银行顾问。翌年 6 月创办上海商业储蓄银行,始终以"服务社会,顾客至上"为宗旨,致力于银行近代化。短短 20 年间,上海商业储蓄银行从仅有七八万元微薄资本的"小小银行",成长为中国第一大私人商业银行,拥有几十个分支机构,创造了中国金融史上的多个"第一"。他在 20 世纪上半叶的中国有着举足轻重的影响,被誉为"中国最优秀的银行家""中国的摩根"。民族危亡之际,他毅然受命赴美,与胡适等鼎力促成美国政府的"桐油贷款",对抗日战争贡献很大。1949 年后他离开大陆,住在香港。

在陈光甫的私人日记里,人们找到了关于潘序伦积极参加抗日救亡运动的描写。

五月七号日记(5 月 7 日)

苏战区救济委员会开会及市区塘工借款宴会情形记录。

五月六日,江苏战区救济委员会在中华职业教育社开会,余依时前往列席,各委员几全体到会。讨论结果,通过上海办事处简则草案九条,内容系在原拟草案之第二条,加入"本处各组主任、副主任得由大会推定人员兼任之,其不足人数,本会推定后,报告大会追认之"一条,列为第三条。第八、第十两条删去,而将第三、四、五、六、七条改为第四、五、六、七、八条(简章附后)。并预先由大会推定驻沪常务委员三人,乃朱子桥、史量才、张公权三君,此外分设六组,计推总务组主任江问渔君,财政组主任张公权君,设计组主任赵厚生君,救济组主任黄任之君,审计组主任潘序伦君,而余则被推为统计组主任,又推余为请愿代表之一。统计之责,在于调查,应先调查太仓、嘉定、昆山、常熟以及浏河、大场等处各战地难民状况，暨其困苦情形，设法救济。惟难民待赈之殷，急于星火，事关紧要，不容延缓，而余下星期四有汉日之行，无术兼顾。查商则第三条之规定：各组主任、副主任之不足人数，得由本会推定后，报告大会追认。财政组主任张公权君已依照上项规定，推林康侯君为财政组副主任。余既不克兼顾，而调查又急不容缓，遂商得邹秉文君之同意，推彼为统计组副主任，积极进行。先从调查入手，其调查旅费，及一切必要经费，均另行设法担任，为救济难民计，为服务社会计，均应尽力赴之，此余之目的也。至请愿代表一节，经众讨论，推史量才、冷御秋、张云搏三君及余住财政部商请拨款协助。余谓代表请愿，期于事之有益，吾与财政部宋部长不甚接洽，若必欲令吾同往，恐财政部本可同意拨款者，转致因而扞格，无益有害，似非所直。惟自今岁以来，国难当前，外交紧急，外界与余接洽商筹之事，日多一日，致余为时间所限，不能尽力于行务，一至每日下午，竟有无暇到行之势，或为地方公益之事，或赴各处开会之约，或筹划难民之救济，或商筹财政之维持，汲汲往来，日无暇暑，实乃十七年中所从来未有之第一次，顾大局之环境如此，无从推委（诿）。倘无此次战事之发生，国难之紧急，则余可以全力筹划行务，不至分心，此则吾人分内所应为之事，而无可如何者一。[①]

这些记录好似吉光片羽，弥足珍贵。

二

顾准的成长与潘序伦先生的关怀是不可分离的。同时，两人超越年龄、政见，缔结了深厚的友谊。立信独特的人文环境，聚集了一大批民主主义色彩浓厚的兼职教授，如梁漱溟、章乃器、黄炎培、马寅初、黎照寰、江问渔等知名专家学者。顾准的思想和语境，不能不受到一定的影响。

顾准聪颖好学，勤奋努力，很快掌握了会计学科这门知识，并攀上了学术高峰。加上潘序伦唯才是举，并不囿于世俗的偏见，也不拘泥学历、年龄等条件，对顾准大胆提拔，委以重任。顾准在立信有一份很好的职业，他以此为职业掩护，从事中共的地下工作。

---

① 上海档案馆编：《陈光甫日记》，上海书店出版社 2002 年 11 月版，第 161—163 页。

抗日救亡运动开始后，为了寻找救国救民的有效途径，顾准逐渐接受了马克思主义思想，从组织马克思主义秘密小组"进社"，到参加中国共产党，投身到革命的行列。他先后担任地下党上海"职委"书记、"文委"书记，为抗日救亡作了不可磨灭的贡献。

这期间，由顾准发起，成立了立信同学会。他组织30多位同学，积极参加革命活动，并加入了中国共产党的地下组织。1936年，同学会参加了鲁迅先生的葬礼、茅丽英烈士的追悼会，后来还参加了反内战、反迫害、反饥饿的示威游行等。

潘序伦先生当时虽是无党派人士，但对抗日是拥护的，并在力所能及的范围内做一些有益于革命的事情。对顾准的这些革命活动，潘序伦和立信同仁总是采取默许态度，有的还暗中支持，乃至积极参与。其间，国民党上海市党部曾训告潘序伦，要其"注意赤色分子的活动"，潘序伦明知顾准他们的"色彩"，然而他对国民党的警告未予理睬。

如果没有甘愿承担一定政治风险的勇气和胆识，潘序伦先生是不会顶住国民党当局的压力，采取这种正义的态度的。

顾准于1931年发起组织了立信校友会。

潘序伦举办的立信会计学校由于讲求实效，符合社会需要，学生人数逐年增加，校友众多，遍布上海工商企业。这些年轻人对当时的社会生活是不满的，富有革命精神和进取心。当时又正值日本帝国主义开始大举侵略我国，"九一八"事变后，学生们的爱国热情高涨。1931年，在顾准的鼓励下，由立信毕业生李建模、张明荣、冯尧忻、陆梓樵、袁恒通等共同发起，成立了立信同学会。该会的第一个章程是由顾准起草的，其宗旨为"敦睦友谊、切磋学术、交流经验"。顾准还被推举为同学会主要负责人。

在顾准等人组织下，立信同学会出版了由顾准主编的《会计季刊》，这是我国最早的会计学术刊物之一。该刊出了第一卷四期以后，自第二卷起更名为《立信会计季刊》，由立信会计师事务所接办。后来，同学会又编纂发行了《会计学报》。上述两份刊物的大部分文章，都是由同学们根据自己的实际工作经验撰写的，包括各行各业的会计制度等。1934年，顾准还创办了会刊《友讯》，除刊登会务活动外，每期都发表时事短评，其中不少就由他本人执笔。

为了搞好同学会工作，顾准殚精竭虑，编印同学录，组织参观工厂企业等。他还经常举办时事讲座和学术报告，邀请马寅初、李公朴、黄炎培、马叙伦、章乃器、潘仰尧、钱俊瑞、薛暮桥、艾思奇、柳湜、杨卫玉、杨荫溥、刘湛恩等社会名流、知名学者,作关于经济、哲学、时事政治方面的专题演讲,从各个方面启发大家思考,激发同学们的爱国热情。

立信元老李鸿寿先生的记忆力不错,他晚年还记得当年顾准组织发动立信同学会的情形,如他在《忆顾准同志二三事》一文中所忆:

> 1931 年间,顾准同志发起组织立信同学会以及其他职业青年的社团,活动有进步人士作报告,演话剧,唱革命歌曲等。他邀我参加。1934—1935年,立信会计师事务所派我们两人和其他同事到南京查账,同住在东方饭店,晚上他和我们讲国内外大事,也讲一些小故事,颇受大家欢迎。他还带领我们去看进步电影(如《十字街头》之类)。在抗日战争时,他鼓励我参加抗日救亡运动,介绍我读《西行漫记》。我开始对中国共产党有所了解,思想上有了变化。[①]

正如李鸿寿所言,顾准发起的立信同学会是积极参与抗日救亡运动的。在顾准等人的领导下,立信同学会的许多成员还参加了支援"一二·九"运动的第二次大示威活动。通过游行,很多同学看到了集体的力量,提高了觉悟和爱国热情。他们还参加了鲁迅先生的丧葬活动和茅丽漠烈士的追悼会等。

为了宣传抗日救国和民主进步,自 1936 年起,顾准还发动立信同学会成立了"立信歌咏队""立信音乐研究会""立信剧社",以及舞蹈队、图书馆、读书会等。著名的音乐家、戏剧家,如冼星海、吕骥、徐韬、孙慎、沈默心(麦新)、孟波、洪荒、殷小勤等都亲临指导。刚开始,演出还只是在学校开学和毕业典礼时,后来就扩大到社会上去了,深得各界的好评。参加演出的立信同学,有些后来成为著名的电影或话剧演员,如顾也鲁、于苗等。上演的剧目如《芳子》《东北之夜》《放下你的鞭子》《夜》《父子兄弟》等,不仅反映了当时职业青年要求进步、追求光明的思想感情,也揭露了当时的社会问题,因而社会影响很大。

事隔多年,许多立信老校友还深切怀念立信同学会,称其为"投身革命的摇篮"。吴履绶是这样说的:"1932 年,我在立信读书,除了学习专业知识外,在顾准老师和许多老同学的帮助下,我走上了革命的道路。记得那时同学会举办现代经济讲座,由薛暮桥、骆耕漠、狄超白等经济学家讲课,对我启发教育很大。我认识到中国是半殖民地半封建社会,革命的任务就是反帝反封建。……1938

---

① 李鸿寿:《忆顾准同志二三事》,1995 年 5 月 30 日《立信校友通讯》第 39 期。

年,立信同学会介绍一些同学参加以中华职教社名义举办的现代知识讲座,由周予同、郭沫若等著名学者讲课,内容是现代政治、经济、历史、文学等。同时,立信同学会还介绍新出版的进步书刊,如《政治经济学》《资本论》《列宁选集》《唯物辩证法》《新哲学大纲》《大众哲学》《西行漫记》等。立信同学会还组织读书会,同学之间互相学习探讨,共同提高思想认识,使我们对当时形势有了比较正确的认识。立信同学会在顾准等人的关心下,与'益友社''银联'和其他爱国团体有着广泛的联系和协作。顾准同志还不定期地跟陆修渊、邵君美和我一起谈论形势,讨论'立信''益友社''银联'如何开展工作等问题,使我从中受到很多教益。"

顾准不仅从政治上关心学生,而且十分注意关心他们的学习与工作。对此,我们可以从几位校友的回忆中略知一二。

李鸿寿回忆说:"我在立信补校教课后,听到社会上有轻视职工业余教育的言论,认为这种学校不正规,没有前途。我思想上有一些动摇,就与顾准同志商谈。他说:'这些学生年龄比我们大,他们工资微薄,生活艰苦,没有钱读正规学校。许多会计人员为了保住饭碗,要求提高工作水平。广大失业人员为了谋求工作,也迫切要求学习。我们有机会为他们讲课,是好事。为什么一定要到正规学校工作呢? 而且立信的学生会越来越多,开设的课程也会越广,大有可为。'事实证明,顾准所言极是。"

在事务所工作期间,顾准还热心带教实习学生。知名学者娄尔行教授(后为上海财经大学博士生导师)对此印象深刻,娄教授说:

> 顾准先生是一位才华横溢、治学勤奋、寻求科学真理锲而不舍的学者。我和他交往不多,但他这一高大形象深印在我脑海之中……
>
> 我之结识先生,为时较早。本世纪30年代初,我在国立上海商学院求学,曾于暑期由学校安排到立信会计师事务所实习。实习期间,有几次与先生分在一个小组,奔赴客户处查账。他颀长的身材,双目炯炯有光,动作敏捷,查账很熟练。[1]

在那个年代,时时有"毕业即失业"之虞。顾准多次推荐立信同学,为他们解决职业问题。在这方面,顾准利用自己为大客户查账的机会,广泛接触,适时推荐立信同学。如老校友陆梓樵就是在1933年,经顾准的推荐,到刘鸿生创办的

---

[1] 娄尔行:《怀念顾准同志》,《上海会计》1996年第5期。

章华毛纺织公司主持成本会计工作的。这种例子不胜枚举。

三

立信会计师事务所业务的范围虽说非常广泛，但涉及企事业的项目，大凡都要经过查账，正如潘序伦所说的"一是确定某企业机关之偿债能力，及其净余资产即资本之实值。二是确定某企业机关之收益能力。三是确定某企业机关之账目有无弊端。"[①]为了准确、有效地查证账目，潘序伦于1933年制定了会计师查账的程序及方法，分资产、负债、资本、损益四个步骤，凡27类，十分详尽，手执一册，犹如宝典。

然而，在当时社会上有些人对会计师的查账工作，不是有误解，就是存在偏见，或"以会计师为点缀职务"，或"视查账为一种照例手续"，这样便使查账效益受到限制。对此，潘序伦不以为然，他凭着会计师的良心做事，因而在查账过程中难免风波频起。

潘序伦受任国民政府二五国库券基金保管委员会、中英庚款董事会、建设委员会所属厂矿、水灾救济委员会等委托，担任常年查账员。他还曾以立信会计师事务所主任会计师身份，应聘出任中国银行准备基金的检查员。1937年，抗日战争全面爆发后，中国银行总行被迫迁往香港，该行代表当时的中央银行发行法币钞票。按照规定，发行钞票要有黄金、白银和外汇作准备金，由会计师进入金库，盘点实物，核对账目，然后出具证明登报公布。

潘序伦作为中国银行的查账会计师，应聘担任了该行准备基金的检查员，每年都要去香港执行公务。这次当他前往香港查核该行发行准备基金时，发现金银数额不足，而是以其他银行的本票来抵补。这种做法，显然有悖规定。他一向痛恨弄虚作假，于是便不顾情面，决定不予签字证明。

这可把他们惹火了。中国银行派了一位副经理跟到上海，以"破坏抗战"的帽子相要挟，潘序伦顶住压力，不畏高压，不为谋私利而失信于民。因此，他辞去了中国银行发行准备基金会会计师的工作。

这样，立信会计师事务所和潘序伦公正无私的形象，在社会上更加鲜明突出。

1940年7月，潘序伦搭乘飞机抵达香港。为何潘序伦仓促决定出走香港

---

① 潘序伦：《查账标准程序之拟订》。

呢？这一直为人们所关注。经多方查证，笔者终于破解了这一累年之谜。

原来，在一次偶然的机会中，潘序伦的一个学生在臭名昭著的极司菲尔路76号，看到了被通缉人员的黑名单。孜孜办学、富有爱国热情的潘序伦被敌人排上了黑名单。这个学生马上将这个情况告诉了潘序伦。

在这决定立信生死存亡的关头，潘序伦毅然决定出走香港。他打点了简单的行李，只身到了香港。在港期间，他栖身在王澹如的家中。王澹如曾在立信会计师事务所工作过，与潘序伦交谊甚厚。

旅途的风尘未褪，潘序伦就不甘寂寞，又开始忙碌了起来。在这段时间里，潘序伦了解到，一些大专院校设有会计学系或计政班，高级中学则开设会计训练班，此外还有几家会计补习学校。对此，潘序伦心里很高兴，从上海出走时的压抑之感，稍有缓解。

对于香港等华南地区学习会计专业的学生增多，潘序伦认为这是华南商业急速改进的一个征象。可是，当地的商界人士并不都是这样认为的。不少人对新式会计在工商企业管理中的作用并不是很清楚，以致会计学校的毕业生大部向政府机关和银行谋职。

因此，7月20日那天，潘序伦应邀在香港青年会商科职业学校，专门作了一次题为"华南工商界对于会计应有的认识"的演讲（该文后发表在1940年3月出版的《立信月报》第3卷第11期）。

在演讲中，潘序伦首先肯定了近年来华南会计教育的迅速发展，接着指出了华南工商界对于会计"似乎还缺少应有的认识"。他强调说："会计是工商管理中的一件重要事务，完善的会计制度是科学管理方法中的一个重要部分。"他希望华南工商界对于会计的重要性加以注意，并期望会计学校和各校会计系科的毕业生尽量为工商界服务。商店、工厂的现任职员、练习生也能加入会计学校补习会计知识，这使华南工商企业的会计日趋改良。

不久，潘序伦还接受香港广播电台的邀请，发表广播讲话。同时，香港地区发表了潘序伦撰写的《华南工商界对于会计应有的认识》一文。

香港之行，使有志于开拓会计事业的潘序伦，感到自己任重而道远。

潘序伦在香港滞留不久，很快便与重庆方面取得了联系，赴重庆开辟立信会计事业的新天地。

潘序伦一到重庆，先要考虑立足之地，于是他先担任了那时四川最大轮船公司——民生轮船公司的会计顾问。

民生轮船公司是由著名爱国实业家、中国航运界的先驱卢作孚创办的。民生轮船公司创办后,以"服务社会、便利人群、开发产业、富强国家"为宗旨,从航行于嘉陵江的一艘 70 吨的"民生"小客轮开始,经过 20 余年的惨淡经营,到 1949 年已拥有船舶 148 艘;航线从长江及其支流开始,延伸到中国沿海、东南亚各国、日本、印度;分支机构遍及长江沿线和中国沿海各主要港口以及东南亚各国、美国、加拿大;员工 9 000 余人。此外,它还拥有造船厂、发电厂和各港口的许多码头、仓库、投资银行、保险、钢铁、机械、纺织、煤矿、水泥等 60 余项实业,是当时中国最大和最有影响的民营企业集团。卢作孚先生领导的民生公司不仅为中国的航运事业和经济发展作出巨大贡献,而且在 1938 年被誉为"中国实业史上的敦刻尔克"的著名的宜昌大撤退中,全力以赴帮助工厂、政府机关、科研机构、学校和人员撤退到大后方,运输兵员、武器、弹药、物资到前线,为此,民生公司作出了巨大贡献。同时,民生公司还以其先进的管理和优良的服务及以爱国主义为核心的民生精神享誉中国,蜚声海外,至今为中外人士所称颂。

潘序伦到重庆与卢作孚结交后,成为亲密的朋友。他请卢作孚担任重庆立信专科学校的副董事长。这时潘序伦已将刘芷休等人在当地所设的立信会计补习学校改组扩建成专科学校。迁入四川后,学校董事会除原有成员外,新增在校任教的王逢辛、陈文麟、刘芷休 3 人。由于潘序伦的威望,许多政府要员、实业巨子、学术大师都欣然受聘出任学校董事会董事,除了卢作孚(民生实业公司总经理)之外,还聘请了四川工商界名流顾翊群(四联总处秘书长)、康心如(四川美丰银行总经理)、刘航琛(川盐银行董事长)、苏汰徐(裕华纱厂董事长)、潘仰山(裕丰纱厂经理)、杜梅和(重庆中国农民银行经理)、庞怀陵(四川省银行经理)、查济民(大明染织厂经理)、黄凉尘(宝元通号副总经理)、吴羹梅、卢子英等人为校董。校长仍由潘序伦担任,许复、余肇池先后担任过副校长。

就这样,潘序伦在重庆,费尽心力建立了会计师事务所,创办了会计专科学校。

重庆立信专科学校首届开学典礼时,各界名流云集,除了校董出席以外,国民政府教育部部长陈立夫也到会祝贺,潘序伦校长请他首先训话。不知出于何种考虑,陈立夫在讲话中大谈学习工程技术和军事的重要性,而于会计等财经学科却不置一词。他的一席话,使许多新生感到莫大失望,出现如此尴尬的场面,这是潘序伦万万没有料到的。

潘序伦抢过话筒说:"我对陈部长刚才的训话有不同的看法,陈部长讲的是问题的一方面。国家好比一架飞机,有双翼,如果一翼是军工,则另一翼是财经事业。只有这样,国家才能腾飞于世界民族之林。试想,离开了会计,民族工商业如何发展,又如何抵御外侮,取得抗日战争的胜利呢?"潘序伦的一席话,深深打动了同学们的心,消除了他们心中的疑虑,博得了热烈的掌声。

针锋相对的发言,使原本欢欣的开学典礼,笼上了几丝扑朔迷离的气氛。最后,陈立夫铁着脸悻悻而走。

回顾初到重庆的艰苦创业的岁月,潘序伦说:

> 我当时已年近50,单身入川后,生活上无亲人照顾,住宿在望龙门的江边。从住地到办公地点光走山路就有一百六十级石阶,每天来回四次,不胜疲劳,更受不了的是一日数次钻防空洞。那时日寇轰炸频繁,而防空洞设施又极差,常有炸死人和闷死人的事情。我曾亲身经历了当时震动全国的大隧道惨案,上万人被闷死在条件很差的防空洞里。惨案发生后,国民党政府派人清理隧道,从里面拖出的尸体像一条条沙丁鱼那样,被扔进卡车运出郊外埋葬,情景极为凄惨。那段时间的生活艰苦,身体疲劳,以至随时有生命的危险,都没有使我在事业上松劲,我的脑子里只有六个字:"立信会计事业"。首先是忙着开办立信会计学校。[①]

由于日寇常来狂轰滥炸,潘序伦只好将学校迁至重庆市郊的北碚,租用了房地产公司的房子作为校舍。当时潘序伦最感困难的是校舍问题,他费尽了心血,才在北碚租了某私营房地产公司的一处房子。不料,该公司又突然改变计划,要把这处房子卖掉,而不愿租给学校。

不久,这个公司想将校舍以高价出售,并与买方签订了合同,收受了定金10万元。本来按照当时租赁房屋的惯例,应先让原租户购买的,但这家房地产公司料定学校付不起10万元,因而威胁潘序伦在10天内付款,否则强制搬迁。

潘序伦收到逼迁的函件,真如热锅上的蚂蚁。他被逼得没办法,只得求助于"迁川工厂联合会"和"纱厂联谊会"的经理老板们。以替他们培养企业会计理财人才为由,请他们共同捐赠10万元,这才把这处房屋全部买了下来,学校才有了立足之地。

北碚距离重庆市区80千米,为了使市区职业青年能有业余深造的机会,潘序伦决定在市区添设专科班。这样又需要在市区解决房子问题。同时,事务所和会计图书用品社,也需要办公用房。于是,在过了一段时间后,日寇轰炸的高

---

① 潘序伦:《创业散记》,《人物》1983年第6期。

潮过去,潘序伦就想在重庆市中心区建一幢"立信大楼",作为立信会计专科学校市区班的校舍,招收在业青年在夜间上课。一方面,这样可以扩大立信会计师事务所的业务,以事务所的收入补助学校;另一方面,会计师事务所的同仁们也可在夜间兼做学校教师,在人力、物力的利用上都比较有益。而要建造这样一座名为"大楼"但实际上只不过 3 000 平方米的小楼,在当时来讲也并非一件容易的事。包工头开价是 40 万元,分 4 期交付工价,并要有店铺作保。

潘序伦资金不足而办学心切。许多先后跟他去重庆的学生也和他一样着急,他们想了个办法,即以庆贺潘序伦 50 岁生日为名,向社会进行募捐。潘序伦之前从不搞庆祝寿辰一类的活动,但为了筹集建校资金,这次也只得违心同意。其中不足的部分,是靠大明纱厂的帮助,这才使"大楼"得以如期动工。潘序伦在向国民政府教育部的报告中称:"惟以本校原系私立,经费向感拮据,购地建校力有未逮,爰经校董会之商议自 1942 年 6 月始发起募捐校舍建筑经费,迄至本年 2 月止,历时 8 个月有余,辱承社会各界人士及本校诸校董暨历届新旧同学热烈赞助慨捐巨款,共募集建筑费国币 121.92 万元。"这样,校舍才开始建造。

到这时,潘序伦以为可松一口气了。谁知好事偏偏多磨,工地又起风波。就在大楼动工不久,四川军阀杨森部下的一个师长虎视眈眈,来找潘序伦的麻烦了。他一口咬定说:"大楼有一角侵占了我的地盘,应立即停工或赔偿我地价 10 万元。"

俗话说:"秀才遇见兵,有理说不清。"听到这一消息,潘序伦差点昏倒。

在那时,要办成一件事,每走一步路,竟会有这么多的险阻,这是多么的艰难。他真想一了百了,甩手不干了。然而当激动的情绪稍稍平静下来,他又想到要为社会培养会计人才,要使事业发展下去,他只能硬着头皮,横下心来。

潘序伦四处奔波,终于托了学校董事长陈其采和四川民生轮船公司总经理卢作孚进行调停,经过讨价还价,最后与那个师长达成协议,付给他 4 万元才了事。

这样,饱蘸着潘序伦和众多立信同仁心血的"立信大楼",如期于 1943 年在重庆市内筷子街竣工了。

当时,东南沿海及其他地方的工商企业纷纷迁入四川,成立了"迁川工厂联合会""纱厂联谊会"等组织,共谋发展生产,为抗战出力,其中不少著名企业家都是潘序伦的素识。他们由于发展业务的需要,经常与潘序伦商讨有关改善企业管理、缴纳税款、工商登记、培训会计人才等问题,并希望得到潘序伦的帮助。为此,潘序伦决定设立重庆立信会计师事务所,所址在林森路南洋兄弟烟草公司办公大楼内,由先期在四川的王逢辛(原立信会计师事务所重庆分所主任)襄助工作,并电召上海的陈文麟、蒋春牧、王庭桂、黄子仁调重庆共同办理会计师业务。此时事务所有11人,潘序伦任主任会计师。以后,张惠生到重庆后,协助潘序伦管理事务所。

随着事务所业务的不断发展,事务所人员增至30多人,办公室不敷使用,于是迁往千厮门行街。1943年筷子街立信大楼建成,事务所即迁入立信大楼。

重庆事务所起初设有稽核、文书、总务三组,后来承办外商业务,增设了外商组,接受的业务主要是查账及办理企业的注册登记。就承接案件数量和委托人的广泛性来看,几乎可与上海的立信会计师事务所相比拟。客户中有从上海迁往重庆的天厨味精厂、南洋兄弟烟草公司等企业,也有其他地方的如昆明的云南欧亚航空公司、贵州贵阳的江南汽车公司、湖南辰溪的华中水泥厂等。

1945年抗日战争胜利后,潘序伦和陈文麟等均陆续返回上海,重庆事务所由王逢辛继续负责,至1952年上半年结束。

四

办学需要教材。潘序伦早在归国初期,就写了《公司财政》和《簿记及会计学》两本书,引进了一些西方新式会计科学知识。之后,在事务所业务接触中,他深感中国会计业务水平太低,不能适应民族工商业发展的需要。那时大学里研习会计科学者不多,教科书大都是外文原版,少数译著也以簿记居多,缺乏高深之作。

为解决会计教材缺乏问题,潘序伦在立信会计师事务所内设置了一个编辑科,由他亲自领导,配备了一批专职人员,开始编译簿记、会计、审计等方面的书籍,出版了一套立信会计丛书。他吸取了自己学习会计的经验和教训,对于会计教材的编撰,提出了四条原则:

第一,书的内容必须符合实际需要,有关理论和实务的论述,都要从实际出发,以满足社会需要为原则。对引进的国外先进学术,不是照搬照抄,而是结合我国的国情,在当时法规和工商惯例的基础上,适当采用。教科书分为初级、中级和高级三种课程,分别编撰。每本书章节后都附有思考题和习题,供学生复习参考。书稿写成后,先作为讲义在立信试讲,经两三个学期试讲后,根据师生们的讨论意见,反复进行修改,然后由事务所编辑科审定编排,成为正式教科书,由商务印书馆作为《大学丛书》出版发行。

第二,文字尽可能通俗易懂,举例做到不厌其详,使读者能够无师自通。例如，《高级商业簿记教科书》由潘序伦亲自主编，经多人审稿校阅，精心推敲，务求通俗易懂。各章顺序由浅入深，由简到繁，循序渐进，并经实地试教，几经修订，并设有教学进度分配表。每隔若干章，就设一章复习，要求学生反复演习，务求熟练掌握所学内容。结业前，教师还要布置一整套模拟式实务实习题，让学生去做，以便学生参加工作后能很快胜任工作。因之，该书为各商业企业、会计学校广泛采用，修订过四五次，再版几十次，畅销国内外，直到20世纪七八十年代，还有人在翻印发行。

第三，译文力求统一，含义力求确切。译稿都经潘序伦亲自审阅，几番修正润色，力求译文统一，含义确切。如《会计名词汇译》一书，是鉴于当时我国会计名词极不统一，各种书刊的译法都不一样，给编译工作者、读者和实务工作者都带来不少困难。于是潘序伦组织编译工作者，不时探讨，收集了会计名词2 400余条。每条先把国内会计书刊原有的翻译名词列出来，然后从中选定一个适当的译名或者由他们暂拟定一个统一的译名，并加以注释。编译用词力求言简意赅，适合我国语言习惯。该书出版后，曾修订过两次，对统一我国会计名词起到了一定的推动作用。到1965年，还有人在香港冒以最新修订本翻印出版。

第四，编制注重合理，分高级、中级、初级三种程度，分别编写。

截至1936年年底，立信编译的各类簿记、会计和审计书籍共有50余种。其中最主要的是潘序伦的《会计学》。它除了论述普通会计应包括的内容以外，还涉及公司会计、成本会计、解散清算与破产会计、遗产及信托会计等。对于预算控制、财产估价、决算报表分析、统计报表应用等当时比较新颖的会计内容，该书也作了较深入的研讨。各章都列了许多练习题，便于教师施教，学生选择练习。这本书的编写用了14个月，潘序伦排除困难，专心从事，寒暑无间，并得到六七位同事、朋友相助，经多次修改，才得以付印。

立信的教材早先是由商务印书馆印刷出版的。后来，商务印书馆迁到了香港，内地用书就出现了困难。后来日本帝国主义发动太平洋战争，商务印书馆损失惨重，无力继续为立信出书。而立信在重庆招收了大批学生，急需教材。眼看学校教材无法解决，潘序伦不得不另谋出路。

在生活书店总经理徐伯昕的支持下，潘序伦从商务印书馆收回了《立信会计丛书》的版权和纸型，与生活书店合作筹资，于1941年6月成立了"立信会计图书用品社"，潘序伦出任社长。立信会计图书用品社除了出版发行《立信会计丛书》外，还印刷账簿、表单，满足了工商企业的急需，各方称便。之后，该社还在桂林设立了分社，成都、贵阳、昆明、西安等城市设立了特约经销处。为了适应高中商科及职业学校教材的需要,潘序伦又自任主编,于1941年编辑出版了一套内容较为浅近的立信会计教科书,计有《商业簿记》《初级会计学》《会计学》《成本会计》《银行会计》《政府会计》和《审计学》等书。抗战期间,各地大专院校和自修会计的学生,十之八九都是采用立信编的教科书;而中专学校则几乎全部是用《立信会计丛书》作教材的。为了满足社会的需要,接下来潘序伦又编印了一套内容包括财政、金融、保险、贸易、统计、计算技术、企业管理等的《立信财经丛书》,初步满足了当时的需要。

至此,颇具特色的"三位一体"的立信会计教育事业已经形成。潘序伦将这三者紧密结合,围绕教学这一中心,互相促进,协同办学。事务所可以为学校提供师资,并可作为进行实务训练的重要基地;出版社可以为学校提供教材和补助部分办学经费;学校培养出来的人才,又可回过来协助事务所和出版社发展业务。潘序伦到重庆以后,眼见很多工厂内迁,这促使内地工、商、金融各业有了较快的发展,但会计和管理方面力量薄弱。他就先后与重庆市基督教青年会、宝元通公司等单位分别合办会计学校和培训班,入学学生共达1.5万人。

五

校舍、教材问题解决以后,为了保证教育质量,学校还必须聘请高水平的教师和编制高质量的教学计划。著名的经济学家、教育家马寅初就是潘序伦亲自请来的。

马寅初(1882—1982),是我国当代经济学家、教育家、人口学家。1882年6月24日出生于浙江嵊县。后来考入天津北洋大学选学矿冶专业。1907年赴美国留学,先后获得耶鲁大学经济学硕士学位和哥伦比亚大学经济学博士学位。1915年回国,先后在北洋政府财政部当职员,在北京大学担任经济学教授。1919年任北京大学第一任教务长。1928年任南京政府立法委员,1929年,出任南京政府财政委员会委员长、经济委员会委员长,兼任南京中央大学和上海交通大学教授。1938年年初,任重庆商学院院长兼教授。1940年12月6日被蒋介石逮捕。1946年9月,到上海私立中华工商专科学校任教。1949年8月,出任浙江大学校长,并先后兼任中央人民政府委员、中央财经委员会副主任、华东军政委员会副主任等职。1951年任北京大学校长。1960年1月4日,因发表《新人口论》被迫辞去北京大学校长职务。1979年9月,平反后担任北京大学名誉校长,并重新当选为第五届全国人民代表大会常委会委员。1981年2月27日,当选为中国人口学会名誉会长。1981 年 3 月 29 日,当选为中国经济学团体联合会第一届理事会顾问。1982 年 5 月 10 日因病逝世。

马寅初和潘序伦曾经先后就读于美国哥伦比亚大学,是同校校友。马寅初年长 11 岁,1914 年以《纽约的财政》的论文获该校博士学位。他们两位均为"旧中国仅有的在美国取得经济学博士的几位中的一个"(杨纪琬语),可见他们学识渊博,见地颇深。

两人先后回国,在国内经济领域发挥才能,潘序伦创办了立信会计师事务所和立信会计专科学校,对中国的会计事业贡献颇多。马寅初在 20 世纪 20 年代后期,倡议成立"中国经济学社",自任会长,并邀请潘序伦出任常务理事。学社的常务会议多次假座潘序伦在霞飞路(今淮海中路)的寓所召开,两人交往甚密。1927 年北伐战争后,马寅初常以立法委员的身份对财政政策提出质疑,潘序伦则以知名会计师的身份加以响应。

抗日战争爆发后,马寅初与潘序伦先后来到当时的陪都重庆,马寅初出任重庆大学商学院院长时,聘请潘序伦兼任教授,在该院开设"会计问题"的专题讲座。潘序伦思维缜密,深入浅出,对西方的税收、经济政策提出自己的见解,深受同学们的欢迎。此时,潘序伦在重庆致力于会计事业,对战时经济贡献很大。后来由于日寇的飞机昼夜轰炸重庆,马寅初只得迁居歌乐山,潘序伦亦因身患伤寒症,住进歌乐山医院治疗。马寅初夫妇时常至医院探视,两人友谊甚笃。

抗战期间,马寅初经常在重庆大学商学院大礼堂发表演讲,抨击国民党腐败和四大家族,一时间非常出名。有一天,演讲台下混进了国民党特务,情况很危险。马寅初毫无惧色,他带着女儿并一口棺材上台。他说:"为了真理,我不能不讲,我带了棺材,是准备吃特务的子弹;带女儿来是让她亲眼看着,特务是怎样卑鄙地向她爸爸开黑枪的,以便让她坚定地继承我的遗志。"

接着,马寅初话锋一转,针对国民党政府的腐败,他开始演讲起来。他为四大家族的企业、财产等算了一笔细账。最后他大声疾呼:"如今老百姓穷得连饭都吃不饱了,还要这个捐,那个税,我看要捐、要税,首先应该向四大家族开刀!"他的演讲,赢得了阵阵春雷般掌声,使混在台下的特务不敢贸然下手。国民党当局大为震惊,连连派人去与马寅初"交谈",以高官、金钱为诱饵,劝他不要再发表此类演说,但马寅初严词拒绝。后来蒋介石亲自派人去请他,都碰了钉子。

1940 年 12 月,马寅初先生因抨击"四大家族"大发国难财,公开说应先征孔、宋等豪家门贵族的"战时财产税",把这些不义之财充作抗战经费,反对用租税、公债、通货膨胀等办法来搜刮民脂民膏,结果被国民党当局扣压起来,先关押在贵州息烽，后又移羁江西上饶。对此，潘序伦异常气愤，就不再到重庆大学授课，以示抗议。

潘序伦写信给商学院说："本人事忙，不能再来重庆大学，讲课费全部捐赠商学院学生会。"

这时，社会各界发起了营救马寅初的活动，《新华日报》还发了消息。1941年农历5月9日是马寅初六十寿辰，重庆大学学生决定提前举行祝寿大会，声援马老师。3月30日举行了"遥祝马寅初六十寿辰"的活动，周恩来、董必武、邓颖超送了寿联，上书：桃李增华，坐帐无鹤；琴书作伴，支床有龟。潘序伦也参加了这一祝寿会。会后，大家踊跃捐款，决定在校园内建造"寅初亭"，以资纪念。而捐款最多者便是潘序伦先生。

1942年8月，国民党当局迫于各方压力，终于释放马寅初，但仍继续迫害他，强令各大学不准聘其任教。而潘序伦不顾压力，独自敦请马寅初到"立信"上课，并让他带孩子一起住在北碚校内。

国民政府教育部获悉此事，向潘序伦提出警告，要他立即解聘马寅初，否则后果自负。但是，潘序伦据理力争，声称："立信者，立信于人也。既已下聘书，就不能无故解聘。"

潘序伦将这无理要求顶了回去，保护了马寅初。

马寅初在立信讲授的是经济与哲学，他讲课不用教材，只手持教学大纲，全凭口讲板书，由秘书为他做笔记。他理论联系实际，临时发挥很灵活。这份讲稿，后来改编成经济学著作，由立信会计图书用品社出版发行，流传颇广。

对于潘序伦邀请他上课，马寅初非常感激。后来，他对人说过这样的话："潘序伦对开拓中国新式会计有功，不要说来教书，就是要我替他倒夜壶，我也愿意。"可见，两位经济学家交情的深厚。

中华人民共和国成立后，潘序伦与马寅初两人在上海时时有过来往，照应不断。后因形势变故，两人均被错划为"右派"。他们被打成"残渣余孽"和"反动学术权威"，真是难兄难弟。尽管处境维艰，身在北京的马寅初还托人冒着风险到上海探望潘序伦。两人常有书信往来，互相慰问，一时传为美谈。

后来，马寅初在北京托人到潘家探询，潘序伦得知马老夫妇都健在，甚为高兴，特地致函祝贺，后两人又互赠近照留念。马寅初先生以101岁高龄作古后，潘序伦不顾年迈体衰，多次呼吁尽快拍摄马寅初传记影片，他的倡议得到各界赞成。①

---

① 详见罗银胜：《潘序伦与几位经济学家的交往》，《立信会计专科学校学报》1997年第1期。

　　笔者在从事立信校历史研究的时候,通过北京的校友得知,老舍夫人胡絜青先生也曾担任立信的国文教授。20 世纪 80 年代,胡絜青先生在接受笔者的采访时愉快地回忆当年的情景。

　　胡絜青先生本人也是驰名中外的书画大师、作家。她与潘序伦和立信,有着一段鲜为人知的、源远流长的关系。笔者曾慕名采访过她,她记忆犹新。

　　早在 20 世纪 40 年代初期,在潘序伦为避敌伪的迫害,被迫出走重庆的同时,老舍偕夫人胡絜青也为抗日救亡而蛰居重庆北碚,与立信在北碚的校园相隔不远。

　　那时候,潘序伦办学广纳贤才,敦请社会名流来校执教。他素闻胡絜青才华横溢,文思敏捷,故聘请她教国文。胡絜青欣然就任。

　　那时,在北碚的小山坡,坐落着好几所大学,复旦大学、立信会计专科学校都内迁于此,师生大都是四川人或下江人(指江、浙、沪一带居民)。因是南方人,口音五花八门,普通话说得不标准,胡絜青是土生土长的北京人,普通话发音纯正。潘序伦请她教国文,并教拼音,可谓是最佳人选。

　　胡絜青回忆说:"我在立信教了两个学期。"当时的情景她还能想起不少。她还记得,立信同学非常认真,求知欲强。在她的热心指导下,立信的学生常在大学生国文比赛中夺魁。

　　已是 80 高龄的胡先生精神矍铄,思维敏捷,她关切地询问了一些老友的近况,当得悉潘序伦 93 岁时,连声说道:"高寿了,高寿了。"她还了解到,中共十一届三中全会以后,在潘序伦等人的倡议下,立信得以复校。她语重心长地说:"你们现在比在北碚时大多了,办好一个学校不容易,潘序伦倾家办学,精神可嘉。国家现在还缺乏财会人才,希望把学校办好。"

　　在 1990 年立信复办十周年之际,胡絜青先生应我们约请,提笔题词:

　　　　赞学校桃李成行,
　　　　流畅物资贯列强。
　　　　深研金融精细算,
　　　　富庶祖国振四方。
　　　　立信会计专科学校复校十周年纪念,老校友胡絜青书贺庚午秋。

胡絜青的题词,对立信同仁是很大的激励。

　　这里不妨摘引一段《立信校友通讯》上的一段编者按:"中国台北李宏健会计

师去年曾函本报：'数年前一位会计前辈称潘老在世时，曾将会计在中国社会上之地位，比喻为一道菜里的盐巴，盖尽居次要地位，而不为人所重视，但无盐巴时，此菜即不好吃，甚至难以入咽，其比喻极为妥当。惟此一比喻是否果为潘老所说，弟存疑良久，亟盼借贵刊一角，裨就正于会计同道，或惠予指正，实不胜铭感。'（刊于 1995 年 9 月 25 日本报第 40 期中缝）上海罗银胜校友在整理本校校史时，偶然在 20 世纪 40 年代《会计知识》杂志上发现潘序伦校长的一篇题为《当今会计人员对于国家应尽之职责——在重庆中央广播电台对全国会计人员的演讲辞》的文章，述及了上述内容。现将罗银胜校友所撰《潘先生的一篇佚文》刊登于下。"①

罗银胜校友在《潘先生的一篇佚文》一文中谈到：

笔者在整理校史时，偶然在四十年代《会计知识》杂志上发现潘老校长的一篇文章，题目是《当今会计人员对于国家应尽之职——在重庆中央广播电台对全国会计人员的演讲辞》，全文约 3 000 字。《会计知识》这份刊物，是由福建省政府会计处刊行的。

潘先生这一演讲辞通篇说理严谨，设喻生动，文情并茂，对发扬会计人员职业道德起了有力的推动作用。他在讲话中打比方说：基督教圣经中说，耶稣是世界的盐。我们也可以说会计界人员是全面抗建工作（指抗日战争——引者注）中的盐。怎样说呢？盐在食品中间，不仅给予人生以必要的原料，且调和了食品的滋味，更紧要的，是对于食品和身体，发生了防腐的作用。目前抗战工作，人们都认为七分靠在经济，三分靠在军事。我们会计的工作，在经济方面讲起来，实在和食品中间的盐，同一重要，因为会计工作，成为公私机关事业中主要工作的一部分，会计上了轨道，能使整个机关或事业的各项工作，得以协调。潘先生对那些假造报销账目、侵吞国家公款的不良分子，深恶痛绝。他呼吁全体会计人员："尽能激起天良，严守岗位，对于各机关的账目，绝对抱着不做假账、不隐蔽舞弊的态度"。诸如此类的观点，为该文所反复强调。这无疑说明了：在当时，像潘序伦先生这些爱国知识分子，继承孙中山先生建国之初的遗志，怀着振兴经济、整顿财政和防范贪污盗窃、改善更治的愿望，致力于会计的改良工作，使会计在当时整个经济活动中发挥主要的作用。

---

① 1996 年 8 月 31 日《立信校友通讯》。

潘先生在这篇文章的最后写道:"我们国内百万会计同志呀!我们就业于国内各地的数万立信会计同学呀!我们务要不为威屈,不为利诱;不造假账,不隐弊端,借以协助政府对于工商和物价的管制,维护国家税收,扫除营私舞弊,增进国民道德。"这番话,今天读来,是否依然振聋发聩?

这篇佚文未见收录《潘序伦先生的专著、译著、论文目录》(原载龙一圆主编《立信史话》,立信会计出版社1993年版),今特借立信校报披露之。

笔者才疏学浅,但记得《圣经》上说的"你要做世上的盐"比"你要做世上的光"要好,因为光还为自己留下了形迹,而盐却将自己消融到人们的幸福中去了。所以笔者很佩服潘序伦对会计工作之与"盐"的妙思联想,同时笔者也服膺王元化先生所说的:"作为中国的一个学人,我佩服那些争作中国建设之光的人,但我更愿意去赞美那些甘为中国文化建设之盐的人。"[1]

抗战时期,潘序伦分别在重庆市区和北碚办学。北碚有高级职业学校和专科学校两个层次,学生大都住读。当时正是国共两党第二次合作,为了民族着想,共同抵抗日寇。独山失守以后,湘桂吃紧,重庆民众心如火焚,为了慰劳过境国军冯玉祥将军发起募捐活动。北碚的立信同学闻讯后,在潘序伦的影响下,激发起极大的爱国热情。他们宵夜发运,将钱款积蓄、生活用品悉数捐献,不少同学置严寒而不顾,连过冬棉衣都捐了出来。余肇池副校长、管锦康先生和李宗光同学当夜将大批慰劳品护送至筷子街立信总部,受到潘序伦的赞许。

潘序伦在重庆办学期间,赫赫有名的大明纺织染厂经理查济民(中华人民共和国成立后曾任国务院港事顾问)是"立信"的校董。查氏多财善贾,筷子街立信大楼的兴建,他捐了数目不小的钱款。

潘序伦对查济民很敬重,不但向他的纱厂输送了不少人才,而且对其委以重任。当时,物价上涨,潘序伦想出一计。每当学校开学初,委托查先生将学费集中,购买布匹、燃料之类,将其囤积,以防不测。用学费换成物品,起了保值作用,也免除了师生员工的后顾之忧,保证了"立信"的学生在维持生活的基础上,每学期上满20周课。而在当时,其他许多学校一学期往往只能上到16—17周课,就难以为继,只得放假。与此相比,"立信"就更加声名在外了。

---

① 王元化:《思辨录》,上海古籍出版社2004年4月版,第18页。

　　山城重庆道路崎岖,坡路陡峭,对一个年轻力壮的人来说,也是望而生畏的。20世纪40年代初,潘序伦校长来到重庆时已年近五旬。他蛰居于望龙门的江边,从那里到办公地点先走山路160级石阶,每天往返四次,不胜疲惫。而他对此全然不顾,他到处奔走,忙着迁校事宜。他为校舍、教材、师资、经费昼夜筹划,在他的心中只有立信会计事业。

　　潘序伦的学生、亲友都为他的健康而担忧,他们看在眼里,急在心头。一天,他的侄子潘九如自作主张,到街上买了一双滑竿,想让人抬着给潘校长坐,以免走坡路劳累。几位同事一看,就私下嘀咕着,这下可惹祸了。在他们看来这滑竿,潘老不论如何也不会坐,因为一来浪费钱,二来还要雇两个脚夫,于人力、财力两者均要破费。潘九如听了,不再去会计那里报账,甘愿自己掏钱给叔叔。

　　果然,没过几天,潘序伦看到滑竿,问明原委,就非常生气。他侄儿哑口无言,自认有错。

　　向有"雾都"之称的重庆,气候潮热,环境污秽,连立信学校的学生宿舍的床板上也是臭虫成群,直咬得同学们奇痒难熬。同学们身上又红又肿,痛苦不堪,给教学带来一定的影响。

　　作为一校之长,潘序伦看在眼里,急在心头。一天,他下令校工砌一个大水池。起初大家颇为纳闷,但又不敢怠慢,水池砌好后,潘校长亲自煮开水将其注满,并把一张张床板浸入水池中烫泡,使之能够达到除虫杀菌的效果。

　　就这样,住校学生们的"皮肉之苦"解除了,学习的劲头更足了。潘序伦对学生无微不至的关怀,确实让人永远难以忘怀。

　　抗战时期的重庆,其物资供应是相当困难的,特别是生活用品,像大米之类,常常供不应求。在旁人看来,像潘序伦那样有名望、有地位的人,吃的一定非常考究。其实,潘序伦和立信同仁吃的米糟糕透顶,霉米暂且不说,谷子、麸皮、稗子、虫屎、石子等杂物掺杂其中,令人望而生畏,食欲大减,有人戏称之"八宝饭"。

　　可是,每当吃饭的时候,潘序伦往往吃得很香。他对这种"八宝饭"毫不在意,没有什么佐菜,风卷残云,很快便吃罢。他对吃是从来不挑挑拣拣的。

　　当时,有的年轻人实在熬不住,趁星期日到"大三元"吃些早点,打打牙祭,回到学校或事务所,再喝点粥。但就是这点小小的"改善"生活,也要绝对保密,否则说不定会给潘序伦"剋架"的。潘序伦这样做,是否有点不近人情?

　　立信,无论在衣、食、住、行的任何一方面,都是谨严不紊的。潘序伦校长本身就是最严格的一员,他极力主张青年人应该在艰苦的生活中磨炼,在质朴的生活中熏陶。

每天,天刚破晓,一阵急促的铃声,把沉睡的同学从梦中惊醒,接着又是银笛催促声,他们谁也不敢懈怠地跑向操场,去出席那连微雨的日子也得参加的早操,点名,巡查。在种种严格的监督之下,谁都不允许无故缺席。

再来看立信的学生宿舍,那俨然是一个纯粹的休息场所,房间里除了 20 个床位和两个简单的书架外,没有一只桌子、一只凳子。宿舍的整洁检查,是潘序伦的工作内容之一。如果你偶然一次没有依照规定的格式铺上绣有"立信"字样的被单,那么他就会在你的床位上留下一张"不整洁"的纸条,作为初次警告。而同学们都是机警的,对潘序伦这一善意的警告,是心领神会的,他们不会再有第二次。

还有一件被称为"最经济的事情",就是一年中除了冰天雪地的冬日外,立信的学生都以冷水盥洗,虽然有时学生会提出反对意见,然而在潘序伦善意的关心之下,同学们也只有唯命是从地接受锻炼肌肤的方法。

1944 年春天,迁入重庆的各大学举办大学生英文、国文比赛,有复旦大学、中央政治大学等校参加,然而不让立信等学校参加,因为它们是私立学校。对这种悍然歧视私立大学的做法,潘序伦颇为不服,他立即联络了乡村建设学校(校长为梁漱溟先生)、江苏医学院等私立大学,另行组织了比赛。

为了搞好这次比赛,校方费了很大精力,在潘序伦的关照下,选拔了优秀选手。潘序伦对他们说,你们要好好地干,"让他们瞧瞧我们的实力"。他还亲临指导赛前训练,并修改润色讲稿。比赛结果出来,立信的学生王阿瑛、潘亚南两位双双荣获英文、国文比赛的冠军,大大显示立信雄厚的实力,也给潘序伦争了一口气。

追述抗战生涯,潘序伦无比感慨,他说:

> 一个人要想做成一点有益于人民的事业,的确是不容易的,犹如在大海中航行的船舶,其中只有很少数会偶然遇到一片平洋,得以顺风而行,到达目的地,而在绝大多数情况下,总会遇到风浪与暗礁,总得熬着颠簸、折腾的痛苦,才能到达胜利的彼岸。从二十年代起,我就致力于会计事业,可算是在这方面进行了一番创业的奋斗。在那半殖民地半封建社会的条件下,真是遍地荆棘,举步维艰,如果畏难松懈,就会什么也办不成。[1]

---

① 潘序伦:《创业散记》,《人物》1983 年第 6 期。

　　抗战结束,潘序伦把"立信"的全部校舍和设备、书籍无偿地交与当地热心办学的人,并另组校董会,聘请四川有名望的实业家卢作孚当董事长。可惜不久,卢作孚先生去世了。

第七章　以"信"立校

一

1945年7月26日,中、美、英三国首脑蒋介石、杜鲁门、丘吉尔在柏林郊外举行"波茨坦会议",共同签署了《中美英三国促令日本投降之波茨坦公告》,也称《波茨坦宣言》,向全世界广播。8月8日,苏联对日宣战时,也在《波茨坦宣言》上补行签署。该公告遂成为中、美、英、苏四国共同的文献,载入史册。《波茨坦宣言》发表后,日本未立即接受。美国政府决定使用核武器严加惩戒。8月6日,美国空军即在日本广岛投下第一颗原子弹,爆炸后的破坏半径达6千米,摧毁建筑物达百分之九十以上。这惊雷般的爆炸声响,震动了全世界。8月9日上午10时,第二颗原子弹又在长崎爆炸。

8月9日,毛泽东发表《对日寇的最后一战》的声明,号召全国军民举行大反攻。朱德向解放区军民发出了进军令。

遵照毛泽东、朱德的命令,晋绥、晋察冀、晋冀鲁豫、华中和华南解放区的各路大军举行战略反攻,向敌人发起了全线攻击,与日本侵略者展开了最后的决战。

8月10日下午7时,日本政府通过瑞典、瑞士两中立国向同盟国发出乞降《照会》。

8月14日,日本天皇发表《停战诏书》,15日公开对外广播。日本政府向中、美、英、苏四大盟国投降的电讯传至中国,各报纷纷发表号外,群情振奋。潘序伦在第一时间听到了日本投降的特大喜讯。

这天,整个山城像发疯了一样欢腾起来,老百姓自发组织游行,燃放爆竹,庆祝胜利,这是一个旷世未有的胜利之夜、狂欢之夜。潘序伦与山城人民一起度过了一个难忘的不眠之夜。

经过多年的英勇奋战,中国人民用自己的鲜血乃至生命,用自己的艰苦努力,终于迎来了抗日战争的最后胜利,挽救了中华民族的危亡。

抗日战争,是中国历史上极其辉煌的篇章,它是中国人民在近代第一次完全战胜外来侵略者的战争,是中华民族从衰败走向复兴的转折点。

胜利后的中国,将走向何处?

中国共产党认为:"在全中国与全世界,一个新的时期,和平建设的时期,已经来临了!"[①]

随着日寇的投降,在上海的立信同仁立即恢复了立信事业的原名。与此同时,潘序伦在重庆呈报相关部门准予上海立信会计专科学校恢复招生。

很快便接到相关部门复电,准予恢复招生。于是,上海方面立即在吉祥里着手筹备招生、延聘教师、布置教室等工作。9月中旬,潘序伦校长从重庆飞往上海,主持学校工作,并聘任李鸿寿、陈文麟为副校长,钱素君为教务主任,张慧生为总务主任,开展各项工作,并向有关部门呈报学校的复校情况。

呈文说:"立信会计专科学校原设于上海河南路吉祥里,于1937年秋成立。因受战事影响,至1939年秋正式开学。1941年秋迫于环境,由沪迁川,建校北碚。上海沦陷,失学失业青年甚众,为使其免于荒废学业,乃用掩护方法,将上海学校改名为'明信会计补习学校',继续开办。现抗战胜利,复校伊始,校长已于日前返沪,主持复校事宜。"从此,立信会计专科学校在潘序伦校长的领导下,又谱写新的篇章。

潘序伦回到上海后,在柿子湾沿铁路附近,他向地产商购得空地,以待建筑专校校舍之用。战事的烟尘还未洗净,他就重整旗鼓,为上海的学校建造一定规模的校舍而昼夜操劳。

早在潘序伦去重庆之前,就有建立一所正规的"私立立信会计专科学校"的计划。因为在徐家汇建造学校需要时日,而学校上课不能没有立足之地,所以潘序伦把自己在长乐路的一栋高级住宅腾出来,作为临时校舍。他还决定在购买的空地上建造教职员工和男女学生全部住校的校舍。

但是,出乎意料的难关又出现在潘序伦的面前,他所购柿子湾基地的一半,竟被当时一个慈善团体"同仁辅元堂"占用了,用以掩埋无主棺木。

---

① 《中共中央对目前时局的宣言》,1945年8月27日延安《解放日报》,转引自金冲及主编《周恩来传》上卷,中共文献出版社1998年2月第1版,第724～725页。

潘序伦只好赶紧先在未占用的一半基地上建造校舍，以供专科学校的急用。

为了建造新校舍，潘序伦将自己的历年积蓄全部捐出，还动员立信同仁合力在上海工商界募捐。潘序伦虽然去南京出任政府职务，但仍牵挂着学校。有一天，他写信给留沪的李鸿寿先生，称周末回上海时想在国际饭店宴请数位已是沪上名流的知己。

这天中午，号称"火柴大王"和"橡胶大王"的刘鸿生、"面粉大王"的荣鸿元等人参加了宴会，潘序伦与他们寒暄之后，边吃边谈，在谈笑风生之间，道出自己的苦衷，只因阮囊羞涩，建造柿子湾的校舍，希望得到各位的鼎力相助。潘序伦遂拿出一本"化缘簿"，刘鸿生、荣鸿元等当场捐款资助。其中荣鸿元以申新纺织总公司和荣氏兄弟的名义，认捐法币 1.8 亿元，兴建一所礼堂，并以他父亲的名字命名为"宗敬堂"。

由于"立信"在社会上已有一定影响，许多工商业者也认识到培养会计人才的重要性，因而乐于资助。

在立信的新校舍有一幢"纺织楼"，就是由上海纺织工业同业捐助的。一座可供 800 个学生同时就餐的食堂，是立信毕业的校友们主动集资 8 000 万元法币捐献的，潘序伦把它题名为"思源堂"。此外，以潘序伦的私人存款以及本校历年经费的节余款，建起男生宿舍和女生宿舍，以及一座专职教职员的宿舍，潘序伦和他的夫人张蕙生也同住在这座宿舍中。最后他还要用他的存款三万美元，建造一座体育馆。

校舍建筑虽已初具规模，但全校职工和学生们面对累累荒冢，都急于收回这块地，以便修操场和足球场。那时，担任"同仁辅元堂"董事长的是杜月笙，潘序伦当然要他负责搬迁这些棺木。杜月笙一再推诿，不肯负责。

经过几个月的周折，潘序伦最后请杜月笙出任立信的校董，这才收回了这块土地，操场总算开始平整了。

那时天天挖坟迁尸，有些人常对潘序伦说："你掘了那么多坟，使几千名鬼魂不安，当心那些鬼魂来找你索命啊。"

的确，直到立信校舍建成几年后，还常能从房前屋后的空地上发现零散的尸骨。不过，潘序伦是无神论者。过去，他在耶稣教会办的圣约翰大学读书，就不信仰"上帝"，如今他也不信鬼神。在社会各界的帮助下，10.25 亿元法币资金终于筹集齐备，徐虹路柿子湾校舍遂于 1946 年 6 月 7 日动工兴建，1947 年春季基本建成。学校于 1947 年 2 月 15 日进入新址办公。

校园内的建筑计有：三层教学大楼（含礼堂）一幢，由纺织界及申新纺织总公司荣鸿元等捐助所建,分别命名为"纺织楼"和"宗敬堂";饭厅一幢,由立信校友捐助所建,命名为"思源堂";男生、女生宿舍东斋、西斋各一幢;教职工宿舍一幢,命名为"乐群堂";还有体育场等;共耗费法币 10.25 亿元。以后又由潘序伦本人捐资,兴建了一幢体育馆,命名为"序伦体育馆"。柿子湾校部以高中毕业生为主要招生对象,全日制上课,被称为"校本部"或"一院"。蒲石路校部招生对象以具有高中毕业程度的在职青年为主,晚间上课,被称为"市区部"或"二院"。

望着这错落有致、颇有气势的十几幢楼房,潘序伦异常兴奋,这是"立信"的希望呀!学校建有自己的校舍,入学人数日益增多,形成了一定规模。这时候,他曾设想将单一会计专业性质的立信会计专科学校扩建为立信商学院,只是由于形势变化而未能实施。

立信的新生进入这样的校舍,都非常兴奋,感到很幸运。朱宗煜同学回顾说:

> 我是立信会专第 14 届毕业生。1947 年 9 月,我踏进了设在上海徐家汇柿子湾的立信会计专科学校。两年的学习生活,给我留下了深刻的印象。我记得,那时的住读生,每晚有两小时自修课,阅览室灯火辉煌,同学们聚精会神地看书做习题。学生宿舍的每张床位,都铺着印有"立信"校徽的白底蓝字的洁白床单,显得既素雅又洁净。最令人难忘的是,潘老校长不仅经常利用早操时间,集中同学训话,而且亲自为我们讲授由他自编的英文高级簿记。他的教学作风严谨细致。为我们讲课的著名教授还有:黎照寰(讲授《工商管理》《财政学》)、张蕙生(讲授《政府会计》)、钱素君(讲授《审计学》)、陈文麟(讲授《所得税会计》)、祝百英(讲授《货币与银行》)、郭森琪(讲授《经济学》)、夏高波(讲授《成本会计》)等。他们知识渊博,讲课深入浅出,对学生百问不厌,诲人不倦。学校经常举办英语演讲和珠算比赛,及时奖励优胜同学。
>
> 有一件事对我印象特别深。记得我读二年级上学期时,同学们选我参加伙食委员会并担任主席(任期一个月)。为了让同学们在午膳时间能听到轻音乐轻松一下,我商得潘老校长和张蕙生教授同意,把他们自用的收音机拿到饭厅去使用。用毕再归还他们。张蕙生教授还带领我们伙食委员和总务处职员到上海中学参观学习该校搞好伙食管理的经验,以进一步改善学

生伙食。①

1948 年 7 月,立信高级会计职业学校(简称高职校)开始设立,招收初中毕业生,学制 3 年(按其性质,相当于中等专业学校),校址在蒲石路。立信高级会计职业学校的设立,弥补了立信会计补习学校创办以来还没有一所培养中等会计专业人才的正规学校的不足,使在上海的立信会计教育事业得以形成包括立信会计补习学校、立信会计函授学校、立信高级会计职业学校、立信会计专科学校在内的兼备大专、中专、补习教育、函授教育等多层次、多形式自身较为完备的专业教育体系。与此同时,恢复后的上海立信会计师事务所和由四川迁回上海的立信会计图书用品社的业务都有很大的拓展,从而使"三位一体"的立信会计事业取得了长足的发展。

复员返沪之后,学校董事会经过数次调整,有了新的变化。至 1948 年上半年,除前列者外,刘攻芸(时任中央信托局局长)、吴蕴初(时任全国工业协会理事长)、吴羹梅(中国标准铅笔厂经理)、荣鸿元(申新纺织公司总经理)、章剑慧(申新第四纺织厂经理)、杜月笙(中国通商银行董事长)、徐永祚、奚玉书、顾谘博、叶朝钧、周仲千(5 人均为注册会计师)曾先后出任过校董事会董事。1948 年 11 月,学校又加聘曾任交通大学校长的黎照寰为校董。

黎照寰(1888—1968),字曜生,广东南海人,是我国著名的爱国人士、教育家,曾任立信会计专科学校教授、代校长兼校务委员会主任、校董事会董事、董事长。

青年时期,黎照寰就接触新思想,1906 年参加反清运动,失败后转到香山当小学教师,后以半工半读形式求学,得清华半费的助学金修学两年。1910 年,在美国哥伦比亚大学留学期间,他参加了孙中山领导的同盟会。回国后,他担任孙中山的秘书,团结华侨及同乡,从事革命活动,曾先后创办中国科学社、中国经济问题研究会,并任中山文化教育馆总干事,著有《中山先生之革命政策》《中国国民党政策》等书。1927 年夏,黎照寰随国民政府交通部长孙科出国,一年后回国,在上海中国公学执教,次年 6 月任铁道部次长,并兼任上海交通大学副校长。

1930 年 10 月,黎照寰被正式任命为交通大学校长后,辞去铁道部次长职务,专心办学。直到 1942 年 8 月离职,他主持学校达 12 年之久。他在任职期间,在发展学校、整理教务、改革教学、培育人才等方面,兢兢业业、孜孜以求,取

---

① 朱宗煜:《忆往昔　情意切》,《立信史话》,立信会计出版社 1993 年 11 月版,第 157—158 页。

得了显著成绩。他主张学校要加强理科建设,培养造就"具有高深学问"的人才。他提倡智、德、体三育并重的方针,要求学生"注重知识的获得,身体的锻炼,道德的修养",做到"才识丰、体力雄、志行高,俱此三者,始能任重道远,为国效劳"。他在办学中坚持"注重基本学科,务求实用"的教学原则,形成了一套比较完整的教育思想、办学方针,为后人所仰慕。

1941 年 12 月,太平洋战争爆发,黎照寰深感民族的危机严重,在上海处境困难,为保护交通大学不给日伪接替,曾多次密报重庆国民政府教育部,经同意把学校改为私立大学。1941 年 12 月,日军占领上海租界。次年 8 月,汪伪政府接管交通大学。他毅然辞职离校,与一些爱国人士在上海参加社会福利工作。

1946 年,立信会计专科学校从重庆复员回沪,位于徐家汇柿子湾的新校舍落成后,校长潘序伦特聘黎照寰为全校总导师兼教授。黎照寰在立信开设了工商管理、经济学和财政学等课程,讲课内容深入浅出。学生们反映,听他的课,时间过得最快,而且获益良多。他学问博大精深,讲授经济学时,不仅列举李嘉图、亚当·斯密等各派学说,也介绍马克思的剩余价值学说,这在当时是极为难能可贵的。

1948 年 12 月 5 日,经立信校董事会决定,黎照寰被聘为学校董事,同时由他担任校务委员会主任委员,在潘序伦校长外出请长假之际,全权处理校务。12 月 8 日,黎照寰就任校务委员会主任委员后,首次主持了校务会议。会议决定改善教职员待遇,提高薪金标准。

潘序伦对于办学有两句话:"刻苦耐劳办学校,然后可能有成就""理论实务相结合,然后可望有专才"。这两句话,实际上是潘序伦的自我写照。他办学的成就,已实践了上述两句名言。潘序伦自己回忆道:"学校建成后,我亲自主持校务,一切坚持'认真'两字。具体要求:办学人员要少,工作效率要高;教师要认真备课、教课、批改作业;学生要认真听讲、多做练习题。我还十分重视学生的体质训练,规定学生每周要上体育课,每天早晨要做早操。我和教务主任、训育主任、总务主任带头参加。这样做,无非是为了培养好的学风,使我校的毕业生走上工作岗位时能对所任工作认真负责。"[1]

潘序伦的教育思想十分深刻。他认为,一个合格的人才,不但专业知识扎实,而且要身体健康。因此,他每每到校视察,体育工作是必不可少的一个项目。于是立信的学生,除了注重会计学科外,对于体育运动也相当注意。当全上海专

---

[1] 潘序伦:《创业散记》,《人物》1983 年第 6 期。

科以上学校举行联合运动会时,立信会计专科学校的学生,曾经得到许多的奖品,而名列前茅的项目有很多,如田径、球类等屡获冠、亚军,还获得过女子总分第一,男女总分第三的好成绩。

上海立信会计专科学校开办之初,借用立信补习学校校舍,设有体育场地,并借用青年会篮球场上体育课。抗日战争胜利后,徐家汇校舍落成前,学校千方百计借公园、体育馆,甚至利用弄堂、通道作为体育场地。徐家汇校舍建成后,既有宽敞的运动场,又有潘序伦捐款 1 万美元建造的体育馆,使学生有良好条件开展各种体育活动。无论是在上海还是重庆北碚,全校师生几乎每天都要举行早操,学校实行点名制度,若点名缺三次,则要扣除学分。当年的学生孙庆元回忆说:"潘老一贯重视学生的体育锻炼,关心青年一代的身体健康。原立信学校的体育馆,就是潘老自己捐资兴建的,定名为'序伦体育馆'。此外,他还发动师生一起搬掉了一个大坟场,将其建为具有 400 米环形跑道的体育场。潘老当时工作十分繁忙,但每次回上海,多数时间均住在校内。晨起在学生早操时总能见到他的身影,又经常见他观看学校运动队的训练,即使在冷天的清晨,也是如此。学生食堂方面,他决定由学生组织膳食委员会管理,逐月公布账目。这不仅是关心伙食的一种办法,而且也是培养学生自治能力、管理能力,甚至也是会计实习的一种好办法。"①

有一天,一清早潘序伦就来到学生宿舍视察,并参加学生的早操。这时,一名学生边跑步边吟咏白居易的《长恨歌》,其云:"……云鬓花颜金步摇,芙蓉帐暖度春宵。春宵苦短日高起,从此君王不早朝。……"由于口音较重,"早朝"听似"早操"。恰巧潘序伦从这个学生后面经过,便斥道:"什么,从此不早操?"这位同学连忙解释,潘序伦方才欣然点头。这个笑话也说明了他性格的一个侧面。

为了立信事业,潘序伦心挂两头,他对外地的立信学校的也很关心。1948年春天,重庆立信高级会计职业学校开春季运动会,体育场地处嘉陵江边、北碚公园山脚下。

这天上午,同学们兴致勃勃地来到体育场。入场式后,同学们展开了激烈而紧张的竞赛。忽然传来消息,潘序伦校长也来观摩运动会。这时全场运动员和工作人员情不自禁地奋勇参赛,全场进入了一个新的竞赛高潮。

接着,掌声由远而近,潘序伦夫妇健步进入体育场,然后神采奕奕地迈进了同学们的休息室。猛一瞬间全室肃静了下来,两张慈祥的面容立即呈现在人们

---

① 孙庆元:《怀念潘老,努力办好立信事业》,《立信学刊》1993 年特刊。

面前。没一会工夫,这一肃静的气氛就被潘序伦和蔼可亲、平易近人的风度冲破了。大家设座的设座,送水果的送水果,有的同学还向潘老问长问短。

潘序伦含笑对他们说:"你们班得分很高,班里的体育人才不少,这都是平时锻炼的结果,希望你们今后坚持锻炼。我们立信的毕业生,不仅要成绩好、作风好,更重要的还要身体好。"

潘序伦讲完话后,同学们虽然没有大声回答"是",但他们却把它深深地埋藏在心中,下决心去做到。

为了把这件富有意义的事情记录下来,应同学和部分老师的要求,潘序伦夫妇与他们合影留念。

当时在场的杨光映校友不禁发出如下感想:"潘老那时工作那么忙,年纪又大,还赶来参加运动会,说明他想把学生培养成德、科、体全面发展的人才,以便更好地为社会服务。因此,我认为,他不但是一个伟大的会计学家,而且是一个伟大的教育家。那时我虽然对体育感兴趣,但并不真正懂得体育锻炼的重要性。自那以后,潘老的教导一直鞭策着我坚持体育锻炼,使我从事会计工作 38 年来,身体仍然很健康。我真正体会到:坚持锻炼,收益不小。"[1]

二

校舍问题解决以后,为了保证教育质量,潘序伦聘请了一些著名学者、专家来校任教。如黄炎培、马寅初、黎照寰、黄逸峰、章乃器等都先后在立信担任过教职工作。潘序伦本人虽业务繁忙,也要抽空上一些课。这些资深人士的讲课,受到了学生的欢迎。

潘序伦聘请他的老师黄炎培出任立信会计专科学校教授,讲授国文和中国文学史等课程。

章乃器是遐迩闻名的"七君子"之一,是一身正气敢于直言的爱国人士,也是我国著名的经济学家。潘序伦与他关系不错,1947 年春请他在立信讲授商业通论课程。他授课切合实际,深入浅出,很受学生欢迎。

据立信老校友姜新祥同学回忆,章乃器从"日中为市"讲起,条理分明。他平日讲课顺章按节,慢条斯理,只讲课程内容,从不夹杂政治言论。只有一次经学生的强烈要求,提前结束讲课,即席作针砭时弊的讲话。讲话内容有些已经淡

---

[1] 杨光映:《与潘老在运动场合影》,《立信史话》,立信会计出版社 1993 年 11 月版,第 160 页。

忘,而其中一句结束语则是"要做一个有良心的中国人!"金石铿锵,至今言犹在耳!①

另一位老校友陆伯钊的印象则是,当时正值国民党发动内战,占领延安,章乃器却冷静看待形势。每当讲课结束行将放学之际,就有同学请求章乃器谈谈时局。章乃器总是不辞辛劳,据实分析,义正词严地揭露事实。这时已经放学,兄弟班级同学下楼看见章乃器正在评论时政,都不愿离去,拥在教室里"旁听"。那门口里三层外三层挤得水泄不通。一讲就至少延长一节课的时间。

那时候,在立信的讲坛上名师云集,立信老校友陆伯钊为我们勾勒了半个多世纪前名师授课的风采:"李正文教授讲授工商管理课程是在 1948 年下半年,正是国民党政府'金圆券'大贬值,物价飞涨,市场大溃败的'三大战役'前夕,上海白色恐怖气氛越来越紧张。李先生授课时却巧妙结合工商管理主题,介绍苏联工商管理(其实那是苏联计划经济管理,制度严密,但比起当时旧中国民不聊生,老百姓是向往的,尤其是介绍苏联银行储蓄所遍布城乡,人民存取方便,不会受损,在那个年代,敢于介绍苏联是很不容易的。)还有王思立、祝百英的授课风采让人印象深刻。王先生的统计学授课条理清晰,中英对照,图文并茂,深受同学欢迎。祝先生的货币银行课程,一口宁波话讲得生动幽默,时不时引来同学笑声,还未听够下课铃就响了,大家都依依不舍。"

陆伯钊深有感触:"58 年过去了,除了上面提到的几位老师外,还有许多老师的授课风采还深深留在我的脑海中。母校为我们聘请了这么多的优秀老师,给我们传授专业知识,教我们分清是非,做一个真正的中国人。"②

当时通货膨胀,物价猛涨,教职员工生活没有保障。为了使他们尽可能生活得好一点,潘序伦想尽了一切办法。如每学期开始就将本学期的教师薪水,从所收学费中一次发给。学生的伙食也由学生会民主管理,预先购足一学期吃的粮食。这样,才保证了每学期上足 20 周课。

为了搞好学生的伙食工作,潘校长亲自下厨,核算柴米油盐的价格,同时决定每天派学生轮流下食堂监厨,防止贪污、偷工减料或粗制滥造之类的事情发生。学生们也愿意照此办理。这样一来,学生食堂的司务和厨师尽心尽力,将学生伙食搞得丰富,价廉物美。

潘序伦晚年在回顾他早年的办学历程时说过:

---

① 姜新祥:《章乃器老师》,2005 年 10 月 20 日《立信校友通讯》第 75 期。
② 陆伯钊:《难忘名师授课的风采》,2005 年 7 月 27 日《立信校友通讯》第 78 期。

我校之所以取得这些成绩,除了社会的需要,各界人士的大力赞助和事务所同人的协同努力外,我在办学方式上,采取事务所、学校、图书社三位一体,密切配合,协同办学,也是一个成功的经验。事务所可以为学校提供师资;图书社可以为学校提供教材和补助部分办校经费;学校培养出来的会计人才,参加工作以后,又回过来协助事务所和图书社发展业务。这样,相互配合,相互支持,相互促进,推动了"立信会计事业"的发展。我办了60年教育,深有以下体会:

(一)严格要求,精心培育。我凭自己求学的经验,治学素主严谨,重视教育质量,注意教学方法和效果。我亲自主持校务,一切坚持"认真"二字,对师生都是高标准、严要求。对教师要求认真备课,认真批改作业;对学生要求认真听讲,认真批改作业,认真做练习题。考核也是很严格的,考试成绩以70分为及格,还经常举办簿记、珠算、会计等学习竞赛。考试作弊者要开除学籍;一学期缺课三分之一者,不得参加期终考试;迟到早退三次者,以旷课一次计算,等等。我也十分重视学生的品德教育和体格锻炼,早晨都要带领师生一起做早操,并经常对他们进行会计职业道德和纪律教育,以培养他们有一个好的学风和工作作风。

(二)自编自教,切合实用。我校教师大部分是从事务所的会计师和历届优秀毕业生中挑选。他们从实际出发,自编讲义,经过两三个学期的试讲,不断进行补充修订,经事务所编辑科审定后,才能成为正式教科书,由图书社出版发行。读者普遍反映《立信会计丛书》是比较切合实用。

(三)边学边做,讲究实效。要掌握会计这门科学,如同医师一样,必须亲自动手实践,才能真正学到手。因此,我校非常重视实习,每节课都备有习题,并配备一位辅导助教,认真批改学生作业和解答疑难问题。对夜校学生,主要是帮助他们解决实际工作中的困难和问题;对正规日校学生,要求他们苦练珠算、书法和应用文等基本功,并利用会计师事务所与工商企业接触较多的有利条件,经常组织学生到工矿企业和商店参观实习。因此,我校的毕业生一到工作岗位便能马上从事实际工作。

(四)精打细算,勤俭办校。我历来提倡节约,讲究精打细算、勤俭办校。无论在上海、重庆,还是桂林、天津,开始时都是租用中小学夜间的空闲教室上课;或利用机关、团体、企业的房屋,和他们协作办校。每校除有两三位管教务工作的专职人员外,每班50名左右的学生,只有一名教师和一名助教负责管理。总务勤杂工作,大都是请租用和协作单位的职工兼办的。

那时夜校教职员和学生人数的比例,大体是 1∶20;就是正规的日校,也不过是 1∶10。房租、水电和办公用品都是处处节约,精打细算,因而学校经费每期都有节余。

(五)尊师爱生,团结友爱。我办学校的目的是为了培养下一代。所以,我总是从爱护的观点出发,对学生生活尽可能给予照顾,就业时尽力予以推荐。有的学生在校时虽感到我管理他们太严,但到了工作岗位后,才体会到"严师出高徒"的好处。许多三十年代夜校的老同学,至今还对"立信"有很深的感情,我想是和学校的尊师爱生、团结友爱的校风分不开的;特别是立信同学会做了大量团结友爱的工作,发挥了很好的作用。

总之,我校因为有一套严谨的教育制度,有一支理论结合实际的师资队伍,有一套完整系统的自编教材,有一批热爱母校的历届同学支持,使立信会计专科学校迅速发展壮大,为培养我国财会专业人才,促进我国会计事业的发展作出微薄的贡献。我想立信的上述办学经验,对于我们进一步办好社会主义财会教育事业,可能会有某些值得借鉴之处,因此,特回忆叙述出来,以供参考。当然,由于个人水平和解放前的社会条件,立信的这些经验也是不能不有它的局限性。[1]

潘序伦创办的学校、事务所、出版社这"三位一体"的会计教育事业,均以"立信"命名,绝非心血来潮。建立信用,被潘序伦奉为圭臬,成为办学至高无上的信条。可以这样归纳:"立信"是潘序伦教育思想的内核,它贯穿于潘序伦半个多世纪的办学实践当中。

早先,潘序伦取孔夫子《论语》中的"民无信不立"之义,采用"立信"校名。后来,在 1937 年 7 月,他又将"立信"作为校训,并引申为:

> 信以立志,信以守身,信以处事,信以待人,毋忘立信,当必有成。

潘序伦认为,从事会计工作的人,必须在立志、守身、处事、待人等方面,建立信用。无论对人对事,都要坚定不移地守信重诺,严禁弄虚作假。他深深懂得,建立信用对于事业会产生长远的影响。"立信"能够在社会上立足,得到壮大,确实与立信精神不可分割。

---

[1]《潘序伦回忆录》,中国财政经济出版社 1986 年 8 月版,第 33~35 页。

对"立信"这一校训,潘序伦不仅经常对学生讲,而且在同事之间也时常互相勉励。他利用一切机会,如开学典礼、毕业典礼以及其他全校性的集会,不遗余力地弘扬"立信"精神,不失时机地进行会计职业道德教育。赵友良回忆说:"潘老师强调'信'为守身处事之本,但他对'信'的阐释是辩证的。记得有一次,他到教室里来听听同学意见。同学们请他讲几句话。他点头同意,就说会计在技术上并不难学,难的是会计人员如何立身处事。他说关键是一个'信'字。但守信是双方的事情。当对方失信时,你们怎么处理?他提出问题却不作结论,而引述了一个故事:鲁国有个人叫尾生,与女友约定在桥下相见。到时间了,女友失约没有来,而河水来了,尾生抱着桥柱不走,结果被水淹死了。当时大家觉得这个故事很形象地说明死守信用的害处,现实中大概不会有的。不料后来我却看到了'尾生'式的会计人员:有个企业的应收账款中,一外地客户欠款有增无减,我问会计为什么对这个客户只发货而不收回货款。他说,遵守合同按期发货,他们不按合同规定归还货款,有什么办法呢?意思是错在已不自觉地做了抱柱而死的尾生。目前有些企业三角债越积越多,其中也可能存在类似尾生式的守信情况。想不到潘老师几十年前讲的话,仍具有指导现实的意义。"①

1941年,学校第一届学生即将毕业,潘序伦为了使同学们能加强对学校办学方针和对时代的认识,约请词曲作家潘佰彦、丁善德谱写了立信校歌,内容如下:

美哉,校之名;大哉,校之训。立信,立信,正其本。学万千,此则一,会计当而已,今古应无异。

百业兴兮裕民生,万商集兮衡重轻;财物兮充盈,平准兮无争。

愿吾同学努力迈前程,矢艰贞,翊赞建国大功成。昭其信,正其名。

这首校歌歌词,是潘序伦约其堂兄、时任圣约翰大学国文教授的潘佰彦先生写的。潘佰彦古文根底深厚,他作的词言简意赅,句式、韵律流畅多变,说它辞理并茂,似非溢美。

立信校歌歌词为三段。第一段"美哉,校之名;大哉,校之训。立信,立信,正其本。""立信,立信,正其本。"用"立信"二字则揭示了校名,尤其是校训的根本,

---

① 赵友良:《纪念潘序伦老师百年诞辰》,《立信学刊》1993年特刊。

惟其"根本"，才说"美"，才说"大"。"大"，指的是校训内在含义重大。

"学万千，此则一，会计当而已，今古应无异"。"学"，指学问、学科；"当"，即账实相符；或释为"值"，即所谓物有所值。全句说世界上学问、学科极多，会计只是一门，会计最要紧的就是"当"，拿现在的话说，就是只做账实相符的真账，不做假账。为什么跟着又说"今古应无异"呢？因为"会计，当而已"是孔子遗教，《孟子·万章》下篇引用了孔子这句原话。孔子当过管仓库的小吏，这应属经验之谈。潘序伦认为，这话在孔子时代是正确的，在现时代也是正确的，所以说"今古应无异"。孔子说"会计当"，前总理朱镕基说"不做假账"，潘序伦说"立信"，可谓异曲同工，英雄所见略同。

下面四句是校歌的第二部分。四句由两个对子组成，用了古文修辞中的"互见"法。所谓"互见"，即语句间相互补充说明。四句话有两层含义：一说"百业兴""万商集"，就会"财物充盈"，民生丰裕；二说"百业兴"了，"万商集"了，就要"衡重轻"，衡得好，才能"无争"，和谐发展，从而确保民生丰裕。怎么"衡"呢？就是对子所说的"平准"。司马迁《史记·平准书》和班固《汉书·食货志》对这一概念均有涉及。"平准"是西汉常用的经济概念，后世注家多有诠释。就歌词看，理解为以公平的税负平抑物价似较为合适。

还有就是"衡重轻"。"衡"指权衡；"重轻"就是轻重，歌词不说轻重，而说重轻，是音律的需要。"轻重"是我国古代更早的经济概念，管仲说轻重的文章很多，梁启超的《管子评传》作了详备的引证、透辟的评析。他认为，管仲轻重说的"枢纽""不外操货而以进退百物"。大要做法是对全国所有财产"悉簿籍之，准其数以铸币"，则货币与"供求相剂，而无羡不足之患矣"。所谓"悉簿籍之"，就是造表登记所有财产，当然这主要是会计人员的事情。

"平准"需要"会计当"，"衡轻重"也需要"会计当"，这部分的主要意思就是咏唱"会计当"在国计民生中的重要作用。

校歌的第三部分唱道，"愿吾同学努力迈前程，矢艰贞，翊赞建国大功成。昭其信，正其名。"这里的"矢"，与"誓"音义俱同；"艰贞"，艰难危急中保持贞信；"翊"和"赞"都是辅助的意思，连在一起，强调辅助；"昭"，昭示；"正其名"与开头的"正其本"都是使动句。全句勉励立信同仁以"矢艰贞"，助成建国大业的实际行动来表明我们的诚信，为立信会计正名争光。

"愿吾同学努力迈前程"是白话文九字长句，"矢艰贞"却是文言文三字短语。前三句是散句，后两句却用对偶。文白相间，骈散并用，文随意走，控纵自如，促节文音,鼓荡人心。这种长处,跃然全诗。[①]

这首校歌出来后,传诵一时。抗日战争复员回沪,立信的校歌乐谱没有改变,歌词内容略有改变。

潘序伦用人不任人唯"亲",宜兴潘氏家庭人员到上海投靠他而进入立信学校或事务所的,先后有 23 人,约占事务所的教职员总数的四分之一。但他们没有一个在事务所内占据重要职位,都是锻炼一段时期后介绍到别处工作。其中有很多成为专家、教授,如潘志扬、潘勤孟、潘达元、潘可群、潘沛霖、潘秀章、潘更苏、潘生元、潘景元等人,他们或在立信本校毕业,或从其他大学毕业后在事务所工作,职位一般为助理员、书记、助教、稽核员等,在 30 岁左右就离开事务所了。潘序伦的女婿管锦康虽然家境清寒,但勤奋好学,潘老培养他进大学。管锦康留学美国归来后,在京、津、沪等执行会计师业务。然而,潘序伦没有让他继承立信会计师事务所的领导职务。

潘序伦经常提起中国的一句古话:"贤而多财,则损其志;愚而多财,则益其过。"并以此鞭策自己。他认为,多财不一定是坏事,但一个人若多了财富,应当先考虑用财之道。潘序伦的聚财用财之道,就是"取之于社会,用之于社会;取之于会计,用之于会计"。

就拿收取学费来说,潘序伦对那种把学校办成"学店"的做法深恶痛绝,因而所收学杂费极为低廉,对一些贫困者,还给予减免。尽管收入不多,但每学期仍有节余。潘序伦就用这些钱为学校购置多处校舍,并屡次捐给学校建房资金。为了"立信",他甘愿倾尽所有。

潘序伦治学严谨,十分重视教育质量、教学方法和教学效果。他一切坚持"认真"两字,无论师生都是高标准、严要求。对教师要求认真备课,认真批改作业;对学生要求认真听讲,做好练习题。考核也很严格,他规定成绩以 70 分为及格,作弊者一律开除学籍。对此,孙庆元回忆说:

> 潘老十分重视学生的职业道德教育,认为财会人员最重要的职业道德标准是诚实。所以,潘老在课内外总是不厌其烦地对学生讲解、辅导,但对考试作弊,则是深痛恶绝的。最典型的事例是,在一次考试中两个学生作弊,当时教务长曾为那个让别人看考卷的学生求情,要求减轻一些处分,然而潘老认为,贪污和行贿同样是犯罪,这样的人没有资格担任财会工作,断

---

① 顾炎甫:《言简意赅　辞理并茂》,2006 年 3 月 20 日《立信》校报。

然将这两名学生开除。上海立信复校之初，潘老曾说过："我们学校非常重视职业道德教育，几十年来未发现毕业学生因贪污行贿而判刑，你们现在能否做到这一点？"这是否可理解为，这是潘老在学生思想教育中强调职业道德教育的一条重要原则。

在教学上，潘老非常重视理论与实务的结合，也就是理论联系实际的原则。这无论是在课堂教学，还是在教材编写以及师资配备上均有体现。立信一贯非常重视现实习课，习题用纸往往是空白的横格纸。要建立哪些账簿、设置哪些账户、编制哪些会计分录，都要由学生自己安排。如果在习题演算时发生错误，决不允许涂抹或用橡皮擦去，而是要求如同在账簿上一样整齐地用红色双线划去予以改正，甚至盖上学生的小图章以示负责。教材的编写，要求有理论、有实例，每章后的习题，既要有与例题相似的题目，也要求有必须由学生独立思考才能完成的题目。立信会计图书用品社所出版的教科书，往往是由教材、习题集、习题详解（供教师用）以及习题用纸配套成龙。师资，既有较高理论造诣的专职教师，又有丰富实践经验的兼职教师，既有利于理论联系实际，又可避免近亲繁殖。这样的专、兼职相结合的教师结构，在立信来讲，并不是由于临时缺乏师资的权宜之计，而是一项长远的政策。因此，可否认为理论联系实际是潘老的教学方针。[①]

为了办好"立信"，潘序伦主张"学验并重"，讲究实效。他认为，要掌握会计这门学科，如同医师一样，必须亲自动手实践，才能真正学到手。因此，他非常重视实务训练，要求学生打好珠算、书法和应用文写作等基本功。此外，他还利用会计师事务所与工商企业接触较多的有利条件，组织学生到工矿企业和商店参观实习，增加感性知识。因此，立信的毕业生一到工作岗位，马上就能从事实际工作。

这种"立信"思想，不仅是潘序伦办学的宗旨，同时也对他的人生产生了很大影响。特别是在政治面前，他更是公正有信。

出于潘序伦在会计界的名望，国民党政府请他任职。然而，旧中国官场的黑暗，使他深谙这里绝非久留之地。在很短时间内他就提出辞职，继续致力办学。

潘序伦涉足国民党官场，先后有三次。

1931年冬，潘序伦暂停执行会计师业务，去南京国民政府担任主计处的筹

---

① 孙庆元：《怀念潘老，努力办好立信事业》，《立信学刊》1993年特刊。

备委员,主任委员为陈其采。1932 年春,潘序伦被国民政府简任为主计处会计局副局长,局长是秦汾。秦汾是一位学工科的留美硕士,根本不懂会计,但他跟随宋子文工作多年。当时主计处的筹备主任、后来被特任为主计长的陈其采,和潘序伦并不相识,出于仰慕潘序伦的"名会计师"的名声,特邀潘序伦去会计局担任副局长职务的。

因为秦汾和宋子文的关系好,所以让潘序伦屈居副职,而把不懂会计业务的秦汾任命为正职。会计局的权力掌握在秦汾手中,这种官场人事的丑恶内幕,实在使潘序伦不愿久留。因此在刚刚任命不久,他即辞去了这个职务,回到上海仍从事会计师业务。

潘序伦这次涉足会计官场,时间不足半年。

1946 年 5 月,在立信校董会担任副董事长、时任商务印书馆总经理、在重庆任"国民参政会"参政员的王云五,以无党派的身份被国民政府特任为经济部部长。王云五那时也想找一个无党派人士充当他的副手,以表示他的独立不偏的姿态。潘序伦那时也是一个无党派人士,因此王云五推荐潘氏担任了经济部的常务次长。其实,常务次长所主管的只不过些日常事务,如私营企业的登记、变更、停业、破产等。当时任经济部主任秘书的是徐百齐,他原在商务印书馆担任王云五的秘书多年,称得上是王云五的得力助手。王云五把一枚印章交给了徐百齐,凡是部内无关重要的事务,照例先要潘序伦这位常务次长"画行"(就是在常务次长名下画一个很长的"行"字)签名,最后主任秘书可以把部长交给他的印章在部长名下发出,不必再交部长"画行"。因此,主任秘书处理部内例行公务之权实际上超过了潘序伦。

潘序伦在经济部担任常务次长只有一年,1947 年 5 月就随同王云五一起辞职了。这时候,潘序伦的学生赵友良曾到南京的经济部去访问过,赵友良忆述道:

> 1947 年,我在上海执行会计师业务,因事去南京,住在中央政大校友会(介寿堂),离经济部很近。当时潘老师任经济部常务次长(副部长)。我在审计部工作时去见过他。潘老师不是热衷于做官的人,只不过碍于部长王云五的情面而出任次长。他虽身居显要而心在会计事业,不住官邸,只身下榻于部内。我知道他不参加官场应酬,也甚少社交活动,准能见到他。果然,他一个人在灯下看书。我直截了当地说明已辞去审计部工作而在上海执行会计师业务,请他指点一二。他欣然地说,你做过审计工作,执行会计

师业务就不难了。但审计工作如有疏漏错误，可以再审查；会计师查账如果粗心大意，没有查实而作出证明，使委托人和有关方面受到损害，就要负经济责任和法律责任，风险很大，要特别慎重。他给我分析当时上海会计师状况，说有的会计师造假账，作伪证，帮助企业偷税漏税来发展业务。这种会计师迟早要出毛病。当时他谈兴很浓，引了一则典故（可能出自《吕氏春秋》或《韩非子》，已记不清了），说某甲有一妻一妾，妻端庄，妾轻佻，与某乙私通。后来甲死了，人们都认为乙将娶甲妾为妻。乙说，我不娶其妾而要娶其妻。他把不正派的会计师比之为轻佻而行为不轨之妾，最终被人抛弃。是非爱憎，非常分明。他以讲故事方式，导人于正，使学生们懂得立身处事的道理。[①]

1947年秋，王云五又改任国民政府行政院副院长。当时的行政院院长宋子文，推荐王云五兼任"善后事业委员会"主任委员，王云五又推荐潘序伦为该会的副主任委员兼秘书长。这个所谓的善后事业委员会原想接管一些"美援"机关，但并未成功。因此，这一"委员会"便成了有名无实的空闲机关，他的这个副主任委员兼秘书长也终日无事可做，每月坐领干薪675元法币，而这只够他每星期从南京回上海的路费。

因此，潘序伦在那里干了不到半年，就辞职回到了上海，仍操会计师旧业，并兼任私立立信会计专科学校校长职务。

这就是潘序伦先后三次涉足官场的简单经过，时间总共不到两年。

后来当王云五被国民政府特任为财政部部长时，王云五曾从南京打长途电话到上海找潘序伦，说是有"要事"面谈，要潘序伦即刻去南京。

潘序伦只得连夜乘车赴南京见了王云五。原来王云五是他要其担任政务次长，并说："财政部的政务次长与部长职务只有一步之差，不久便会当上某些部长之职。"潘序伦当时已认识到国民党政府内部腐朽不堪，贿赂盛行，料定它不会久长，因此，当晚即留书向王云五告别，乘夜班火车返回上海。事隔数月，王云五就因发行"金圆券"，受到全国人民的唾骂……

走笔至此，说一件轻松的事情，那就是潘序伦做媒"低了一辈"。潘序伦在兄弟辈中排行第四，故字号起名秩四。潘序伦有一个堂侄叫潘景元，潘序伦非常喜欢。潘景元在青年求学时，受到潘序伦的资助才完成学业，工作后又曾较长一段

---

① 赵友良：《纪念潘序伦老师百年诞辰》，《立信学刊》1993年特刊。

时间追随潘序伦,深得潘序伦的垂爱。

潘序伦还有一位在沪工作的同乡沙彦楷,他们一直以同辈乡谊友好相处。沙彦楷的孙女沙庆喜,与潘景元年龄相仿。一次,在交谈中,潘序伦向沙彦楷提起侄子他们的婚事。1946年春天,潘序伦和沙彦楷一起以家长的身份参加潘景元和沙庆喜的婚礼。潘序伦风趣地对沙彦楷说:"这次联姻,我吃了亏——低了一辈。"众人听罢大笑。

第八章　斗争浪潮

一

几十年来,潘序伦创办的立信会计学校培养了数以万计的毕业生,分布海内外 20 多个国家和地区。在这里涌现了以伟大的思想家顾准为代表的杰出校友,是值得全体立信同仁骄傲的。立信元老李鸿寿说过:

> 立信毕业同学数以十万计,遍布全国各地(包括台湾、香港),特别是在北京和上海。他们中有的担任校长、教授、研究员;有的在中央各部、署任司、局长;有的在各省市任局长、副局长;有的在大型厂矿任厂长、经理、总会计师。许多人有专著、论文,有精辟的见解,有丰富的经验。此外还有一些在国外担任教授、经理、开业会计师。我在参加各种全国性的会议时,每次都见到许多从各地来的立信校友,他们热情地询问母校的情况。1984 年出国访问,在国外也遇到立信校友;回程路过香港,立信会计海外校友会举行招待会欢迎我,他们听到母校的蓬勃发展,蒸蒸日上,新校舍正在筹建都非常兴奋。潘老是桃李满天下! 有辛勤的耕耘、灌溉,才能看到桃李花开,果实累累。①

潘序伦创办的立信会计学校,是一所具有光荣革命传统的名校。前面已经提及,立信会计学校是以补习夜校为基础发展起来的,学生大都是工商企业的基层小职员和练习生及失业青年,他们或苦于无一技之长,或因为失学、失业来校

---

① 李鸿寿:《立信会计　永展光辉》,《立信史话》,立信会计出版社 1993 年 11 版,第 34 页。

学习。这些年轻人对当时的生活现状是不满的,富有革命心和进取心。

当时,毕业于中华职业学校商科的顾准进入事务所工作,后来担任事务所学校部主任,并在立信会计补习学校任教。顾准学习刻苦,思想进步,与广大同学有着密切的联系。当时正值日本帝国主义者开始大举侵略我国。"九一八"事变后,全国人民奋起救亡,学生们的爱国热情也十分高涨。

在民族觉醒的高潮中,经顾准的组织推动,立信同学会成立,李建模被推选为第一届执委会主席。同学会开展了多方面的活动,如举办讲座,请进步人士作时事、经济、哲学方面的专题演讲,启迪同学的思想,激发爱国热情;参加支援抗日的募捐,以表达抗日的决心。同学会通过各项活动,团结了更多同学、校友,发展了会员。顾准、李建模后来都参加了中国共产党的地下组织。在党的领导下,同学会宣传进步、民主,更加发展壮大起来。

同学会成立不久,即由顾准主编,出版了《会计季刊》。这是我国最早的会计学术刊物之一。该刊出了四期,自第二卷起改名《立信会计季刊》,由立信会计师事务所接办。同学会还筹组"立信会计学会",进行专业研究。1936—1937 年,同学会编纂发行了《会计学报》,共出了四期。这些刊物的大部分文章,都是由同学们根据自己的实际工作经验撰写的,包括各行各业的会计制度等,具有一定的学术水平。同学会还经常邀请社会名流、学者,如马寅初、李公朴、黄炎培、马叙伦、章乃器等,举行学术讲座或时事报告;组织同学到工厂参观学习。此外,为了联络各地同学感情,交流工作经验,沟通情况,报道会务活动,从 1934 年起,同学会创办了《友讯》小册子,断断续续发行,直到上海解放。1942 年同学会在重庆也出版过《立信通讯》。上海的立信同学会,在毕业时大都要印发纪念册,记载各个时期同学会的工作,这些刊物对切磋学术,交流经验,联络感情,促进同学会的壮大发展,都起了很好的作用。

潘序伦当时是一位无党派人士,但对抗日是拥护的,他的爱国之心是和同学们相通的。何况同学会的壮大,对立信会计事业也有利。因此,潘序伦对顾准、李建模这些有志气、有抱负、有才华的青年是很器重和爱护的,对同学会是很支持的。潘序伦后来说过:"我与事务所以及学校同仁,都是积极鼓励、大力支持同学会这些活动的。"[①]

1934 年,在同学会活动的基础上,由顾准发起,组织了一个马克思主义学习小组,名为"进社"。第一批 8 名成员中有 6 人为立信校友或同学,即顾准、李文

---

① 《潘序伦回忆录》,中国财政经济出版社 1986 年 8 月版,第 44 页。

泉、沈尉平、李建模、童志培、李少甫。以后,进社成员逐步发展到近 30 人,多数也都是立信校友、同学。进社最初以发动阅读进步书刊为主,在先后接受"远东反帝同盟"和"中国民族武装自卫委员会"(简称"武卫会")的领导之后,开始积极参加社会活动。1934 年下半年,"进社"解散,大部分成员转为"武卫会"会员,立信同学会便成为"武卫会"开展群众工作的基点之一。由此,立信同学会就直接在中国共产党的影响下进行活动了。

1935 年,当时的北平爆发"一二·九"爱国学生运动。立信同学会积极组织同学参加在上海举行的示威游行,发扬了爱国热情。

1936 年,立信同学会组织"歌咏班",请孙慎教唱抗日歌曲,进而组织"歌咏队",并参加由上海救亡歌咏团体成立的音乐研究会,接受冼星海、吕骥、麦新、孟波等教师的讲课辅导,以更好地开展抗日歌咏活动。同年,同学会又组织"立信剧社"排演抗日剧目,首次演出在四川路青年会大礼堂,取得很好效果;后来又在大场顾家宅演出《放下你的鞭子》《夜》等剧,受到农民的欢迎。参加演出的同学、校友有王曼秀、尉迟缨、于首、顾也鲁等人。

1936 年 10 月 19 日,伟大的思想家鲁迅先生病逝,立信同学会发动同学去万国殡仪馆瞻仰遗容,22 日参加上海各界人士组织的安葬仪式,聆听到中共中央和毛泽东同志悼念鲁迅的唁电。

立信同学会的活动,紧密结合上海当时高涨的抗日爱国运动。立信同学会还为"武卫会""社联"等进步组织翻印宣传品,积极宣传"武卫会"的《中国人民对日抗战基本纲领》,得到许多同学的拥护。

1937 年,抗日战争全面爆发,全国的爱国抗日运动更加高涨。在顾准(他于 1935 年 2 月加入中国共产党)的关怀和指导下,陆修渊、霍柯、高云樵、吴履绥等同学、校友共同商量如何利用上海租界沦为"孤岛"之后的条件,恢复一度陷于停顿的同学会的活动。经陆修渊倡议,他们组织了读书会。读书会的成员陆续增加,他们除自行开展读书活动外,还组织骨干分子参加地下党组织举办的现代知识讲座,较系统地学习辩证唯物主义、社会发展史、政治经济学等革命理论,使参加者思想上得到了武装,更坚定地投入抗日救亡运动,恢复和发展同学会的活动。1938 年,立信同学会举行选举,陆修渊被选为主席,高云樵、吴履绥、唐根才、江爱纯等为执委。

图书馆由校友沈家校负责。读书会活动恢复后,为纪念曾任同学会主席、热心图书馆工作的张明荣同学(于 1936 年病逝),读书会发起征书活动,征集到鲁迅、高尔基及许多进步作家的书籍共千余册,供同学们借阅。

"立信话剧团"同时恢复活动,在教室中演出《放下你的鞭子》,激起广大同学对日本侵略者的仇恨,效果很好。他们还经常演出许多进步剧目以及剧团自己创作的不少短剧,对宣传抗日救国起了一定作用。

学术部由黄华群校友负责。该部恢复举办会计学术讲座,请立信母校教师讲高等会计、成本会计等各项专题,并请各行业的专业人员分讲保险、金融等专业会计,组织同学到工厂、商店参观,使广大同学能够学以致用,提高了专业水平。

由于同学会活动的活跃开展,会刊《友讯》也相应复刊,由唐根才主编。会刊及时报道了会务动态,每期发行500份,分寄各同学校友。

1936年,上海职业界救国会成立,顾准任该会的党团书记、职员支部书记。顾准对立信同学会非常关心,经常和陆修渊、高云樵、吴履绥等共同研究如何开展同学会的工作,还鼓励很多人参加职救会和益友社等社会团体。立信同学会在顾准的帮助指导下,与党领导下的上海银钱业业余联谊会、华联同乐会、益友社等进步组织建立了密切的联系,成为团结各行各业中下层店职员的基础。1940年,同学会已扩大到300多人,陆修渊因顾准动员他转至益友社工作,同学会经过改选,由高云樵接任主席。

1941年,太平洋战争爆发。同年12月,日本侵略军占领租界,在日寇的铁蹄下,同学会被迫停止了活动。很多同学奔赴外地,大部分去了四川重庆。经过酝酿,这年冬天,重庆立信同学会成立,周信、吴履绥等为干事。该会运用聚餐会方式进行活动,餐前请立信教师和学术界人士作报告,经常参加活动的有六七十人。周信等人后又组织"求智聚餐会"和"互助生活社"。每次聚餐会,他们都邀请民主进步人士,如金仲华、章乃器、沈钧儒、章伯钧、罗隆基等前来演讲。演讲主题都是围绕着抗战和民主问题,活动对同学们确立抗战必胜的信心和投入争取民主的斗争,都产生了很大影响和推动作用。

立信同学会和求智聚餐会作为民主团体的代表,参加过欢迎中国共产党的政协委员在伦白堂举行的政协报告会,听取周恩来关于《论联合政府》的报告等活动,在当时颇为引人注目。立信同学会还先后多次组织与会计专业有关问题的研究讨论,并由周信、施明璋负责编辑刊印《立信通讯》,登载会计学术研讨专文,报道会务动态。

1945年8月,日寇投降,中国人民坚持八年的抗日战争终于取得了最后胜利。随后,立信会计专科等各类学校相继迁回上海,从四川等地陆续返回上海的校友,与留在上海的校友会合在一起了。不少校友已参加了党组织。经过努力筹划,立信同学会迅速恢复活动,高云樵被推选为主席。以后又成立立信校友会,袁恒通、陆修渊分别被推选为正、副主席,具体负责会务的是周信、吴履绥、高云樵、陆修渊、周信、吴履绥。同学会、校友会的积极骨干梁汝瑚、徐正凡、黄浦、任锦、上官牛耳、杨成德等都是地下党员。在当时的特殊情况下,党员虽然分属地下党职委的不同行业的党组织,有的是单线联系,相互之间并不了解彼此的政治身份,但都能密切配合,共同按照党的"勤学习、广交友"指示精神,以实际行动为同学、校友服务,千方百计为失业同学找工作,关心青年同学的生活,宣传党的主张,赢得广大同学和校友的拥护、支持,从而推动了同学会、校友会活动的有力开展。同学会、校友会每月举办一次"星五聚餐会",吸收工商业界事业有成的校友参加,每次有 100 多人,如袁恒通、陆修渊、周信等都是当时的积极分子。在此基础上,他们开展了协助潘序伦筹募建造立信会计专科学校新校舍资金等项公益活动。1947 年,在中共地下组织"职委"的店员工作委员会的直接领导下,立信同学会、校友会建立了党小组,成员有周信、高云樵、吴履绥等。同年,地下党为加强上海各补习学校的党委工作,党的补校委员会成立。在补校委员会领导下,立信建立了党支部,由梁润任支部书记。1948 年,党支部力量增强,经过调整,由周宝训任支部书记,党员有卢栋华、梁润、吴天钧、吕飞巡、黄秉乾、周衍、方善昌、罗宾、周士谋、司徒金康等,以后又有其他地方转来的党员。有了党组织的直接关心和指导,立信同学会、校友会的工作更加生机蓬勃。

由同学会负责的图书馆经过努力,恢复开放。在几年停顿之后,原有的书籍、报刊已失散殆尽。黄浦校友利用他任立信会计学会会计兼教员身份的方便,会同谢宗玄、傅鹤鸣等校友努力整理书刊,并开展第二次征书活动。活动征集到上千册图书,加上用同学、校友的捐款,订购了不少进步报刊,使图书馆得以开放。图书馆内还开辟了"小小阅览室",举办读书会。读书会经常有一二十人参加,他们阅读讨论《大众哲学》《政治经济学》等书籍。同学、校友从图书馆获得了精神营养,很多人成了同学会、校友会活动中的积极分子。

由同学会、校友会举办的报告会,先后请马叙伦、马寅初、宦乡、张锡昌等主讲政治经济形势,每次有一二百人参加。他们还举办了文艺讲座,请作家、诗人来讲学。他们除恢复编印《友讯》外,还办有《火炬》《交流》等油印刊物和图文并茂的大型壁报,用于开展和平、民主、反内战的宣传。

立信歌咏团恢复活动后,更为活跃,任锦、上官牛耳为正、副团长。歌咏团每星期日晚间组织歌咏活动,聘请周一丁、马铁飞等当指挥,教唱进步歌曲和民歌,如《山那边呀好地方》《茶馆小调》《我们的队伍来了》《黄河大合唱》《太阳出来了》

等。歌咏团参加过为上海各界赴南京请愿代表送行的集会，也经常和其他进步团体的歌咏组织联合演出，扩大了进步、民主的影响。一批进步同学如陈景林、梁文鸾、黄秉乾等，几年如一日为歌咏团印歌词，写文章，编《歌讯》刊物，发挥了积极作用。

以黄俊、罗炎为正、副团长，唐根才为导演的立信话剧团，先后排练和演出著名作家熊佛西、陈白尘创作的《刽子手》《县官升堂》等剧和其他进步剧目。这些剧主要是揭露旧社会的黑暗，反映人民群众尤其是店职员的苦闷和呼声，引起了强烈的共鸣。另外话剧团还举办戏剧讲座，出版《立信剧讯》。以梁润、梁文鸾为主的舞蹈组排演过《王大娘补缸》，颇得好评。

通过同学会、校友会的活动，壮大了进步力量，团结的同学越来越多，到1948年，已拥有会员3000多人。立信同学会、校友会在当时上海的补习学校中，被视为相当活跃的民主进步社团。立信的同学、校友积极参加民主爱国斗争，政治热情高涨，在社会上产生了较大的影响。

1946年6月，上海人民反对国民党内战独裁，争取和平民主的斗争形成高潮。6月23日，上海各界群众数万人齐集北站，欢送和平请愿团赴南京请愿。会后举行示威游行，立信同学会打着横幅走在补习学校游行队伍的前面。

1946年9月，上海三轮车工人被美军打死。同年12月，北京大学女生沈崇遭美国士兵强暴。同学会通过召开座谈会、发动签名、发表抗议书等方式，表达了对美军暴行的愤慨之情。

1947年2月9日，上海市三区百货业工会在劝工大楼召开"爱用国货，抵制美货"大会，立信同学会、校友会有多人参加，国民党特务捣乱会场，殴打群众，永安公司职工梁仁达被特务打死，立信学校文书员陆炳麟被打伤，立信同学会迅即组织"二·九"惨案声援会，发动同学捐款慰问受难者的家属。

1947年10月，浙江大学学生会主席于子三，被国民党特务杀害于杭州监狱。消息传来，群情激愤。立信同学会、校友会发动募捐，很多同学、校友捐款捐物，校长潘序伦，副校长李鸿寿、陈文麟，教务主任甘允寿以及其他教师、助教，都带头参加捐款。募捐花名册在学校公布，以此揭露国民党特务的暴行。当时，在国民党高压统治下，立信同学、校友支持正义的行为是难能可贵的。

为了破坏上海的学生运动，1946年，国民党搞了一个"上海市学生总会"，把黑手伸进了立信会计补习学校，成立了所谓"上海学生总会第77立信分会"（简称"77分会"），另搞一些反共宣传活动，与进步的立信同学会、校友会唱对台戏，并对同学会、校友会的工作进行捣乱破坏，对一些同学、校友进行盯梢、监视。他们这种胡作非为,引起了广大同学、校友的憎恶和鄙视。

1947年下半年,立信同学会改选。"77分会"里的几个成员公然进行破坏,就在开票那天,选举箱突然不见了。经四处寻找,终于在校门外的垃圾箱里找到了它。开票结果:高云樵、周信、黄浦、任锦、上官牛耳、吴履绥等当选为执委,高云樵被推举为同学会主席,周信、黄浦为同学会副主席。"77分会"的人都落选了,这显示了立信同学、校友的团结和进步力量的壮大。

1948年,国民党政府面临全面崩溃的局势,加紧推行高压统治,白色恐怖笼罩上海。国民党反动派在血腥镇压申新九厂罢工和电力公司罢工,大肆逮捕各大专院校学生之后,又在该年10月制造了"利群书报社案件"。他们以查缉从香港寄来的进步刊物为由,查封了利群书报社以及黄河书店、海燕书店等,把书店职工全部抓去。立信补习学校党支部书记周宝训路过黄河书店,进去探望朋友,被特务抓去。他身上带有同学会文艺班地下"新青联"组织的活动情况和党员周士谋写的有关积极分子的情况,这些一并落入敌人手中,从而使黄浦、赵通等14名校友、同学被捕。另外,由于"新青联"组织被破坏,又使赵寿光、焦伯荣、郑伟景被捕。校友黄秉乾、吕飞巡因执行组织上布置的保护同学会积极分子躲避撤走的任务,被潜伏的特务抓住。高云樵因到周宝训家里探望也被抓住。尽管国民党反动派的这次镇压暴行,使立信同学会遭受了损失,但黄浦等在狱中表现英勇。他们虽遭受各种酷刑,但始终未暴露身份。黄秉乾、吕飞巡、周宝训腿都被打瘸了,仍坚贞不屈。在立信,党的组织仍然坚强地存在,卢栋华等党员经组织决定,及时转移,被送往苏北解放区。周信、吴履绥、上官牛耳等党员按照党的指示在立信坚持开展工作。同学会的活动仍在多方努力下进行:话剧团在黄俊、唐根才的带领下,以悲愤的心情继续创作演出;歌咏团怀抱向往光明的深情,继续练唱《解放区的天是明朗的天》等进步歌曲;同学会还举办了政治经济学、大众哲学、社会发展史、时局形势等多次学习讲座。周信、吴履绥、上官牛耳、唐根才等,除了把被捕同志的工作全部挑起来外,还承担了营救被捕同学,募捐救济受难家属等新任务。

被捕的立信同学、校友,在狱中经受了种种重刑——老虎凳、电刑、灌辣椒水、夹竹片、照强光灯等等都尝遍了,仍然坚贞不屈,弄得敌人无计可施。

他们还在狱中和难友们一起与反动派做斗争,在极度困难的条件下,举行了绝食斗争,以示反对敌人的迫害,支持难友要求改善狱中生活待遇。同学会为了揭露反动派的真实面目,除用探监送衣机会沟通狱内外的情况以外,还由周信、吴履绥、唐根才、黄秉炎(黄秉乾之弟)在校方的支持下,召开了多次被捕师生家属座谈会,公布案件真相,揭露国民党特务机关的罪行,组织被捕家属后援会向社会呼吁,开展要求释放政治犯的请愿斗争。

由于被捕的立信同学、校友较多,潘序伦对此甚为焦虑,积极寻求办法营救。这与地下党的同志不谋而合。他们争取把敌人逮捕进步人士的罪行公诸社会,争取广泛的支持。他们认为,只有公开案情,才能阻挠敌人进一步陷害的阴谋,狱中同志的安全才有比较可靠的保障。

因此,在地下党的指导下,被捕人员很快组织起来,并得到潘序伦校长和立信补习学校教务主任甘允寿的支持。

在潘序伦的授意下,甘允寿代表校方率领吕飞巡的母亲、周宝训的妻子、黄秉乾的弟弟等七八位被捕家属代表,到国民党市政府找市长吴国桢,到警备司令部找司令陈大庆交涉。当遭到拒不接待时,甘允寿等找到当时的市府记者休息室,向记者们公布立信师生受到迫害的情况,上海各主要报纸次日都作了报导,向全市人民控诉了国民党反动派镇压革命群众的罪恶阴谋。《文汇报》《大公报》都称:"立信会计学校二十多人被无辜逮捕。"当时,敌人正在搞"假和谈",这些公开的营救活动,形成了社会舆论,使敌人陷于被动。

1949年春节,曙光在即。立信校友会在虎丘路会址的小舞台上,演出活报剧《迎春曲》。此剧由唐根才编导,话剧团、歌咏团、舞蹈组的许多同学、校友都满怀激情地参加了演出。全剧将多首激昂的歌曲贯穿在一起,借用传统贺年的习俗,以明朗昂扬的歌咏、舞蹈、朗诵、对白等多种方式,表达一个主题:严冬即将过去,春天就快来到。演出的气氛非常热烈。

1949年5月,中国人民解放军向上海挺进,上海即将解放。立信同学会、校友会深切怀念尚在狱中的战友,满怀革命激情,积极投入迎接上海解放的准备工作。国民党反动派在垂死前竟下毒手,于1949年5月7日深夜,将立信同学、校友周宝训、黄秉乾、吕飞巡和中共上海地下市委的电台负责人李白、秦鸿钧、张困斋,地下学联严庚初,民主党派人士焦伯荣、郑显芝以及其他案件的杨竹泉、朱聚生等12位革命志士在浦东戚家庙秘密杀害。

上海解放后,1949年6月19日上午,由上海市学联、上海高级机械职业学校、立信同学会和校友会等十几个团体联合组织,在上海高级机械职业学校礼堂为周宝训、黄秉乾、吕飞巡、严庚初、赵寿先、郑伟、焦伯荣7位烈士举行追悼会,到会1 800多人。会场庄严肃穆,上海总工会敬送了"永远活在人民心中"的挽联。追悼会由立信同学会、校友会主持,原中共地下党上海市委书记张承宗讲话,号召向烈士们学习。卢栋华代表烈士生前战友致悼辞,烈士所在单位代表也

——致辞。当天晚上还在立信校友会的小舞台上，演出了活报剧《讨还血债》，再现了烈士们宁死不屈的精神，歌颂了共产党人的铁骨红心。

立信校友周宝训、黄秉乾、吕飞巡和许许多多革命先烈为了中国人民的解放事业献出了他们宝贵的生命，人民会永远纪念他们，立信广大的同学、校友将永远纪念他们。他们的英勇精神，必将永远激励立信的莘莘学子前进！

1949年6月，解放区南下的校友和在上海坚持斗争的同学、校友以及被捕出狱的校友共聚一堂，听取从解放区归来的顾准所作的财经形势报告，与会者无不欢欣鼓舞，倍感振奋。立信各类会计学校先后培育了十多万会计专业人才。在欢庆解放的日子里，除留在上海和华东地区以外，很多同学、校友响应中共的号召，一批又一批地分赴东北、西南、西北，参加建设新中国的伟大事业。立信同学会、校友会在中华人民共和国建立以后，根据新形势的要求，继续工作，举办财经讲座，交流服务经验，加强学术探讨，这些活动收到良好的效果。以后，立信同学会、校友会虽然相继暂停活动，但在20世纪三四十年代这一非常复杂困难的条件下，立信同学会、校友会团结广大同学、校友，进行革命活动的光荣历史，将永远闪耀着动人的光彩。

潘序伦在晚年撰写回忆录时，深情地赞颂立信同学会的事迹，他说："我之所以要写这节回忆录，一方面是为了说明我校除了有它传统的学风、校风以外，同学们还有积极开展革命斗争活动的一面，这是值得青年一代学习和继承的；另一方面也是为了表达我当时的政治态度和思想状况。毫无疑问，像我这样一个亲身经历过清封建王朝、北洋军阀、国民党统治时代的人，思想是复杂的，政治认识是模糊的，个人主义名利思想是比较浓厚的。但是，在进步青年的影响下，我的思想认识也逐步有所转变和提高。"[①]

二

潘序伦于1937年创建了立信会计专科学校，因受抗日战争影响，1939年秋，才正式开始招生。1941年太平洋战争之后，学校迁往四川重庆，抗日战争胜利后，迁回上海，利用立信补习学校的校舍上课。

1947年春，徐家汇柿子湾新校舍落成，学校迁入新址，并另在蒲石路466号设立分部。前者，习惯上称"一院"或"校本部"，后者称"二院"或"市区部"。该年

---

① 《潘序伦回忆录》，中国财政经济出版社1986年8月版，第45页。

秋季开学,校本部有学生约 400 人,在市区部上课的有 200 余人。在此之前,立信会计专科学校虽有不少进步活动,也有个别中共党员开展了一些工作,但由于抗日战争,学校连年动迁,人员流动较大,学生中还没有党的组织,尚待开辟①。1947 年秋,中共上海地下党学委系统专科学校分区委调派祝幼婉②、叶文静(又名叶铮)、杨爱绢、马问池 4 名党员学生入立信就读,建立了党支部。祝幼婉任支部书记,上级党组织的联系人是浦侠③。从此,党在立信会计专科学校播下了红色种子,激起了革命斗争的浪花。

　　1947 至 1948 年,上海学生运动处于深入发展的阶段。学委根据形势和中共的指示,把工作重点放在各个学校的内部,要求党员深入到群众中去,做细致的团结教育工作。对新开辟的学校,更是要先做好调查研究和团结群众的基础工作。党支部建立后,根据上级党组织的指示精神,他们分析研究了学校的实际情况。党支部看到当时校内多数学生埋头读书以求毕业后能谋到一份较好职业的情况,另外在学生中,还有少数是国民党三青团及特务组织的成员,党支部意识到开展学生工作会有较大的阻力,便决定从立信女学生相对较多而第一届党支部的 4 名党员又都是女生的特点出发,先在女学生中开展工作,逐步扩大力量,再把工作做到班级上,争取更多的支持,从而揭露与孤立反动势力。于是,中共党员就利用课余时间,根据女学生集中住在西斋宿舍这一有利条件,广泛联系同学,细致地开展谈心活动,建立友谊,了解她们的思想倾向和政治态度,从中发现进步同学。经过一段时间的工作后,有了初步基础,便组织了"女生团契"④,负责人是叶文静,参加者 150 人左右,占女学生的总数的一半以上。然后,通过"团契",运用大多数同学能够接受的方式,如传阅进步报刊小说,学唱进步歌曲,参加文娱活动,练习舞蹈,排练节目,组织联欢会等,吸引同学们参加活动,也邀请一些教师观看学生的演出,参加学生的活动,以扩大影响。这样,党支部不仅争取与团结了大多数女同学,发现培养了一批积极分子,初步打开了学生工作的局面,而且为进一步发动和组织同学参加进步的政治活动,打下了群众基础。

　　1947 年 10 月,浙江大学学生自治会主席于子三被国民党特务杀害于杭州

---

① 参见中共上海市委党史资料征集委员会主编:《解放战争时期上海学生运动史》,上海翻译出版公司1991 年 7 月版,该书叙述了解放战争时期上海学生运动发展的历程,并收录了 30 余篇专题研究和回忆文章。

② 祝幼婉,解放后参加外交工作,曾任中国驻希腊大使,是我国为数极少的女大使之一。

③ 浦侠自 1946 年任中共上海地下党学委系统专科学校区委(分区委)委员、书记。

④ "团契"是当时上海各大学都采用的一种群众组织形式。

监狱。消息传来，激起了上海学生的愤怒。上海学联发表抗议书，号召各校同学在 11 月 11 日以罢课、鸣钟、捐款等方式表示哀悼和抗议。考虑到当时工作基础还比较薄弱，不可能发动罢课，立信党支部就决定在校内开展抗议签名活动，得到学生自治会副主席的合作，并由这位副主席召集各宿舍的室长开会。由室长向同学介绍于子三被害的经过和真相，发动同学签名，以示抗议。会后，党员杨爱绢等同学分头到各宿舍组织签名，有 100 多名同学签名。通过这一活动，揭露了国民党反动派迫害手无寸铁的学生的残暴面目，也在同学中扩大了进步影响。

1947 年冬，上海天气特别寒冷。进入 12 月，气温骤降，街头经常发现有饿死、冻死的人。据报载：有一天街头冻死的人数达 189 人；又有一天，路边冻毙童尸竟有 800 具。目睹如此惨状，上海学联发出了"救饥救寒"的号召。[①] 立信党支部按照上级指示，在同学中进行广泛动员，宣传募捐寒衣的意义。由于报名参加的同学较多，党支部就将同学分成三路：一路带着义卖的盒装糖果，到住宅区劝募寒衣；一路到徐家汇一带的棚户区访贫问苦，调查、登记需要救济的困难户；一路在校内做后勤工作，组织发放寒衣。虽然天寒地冻，但同学们热情很高，积极工作，募集到不少衣物和现金，并及时进行了发放。通过这次募捐寒衣活动，不但提高了同学们参加社会活动的热情，而且引导同学深入社会底层，从社会制度上深层次地认识与剖析贫苦群众受饥受寒的根源。

1948 年，英国当局以武力强拆九龙民房，致使 2 000 个居民无家可归。九龙人民向全国呼吁抗争，广大学生为之深表同情和义愤。1 月 17 日，上海学生准备举行示威游行。立信党支部经过半年多的努力，已培养了一批积极分子，其中不但有女同学，而且男同学中也涌现了像徐远昭、张乃江、林九六（又名林绍贺）等进步骨干，有了发动游行的群众基础。因此，立信党支部果断地在同学中进行动员。17 日，全校有 100 多人上街参加示威游行。这是立信会计专科学校学生第一次走出校门，参加全市性的规模较大的政治性运动，显示了经过党支部积极开展工作以后同学们不断高涨的政治热情。

对在各项活动中涌现出来的积极分子，党支部有意识地加以培养。党支部组织骨干学习，除经常介绍阅读学联刊物外，还共同学习艾思奇的哲学著作。毛泽东同志的《目前形势和我们的任务》一文传到上海后，就及时在党内骨干中进行传阅和学习，起到了认清形势、鼓舞斗志的良好作用。党支部还通过分配任务

---

① 参见中共上海市委党史资料征集委员会主编：《解放战争时期上海学生运动史》，上海翻译出版公司 1991 年 7 月版，第 135 页。

来提高积极分子的活动能力。1947年冬,党支部曾组织六七名思想进步的女同学夜间外出张贴反内战、反迫害的标语,有的甚至贴到无人值班的警察岗亭背后。这一年年末,为了更好地发动同学,在校内组织了除夕晚会,约请交大同学一起演出,节目中安排了《茶馆小调》《古怪歌》《山那边呀好地方》等进步歌曲,晚会洋溢着团结战斗的气氛。其间,在演出中途突然断电,有人趁机吹口哨起哄,企图捣乱,但同学们纪律很好,岿然不动。经交涉后,恢复供电,晚会得以圆满结束。

1948年,党支部又组织了部分同学,冲破阻力,到医院慰问"一·二九"同济大学事件中,被国民党军警马队踢伤的同学。这些活动都使积极分子经受了很好的锻炼,也使党支部与全校同学的联系更加紧密,更加广泛了。

这样,经过一学期的斗争,立信会计专科学校学生中的力量有了显著变化。进步力量有较快发展,中间状态的同学也积极投身到学生运动中来,校园内争取民主、自由,反对国民党迫害的气氛日益高涨。这引起了校内极少数反对势力的恐慌,他们伺机捣乱。

1948年春季开学时,孙铭、金声远、施智君、朱象贤、严锡勤等党员学生转入立信。党支部经过调整,由孙铭任党支部书记。不久,又发展了徐远昭、陆蕴华(后改名陆方)、董斐云入党,党支部的力量有所加强,工作又有了新的进展。开学后,学生会进行改选。为了取得学生会的领导权,党支部积极发动品学兼优又有活动能力的党员和积极分子参加竞选。结果,进步同学张乃江当选为学生会主席,党员金声远为副主席,党员陆蕴华为学术部长。因为学生会领导权的取得,所以不少活动就可以通过学生会公开出面,合法地加以组织发动。比如,这对开展文娱活动,进行宣传教育更加有利了。又比如,当时物价飞涨,同学们的伙食水平每况愈下,学生会争取对伙食团的领导,改善伙食,为同学服务,对团结同学起了良好的作用。

1948年4月,学生会组织同学去杭州春游,党支部积极支持,并决定结合春游,进行纪念浙江大学学生于子三被害的活动。同学们积极报名,有40多人参加,去时坐满一车厢。旅途中欢歌笑语,气氛活跃。到杭州后,在游览参观的同时,学生会组织部分同学和浙江大学学生座谈,由浙江大学学生讲述于子三烈士被害经过。回沪后,学生会还召开了一次联谊会。这次春游组织得比较成功,不仅联络了同学间的感情,而且提高了同学对反迫害、争取民主斗争的认识。

学生会学术部为开展宣传教育,出版了墙报、剪报,他们剪贴当时公开发行的进步报刊《时代日报》《民主》《周报》等刊物,这引起了某些反动学生的仇视。5月,学术部编出《五月之花》的墙报,竟被反动学生撕毁,反动学生还对陆蕴华进行围攻。党支部支持学生会与校方交涉,才使一些人未敢进一步采取行动。此时,上海的白色恐怖日趋严重,立信的反动势力也加紧密谋,策划殴打进步同学,并公然拿出手枪威胁学生会主席张乃江,阻挠、破坏学生会的活动。党支部发动同学与他们开展斗争,同时根据上级党组织的指示,提高警惕,加强防范,使党员和进步同学避免遭受迫害。

1948年5—6月,"反美扶日"运动发展迅猛,上海学联号召上海大、中学生团结起来,为反对美帝国主义扶植日本侵略势力,挽救民族危机而斗争。6月5日,全市大、中学生在外滩举行"反美扶日"的示威大游行。党支部响应上海学联的号召,积极发动同学参加游行示威,并做了比较周密的组织工作,由孙铭、金声远负责队伍的组织指挥,叶文静负责对外联络。立信的队伍原计划先到朱洪山路(现溪口路)中华工商职校,与中华工商职校的队伍汇合一起出发。但进去后,该校已被反动军警封锁,无法外出,同学们就在教室内高唱革命歌曲,表示坚决斗争的气概。经过交涉,同学们终于冲出校门游行,遇有军警阻拦,就采取迂回战术,不与他们发生正面冲突,最后终于在下午2点到达外滩一带,与各学校队伍会合。此时,外滩军警密布,将学生队伍包围在中国银行大楼前的人行道上,但同学们毫不动摇,向周围群众宣传,也向军警喊话。到下午6点,增调的军警马队将学生队伍分割成小块,强行驱散。立信的同学与其他学校的同学在一起,作为基干,形成了500余人的队伍,继续游行宣传,最后在大上海电影院前召开大会,胜利结束示威。[①] 立信学生在这场斗争中表现出了勇敢坚决,经受了很好的锻炼,也享受了胜利的喜悦。

游行示威后,"反美扶日"运动继续扩展。当时,上海市市长吴国桢公开向学生一再提出"质询",交通大学学生愤然提出反质询。为了挫败反动当局的"神经战",交通大学学生自治会于6月26日晚在交通大学体育馆组织公断会,除大、中学生外,特邀请社会各界人士陈叔通、马寅初、史良、许广平等40余人与吴国桢评理。立信党支部也组织同学参加了这次公断会,使同学们更加认清"反美扶日"斗争的意义,受到了很大的鼓舞。

经过一年多实际斗争的锻炼,立信会计专科学校学生的觉悟有明显提高,党

---

① 中共上海市委党史资料征集委员会主编:《解放战争时期上海学生运动史》,上海翻译出版公司1991年7月版,第154页。

在校内的群众基础有了很大改善,但校园内的斗争也越来越激烈。到 1948 年 7 月,党支部得知平时工作中公开露面较多的党员孙铭、叶文静、徐远昭、陆蕴华、董斐云已被列入黑名单,为了避免革命力量的损失,由上级党组织统一安排,送上述党员离校,转移到皖西根据地。

1948 年秋至 1949 年 5 月,整个解放战争的形势发展很快,全国已处于革命胜利的前夜,上海学生运动进入迎接解放的新阶段。党组织的任务是积极发展力量,巩固与扩大核心,团结师生员工,为迎接上海的解放和顺利接管而斗争。在 1948 年秋季开学后,因为许多党员离校,党支部又进行了一次调整,由金声远任支部书记。根据上级党组织的部署,党支部积极发展党员,从一年来经历政治斗争的锻炼、思想觉悟迅速提高的积极分子中,发展了数名党员。1948 年 12 月,范镇华加入中国共产党。1949 年 2—3 月,王钟麟、丁永迈、刘正荣、冯佩璜、任宗昉、房南生、陈慰祖、周成位、江光容、郭涵东、王震春、陈好问等 12 名同学加入中国共产党。至 1949 年 4 月,立信会计专科学校党员人数,从 1948 年秋的 5 人,增至 22 人(包括市区部党员在内),党的力量明显增强了。在积极发展党员的同时,党支部也重视开展对教师和校方的团结工作。在教师中,一方面注意发现政治进步的教员,并多方面加以联系,有的还准备作为发展党员的对象;另一方面把一些公开发行的进步书刊,分送给同情学生的教师阅读,有的也送给校长潘序伦。

1949 年,毛泽东为新华社撰写的新年献词《将革命进行到底》发表。党支部及时将献词寄给潘序伦校长,宣传党的政策,争取他能和党合作,也为即将到来的保护学校,防止破坏,迎接解放,取得校方支持合作的活动,创造了有利条件。1949 年 3 月中旬,党员郭涵东在大夏大学(现华东师大校址)被捕,党支部积极营救,党员房南生与学校训导长商量,要求校方证明郭是立信学生,外出时被捕,训导长同意这一做法。经过多方设法,并在校方配合下,郭涵东同学终于在 4 月 18 日获释。

1949 年 3—4 月,国民党企图在上海做垂死挣扎,策划在立信校园内设置炮位,作为一个军事据点。党支部立即组织同学坚决反对,组织了安全小组,日夜轮流值班,不许反动军警进入,同时由金声远带领部分同学去交通大学求援。隔天,交通大学近百名学生来校声援,与立信同学在操场上围成一圈,一起高唱《团结就是力量》,显示了团结战斗的力量。党支部还及时争取校方支持,由于这一斗争与校方的利益一致,校方也很配合。经过学生们的坚决反对,这个炮位被迫移到校外,保护了学校的安全。

1949年4月,上海即将解放。立信党支部按照上级党组织的指示,在校内建立党的外围组织"新民主主义青年联合会"(简称新青联),由党员范镇华负责,通过党员个别联系发展,共发展了20多人,对他们进行了明确革命宗旨、遵守组织纪律等教育。在上海解放前夕,党支部发动他们参加了"人民保安队"。在保护学校安全的同时,他们调查徐家汇地区国民党军警驻地的力量配置情况,并把这些情况绘制成各种目标的设置图、地形图送交上级组织。上海刚解放,他们又立即配合解放军接管国民党军警驻地。新青联的成员,中华人民共和国成立后都第一批转入新民主主义青年团。

上级党组织对立信市区部(二院)学生工作同样关心。1949年2月,原在柿子湾校本部的施智君、朱象贤两名党员,根据党组织的指示转入市区求学,并开始工作。起初,这两名党员和其他三所专科学校的党员共同组成地下党校际党支部,由施智君任支部书记。他们的主要任务是培养积极分子,迅速发展党员,迎接上海解放。施、朱两人即在市区部积极开展群众工作,先在班级中建立级会,编辑级刊《晨钟》,从而发现积极分子,组织他们学习时事形势,帮助他们理解党的政策,了解解放战争的发展大势,以提高认识,鼓舞斗志。经过近两个月的工作,一些积极分子很快涌现并成长起来,他们发展了高蕴真、屠秀菊、谢世斌、富志权四名同志加入中国共产党。市区部由此单独成立党支部,施智君因主持校外工作,由朱象贤任支部书记。

此时,上海已临近解放。党支部的任务除了通过党员和部分积极分子传递地下学联刊物开展宣传工作外,还有就是进行地区调查工作。由党员和积极分子装作散步的过路行人,调查现在的淮海路、复兴中路周围的情况,经过一番侦察,他们把13层楼(现锦江饭店北楼)一带的敌人碉堡、电台、重要仓库、铁丝网情况画成简图,送给上级党组织。有的党员还到一些工商企业,向私营主宣传党的政策,要求做好企业自身的守护工作。在校内,则以班级为基础,抓紧筹备学生自治会,然后以学生自治会筹备组的合法名义,向校方提出酌减学费,准备灭火器材,防止破坏等要求,取得了校方的配合。4~5月,党支部又组织了"人民宣传队",并发动党员和积极分子分头写标语,做臂章,印制解放军告示等宣传品,宣传"三大纪律、八项注意"和党的政策,以迎接上海的解放。①

1949年5月24日夜晚,人民解放军进入上海市区。5月25日,上海解放的

---

① 陆方、朱象贤:《激起了革命的浪花——立信会计专科学校(一院、二院)地下党斗争史》,见中共上海市委党史资料征集委员会主编:《战斗到黎明》,上海翻译出版公司1989年11月版,第522—530页。

喜讯迅速传到党员和积极分子中间，大家很快地都以人民宣传队、人民保安队成员身份配合解放军进行接管工作。以后他们又根据组织安排，踏上新的征途，在各条战线上，为社会主义事业继续战斗。

第九章　学术建树

一

《高级商业簿记教科书》是潘序伦的成名作,由其主编,并经多人审稿校阅,精心推敲,务求通俗易懂。从 1929 年起,该书随写、随印成讲义,在夜校中使用。潘序伦让顾准利用夜间工余时间抄刻讲义,每张 1 500 字,每天晚上可刻 2 张左右。顾准边刻边学,对商业簿记这门学科逐渐熟稔起来。这年年末,也就是该书编写后期,顾准成了专任助理编辑,等到全书定稿誊正,他就到商务印书馆联系出版事宜,跑印刷所等。这本列入《大学丛书》的会计书籍,一炮打响,十分畅销,为商业企业和会计学校广泛采用。

对潘序伦的这本《高级商业簿记教科书》的成书过程,吴君实的《难忘岁月》一书中有比较详细的介绍:

> 1930 年 2 月,我奉潘序伦先生之命,到潘序伦会计师事务所任编辑主任之职,负责《高级商业簿记教科书》的编写工作,前后历时约六个月,是我一生中充满激奋和进一步再承师训,增长会计知识的难忘岁月。

> 当我初到事务所时,潘师已亲自写出第一章初稿,葛益栋先生写出了有关商品进销的几章,好像韩曼涛先生也写有一二章初稿,但书名、全书章节目录等均未定。我建议应该首先确定全书之编写目标、章节内容和书名,借以指导全书之写作。在潘师亲自主持下,决定:(一)此书既是初学会计者入门必读之书,又是"学以致用",学完后即能胜任一般会计业务或者较小规模商店之全部簿记、会计工作;(二)以商业簿记为对象,分阶段步步由浅入深,可以适当叙述会计学的若干初步原理,使读者对簿记能有较深之理解;

（三）贯彻学好簿记必须经过习作之旨，认真编好练习题，一章数题者必须每题各具特点；（四）文字叙述必须简练畅达，易读易懂，既能作学校教材，亦能便于自学；（五）参考书采取潘师回国后以英文写作之 Bookkeeping and Accounting（由商务印书馆出版）、Klien：Bookkeeping、Kester：Accounting——Theory and Practice 第一册等书，但不能直译；对当时最负盛名之杨端六先生所著《商业簿记》（商务印书馆出版）一书，亦作为参考，但不得有所雷同，并要求内容上有所超越。根据以上各点，将书名定为《高级商业簿记教科书》。潘师指定由我拟出全书章节目录，责成我按章节顺次执笔，已有之初稿，亦由我加以修改或重写。

实际编写定稿工作是这样进行的：在每章执笔之前，先写出这一章的主旨要领，以及章内各节的要点，然后与参考书的相应章节对照，作些必要的修改补充，力求具有自己的特点。由于事前做到胸有成竹，下笔时一气呵成，一般日写五千字左右，以求行文措词之自然连贯。而后再由自己审改，并请潘师核正，誊清为初稿，交给事务所附设会计补习班试用。听取授课教师和学生的反馈意见后，我再作修改或部分重写，并请潘师核正。有时潘师修改了，我又改回来，意见两歧时，共同商量定稿，潘师虚怀若谷，有时还征询事务所其他同仁之意见，择善而从。全书写出后由我再次统稿，并由潘师最后定稿。如此几度往复，全书内容质量逐步有所提高。对各章之练习题，亦同样重视，反复订正。我体会此书之编写过程，是潘师创建和珍惜"立信"会计事业之声誉以及坚毅之办事精神的具体体现。

是年八月中，全书最终定稿誊正，潘师嘱我将全书清稿，送交商务印书馆总编辑何炳松先生审稿出版。我两度找到何先生，馆方要求提出保证发行量及经济利益，又一再询问此书稿比该馆已出版之杨端六先生所著簿记一书孰优？我感到，前者难以明确保证，后者未便信口评说，颇有人微言轻之叹。不得已如实报告潘师，最后由潘师直接找商务印书馆总经理王云五先生才解决了出版问题。此一转折似对其后决定创立立信会计图书用品社，自己掌握立信会计丛书以及立信会计用品之出版发行发生了一定的催化作用。

原计划一俟高级商业簿记教科书付样，随即着手编写会计学一书，仍将由我执笔。由于上述出版上之周折，潘师决定从缓再筹。我因"使命"告成，即于八月间向潘师辞职，从此离开了立信会计师事务所（当时名称仍为潘序伦会计师事务所）。

　　在编写过程中,有一次我在潘师办公室之文书柜里查阅参考资料时,无意中看到哈佛大学发给潘师在该校攻读企业管理硕士学位(MBA)的成绩报告单,其中会计学、审计学、成本会计学、会计制度学、统计学各课程之评分均为最高分"特优"(distinction),足见潘师师承有自及其会计学识之精深。此项学业成绩单活师从未出以示人,更为后生楷模。相信知此情况者不多,故敬附笔录之,以致"高山仰止"笃敬之诚。①

　　立信是一块绿洲,容纳了许多学有专长的知识分子(包括自由职业者),除了人称"会计界的泰斗"的校长兼主任会计师潘序伦外,还拥有会计界许多杰出英才。

　　潘序伦先生从事会计事业60多年,他的名字已载入中国会计发展的史册。20世纪20年代前后的中国,民族工商业正在蓬勃兴起,用毛笔直写的那种上收下付,项目又颇为简略的中式簿记,面对日趋繁复的财务活动,已经显得力不从心。古老的会计事业,遇到了新的问题,会计学科已处于关键的十字路口,会计的改革已是大势所趋。

　　20世纪二三十年代在会计界所兴起的一场会计革新运动,便是这一思潮的直接产物。当时知识界、实业界涌动着一种改革与改良的思潮,大批有识之士力图由此改变中国积弱积贫的局面。有的试图通过振兴中国近代工商业达到救国救民的目的,有的试图通过医学或文学改变国人的国民性,有的则力图通过会计的改革或改良,改善国家财政状况,促进实业的发展。

　　可以说,会计革新运动便是这一思潮的直接产物,因而发生了是否以科学的西式会计取代传统的中式簿记的论争。其中一派是以徐永祚为代表的改良中式簿记派,后者则当推潘序伦为旗手的引进西方会计的改革派。平心而论,这两个学派的奋斗目标是一致的,都要求改革中国当时的会计学术,为民族经济服务。他们的主要分歧在于所选择的道路或方法不尽相同,双方互相尊重,各自发表不同的见解,而不是互相攻讦,但在原则问题又不是敷衍,或妥协。

　　1933年,徐永祚发表了《改良中式簿记概说》一书,全面推出十条"改良大纲"。他认为中式簿记虽有四大弊端,但"不仅在形式上,有维持之价值,即在实质上,更有保存之可能"。因此,确立以账户的分类、账簿的组织、账表的格式,以

---

① 吴君实:《难忘岁月》,《立信史话》,立信会计出版社1993年11版,第61—63页。

及记账的方法,是改良的重点。①

　　针对这一观点,潘序伦与立信的改革派一起,予以反驳。潘序伦对徐永祚的观点,"则觉尚有慎重讨论之余地,未敢曲为附和",遂于 1934 年 7 月,在《立信会计季刊》上发表《为讨论"改良中式簿记"致徐永祚书》,提出自己不同的意见。潘序伦针对徐的改良纲领的前四条逐一进行批评、商榷;顾准的《评徐永祚氏改良中式簿记》一文,对改良派的基本原理从原则上加以否定;钱乃澂的《对于徐永祚君"改良中式簿记"之批评》,又进一步提出了质疑。会计学者张心澂也著文参加论争。对来自改革派的批评,改良派未作正面交锋,而是继续竭尽全力推行自己的观点和做法。潘、顾、钱、张诸人的文章初载于 1933 年 10 月《立信会计季刊》第 2 卷第 4 期。

　　顾准撰写的《评徐永祚氏改良中式簿记》一文影响也很大。这篇文章是对改良中式簿记的基本原理从原则上加以否定,从而使对改良中式簿记的批评纵深化。顾准首先表明:"在本文中,作者的目的在于说明改良中式簿记之一般理论及方法,如何能适用到我国这个时期中,又根据一般会计理论去批评,改良中式簿记中有何谬误点,因此决定在一般簿记推行完备以后,改良中式簿记会失却其重要的性质的。"

　　顾准在文章中虽然列举改良中式簿记的某些适用之处,但他仍以革命者的气魄,进一步强调:"我们仍旧希望改良中式簿记有推移簿记到一般簿记,而造成会计制度统一的作用,并且事实上也必然会如此做。因为正确的理论,是必然会排除一切不正确的理论的。"②这段话出自一个不满 20 岁的年轻学者之口,不正预示着顾准所要进行的"武器的批判"吗?

　　这场论争结束后,潘序伦收集各位专家的论文,汇编成《改良中式簿记之讨论》一书,交商务印书馆出版。该书是中国现代会计学术发展史的一页重要记录。

　　这场论争,是我国会计史上影响重大的一次学术讨论与交流,也是我国现代会计学术取得初步进展的重要标志。潘序伦等人推进复式簿记,其功绩不可磨灭。可以这样说,中国会计事业之所以有今天的发展,与他的贡献是密切相关的。郭道扬教授在其《中国会计史稿》一书中中肯地指出:"借贷复式簿记是近代社会经济发展的产物,它具有先进的理论和科学的方法,它在本质方面要优越于

① 详见郭道扬编著:《中国会计史稿》下册,中国财政经济出版社 1988 年 6 月版,第 515 页。
② 上述顾准原话,均见《评徐永祚氏改良中式簿记》一文,《立信会计季刊》第 2 卷第 4 期。

中式簿记,故中国会计之改良必须以引进借贷复式簿记的理论与方法为前提。这种引进不是简单地凑搭,而是通过较为全面的引进达到改革中国会计的目的。所以,从这一点出发,应当肯定改革派所持的立场。改良中式簿记派过高地估价了中式簿记的长处,而较低地估价了西式簿记的优越之处;过多地强调继承中式簿记的长处,而事实上将一些短处也保留下来;尤其是因西式簿记以'借、贷'作为符号,而斥其为'奥涩难懂'或认为不合于中国国情,这些看法显然是片面的。"

这一论争的具体内容的评价,不是本书的任务。在这里,只是有一点需要指出,西方会计中的先进方法诸如借贷平衡原理、永续盘存制、成本计算和经济分析,以及超然会计制度等,在中式簿记中,即使经过改良,也是难以实施的。因此,作为改革派的潘序伦,从会计师业务、会计教育、会计学术研究与图书出版等多个层面,积极投身引进、推广西方会计的会计革新运动,培养了数以万计的新式簿记人才。上述提法,可以从1948年出版的、由潘序伦作序的《立信会计学校概况》一书中得到印证。他的原话是这样的:"20年前,序伦与立信会计师事务所诸同仁,鉴于我国工商组织之不健全,经济情况之不振,以为必须确立现代会计制度,使工商业依循正轨,始能获得稳固的发展与繁荣。因即立下信心,以教育会计人才供国家社会应用为己任。"

以潘序伦为代表的改革派产生的影响是巨大的。他们不但著书立说,还致力于会计师业务和培养各级各类新式会计人才。简言之,带来了会计实务的繁荣与发展。复式簿记的引进,新式会计制度及方法在大中型企业的推行,使我国工商企业的会计面貌为之改观,加上中式簿记在小型企业(主要是手工作坊、商铺)的运用,从而把我国工商企业的会计事业推向一个新的高度。

二

当代知名的会计学家杨纪琬教授对潘序伦的学术造诣曾有如下一段评论:"特别是在治学、讲学和做学问上,潘先生有一股顽强的精神,锲而不舍,坚忍不拔,终于攀登了会计学术上的高峰。特别是潘先生在学习中理论联系实际的学风,是值得赞赏的。"[1]杨教授的概括,恰如其分地揭示了潘序伦一生的学术活动和学术思想的特征。

潘序伦晚年在其回忆录中说过:"如果说我对我国会计学术有所贡献的话,

---

① 杨纪琬:《潘序伦回忆录·序》,中国财政经济出版社1986年8月版,第7页。

当以编辑出版立信会计丛书为最。"

20 世纪初叶，我国会计业务水平很低，会计学术更是一块未经开耕的"处女地"，在大学里攻读会计专业者寥寥无几，教科书大多是外文原版，少数译著以簿记居多，缺乏高深之作。潘序伦早在留美期间，就陆续写过一些经济、会计方面的论文，寄回上海，在英文报纸《大陆周刊》上发表。归国初期，潘序伦就出版了《公司理财》《簿记与会计》（两书均为英文版，1925 年由商务印书馆出版）。后来，在潘序伦的精心组织下，编辑出版了包括簿记、会计、审计等内容的《立信会计丛书》。通过广泛地传播流布，对我国会计事业的兴旺发达，起到了积极的作用。据有些老同志回顾，这套丛书，当时在延安等解放区也得到人们的青睐，为人们研习会计提供了方便。

潘序伦先生编撰的许多会计学著作，成为传世之作。譬如 20 世纪 30 年代出版的《会计学》，厚厚四卷，有 90 多万字。它集各门会计之大成，除阐述普通会计学原理之外，还涉及公司会计、成本会计、解散及破产会计、遗产及信托会计等，对预算控制，财产估价、决算报表分析、统计报表应用等内容，也作了深入的研究。这部著作，不仅富有独到的见解，而且各章附有习题，可供自学。该书是潘序伦先生在助手协助下，花了一年多时间完成的，是我国会计学不可多得的重要作品。

据不完全统计，《立信会计丛书》先后收入各种会计书籍一百五六十种，其中由潘序伦著作、翻译和主编的约有 40 种，其余的则由其他知名学者撰写，他们当中有：顾准、王澹如、陈文麟、顾洵、李文杰、张蕙生、钱素君、杨汝梅、李鸿寿、黄组方、莫启欧、张心澂、祝百英、管锦康等人。这些著作也有较高的学术价值。杨纪琬先生评价说："《立信会计丛书》是我国自己编写的第一套比较系统、完整，水平也较高的会计著作，……全国各地包括解放区也都流传很广，在发展中国的会计学理论，推动会计工作，培养会计人才等方面，这套丛书起了很好的作用。"[①]

作为中国会计学界的泰斗，潘序伦对会计学的研究是全面而又独特的。人类对会计的实践可以追溯至古代，但是，会计究竟怎样发展成为一门独立的学科，就需要作专门的历史考察。早在 1933 年，潘序伦就已着手开展这方面的探索，成果是题为《会计学发达史》的长篇论文。他在序言中写道："会计学系应实际需要而逐渐发达，其历史颇为古远。据专门学者之考证，纪元前 2600 年之前，

---

① 杨纪琬：《潘序伦回忆录·序》，中国财政经济出版社 1986 年 8 月版，第 7 页。

巴比伦人关于商业上之交易,即多记录于金属或瓦片之上。至罗马共和政治时代,不特政府征收租税,有完整之计算组织,即家族之间,为家长者,且设有账簿以记家之出入。我国《周礼》天官亦有岁月考成之说,是皆会计史料之最古者。至14世纪,意大利自由都市成立,会计学之雏形初具,因社会经济生活之发达而递相演进。产业革命而后,经济现象愈形复杂,会计学遂亦辉煌焕发,蔚为大观。"据此,潘序伦认为,会计是随着社会经济生活的发展而进步的,反过来又促进生产力的发展。

马克思在《资本论》一书中对会计发展的论述道:"簿记对于资本主义生产,比它对于手工业经营和农民的分散生产,更为必要。它对于社会共同的生产,又比它对于资本主义生产,更为必要。"潘序伦的论述,与马克思的观点并无二致。

毫无疑问,现代会计是一种对社会各种经济活动,运用科学的原理和方法进行记录、计算、核算、管理的工具。作为国际通行的商业语言——会计,既能为资本主义服务,也能为社会主义服务。在中国特色社会主义进入新时代,会计尤为重要。如果我们承认社会经济活动不能没有核算的话,那么会计是应该永世长存的。

对会计学研究的对象,会计的性质问题,潘序伦的看法是有所演变深化的。早年,他比较看重会计的技术性的一面。如他在《会计学》一书说:"会计者,用有系统有组织之方法,将各个人或团体一切经济之可以货币数额表示者,予以记载及整理,使此等经济活动所影响于财产上之增减变化,得以正确明了,因而计算其财产状况与营业成绩,并将此等财产状况与营业成绩,予以审核观察及应用之技术也。"[1]在《会计学教科书》一书中,潘序伦更是直截了当地指出:"会计者,实为一种应用技术。"[2]基于这种观点,潘序伦认为会计学的研究内容包括:一是会计记录之研究;二是财产估价之研究;三是会计表册应用之研究;四是会计检查之研究。显然,这一看法,是着眼于会计的应用技术角度的。

中华人民共和国成立不久,潘序伦根据会计学基本理论和实务的需要,对早先的学术思想进行了增益,并编写了《基本会计学》一书。对会计的性质问题的认识有了新的发展。潘序伦在书中指出:"会计是管制一桩事业活动的工具。"显然,他在这里是持"工具论"的观点的。

在晚年,潘序伦没有放弃对这一问题的研究。随着新技术革命的到来和现代化建设的实施,他对会计的性质、作用的看法又有深化。他将会计置于企业决

---

[1] 潘序伦:《会计学》,立信会计图书用品社1938年修订本,第1页。
[2] 潘序伦、王澹如:《会计学教科书》,立信会计图书用品社1947年版,第2页。

策和信息系统这些更为深广的背景中，强调"在企业的管理当局制订决策所须借助的信息系统中，'会计'占有极其重要的地位"。这一精神体现在 1983 年出版的《基本会计学——西方会计》（与王澹如合著）一书中，其主要思路是，"从广义上说，会计是一种旨在传达一个企业的重要财务和其他经济信息，以便其使用者据以作出明智的判断和决策的'经济信息系统'，即'经济信息专门化'。……作为一种系统的会计——一种经济信息系统，是指一个企业的经济数据转化为有助于制订该企业的财务决策所需要的经济信息的一种科学。它通过一定的程序和方法，将企业的大量经济数据转化为有用的经济信息——'会计信息'，以供管理当局作为制定决策的依据"。"信息论""决策技术"等新兴学科，如何应用于会计这一领域，潘序伦对此作了有益的尝试，同时，他的会计工具论的学术思想也得到了深化。

潘序伦对会计的管理职能历来是十分重视的。早在解放初期，他就已引进翻译过西方的管理会计，譬如"收益论""量本利分析"等，发表于《立信会计季刊》第二卷第十六、十七期上。不过限于当时的历史条件，没有引起人们的重视。在他的晚年，随着改革开放的深入，国内出现了许多新情况、新问题。管理会计又被重新重视，对此潘序伦作了不懈的努力。他强调必须将"总结经验与学习引进相结合，研究我国自己的管理会计"。他语重心长地指出："应该看到，中华人民共和国成立三十多年来，我们在财务会计制度和成本资金管理上，也有不少好的经验，有的依然可以进一步健全完善，继续应用。"他认为流动资金定额管理、大庆的仓库物资管理经验、群众性的班组核算、经济责任制等行之有效的财会管理方式，应该继续保留发扬。至于"我们过去没有的事物，需要虚心学习，好好应用，如利润、成本目标管理、价值分析、电子计算技术等"。[①]

在此之前，潘序伦曾发表类似文章，大声疾呼重视发挥会计的管理职能。1982 年 5 月 17 日，他提出"会计人员是经营管理的'参谋长'"。他说："每个企业都应总结三十多年来的经验教训，加以提炼取舍，走出一条符合国情、厂情的财务会计、管理会计的新路子来。……科技普遍称为生产力，'经营管理'也可以称为生产力，会计人员就是经营管理人员的'参谋长'。会计也可称为生产力的一部分。"对这些看法，潘序伦恳切希望社会"认真考虑"。

这些发表在《世界经济导报》的文章，受到了广大读者包括当时担任上海市市长的汪道涵同志的赞许。

---

① 潘序伦、丁苏民：《紧跟形势要求提高财会人员素质》，《武汉财会》1984 年第 1 期。

　　潘序伦鉴于长期以来，我国对于人才的培养和使用，存在着种种浪费的情况，他以特有的"会计头脑"，提出开展"人才会计"的研究。他在上海《文汇报》（1980 年 12 月 19 日）、北京《光明日报》（1981 年 4 月 2 日）接连发表了《开展"人才会计"的研究》和《培养人才也要计成本》等文，其中前一篇文章是应约参加《文汇报》举办的"关于人才问题的讨论"而撰写的。

　　潘序伦在文中提出了一个"人才会计"的试行处理办法，供我国关心教育人才的同志参考。他的设想是，用"货币形式来计算国家或某一企业，某项事业对于培训各种所需要的人才所支出的费用（也可称为投资）金额，并计算被培训成才的人，是否能为国家，为某一企业、某项事业获得若干成果（或称利益）。假使所获成果、利益，超过培训他们的费用、投资，就是国家、某一企业、某项事业的纯收益，否则就是纯损失。"他还以一所学校为例，详细展开了他的论述。他认为，学校是为国家培训人才的专业机构，它也可以用成本会计方法，来核算培养人才的投资费用和可能产生的成果。工厂产品的成本应该用合情合理的计算方法，求得其货币价值。同样，学校作为生产人才的"工厂"，也应当采用这种成本会计方法来核算某一系科、某一专业、某一班级，某一学生的培训费用。这种资料可以在同等学校之间互相比较，以看出各校培训费用的高低。潘序伦先生强调，假如能把这种成本会计数据连续多年积存起来，又可看出某学校为国家培养多少人才，为社会服务的成果大小如何，与国家对该校投资是否相称。

　　潘序伦语重心长地指出，以前我国对于学校训练人才，基本上是采取包下来的办法，不作经济核算。现在开始讲经济管理了，因此有自费走读等办法。他说："以我毕生办学的经验来看，自费生的成绩不见得比公费生差。有的在职青年，由组织支出培训经费，其中自有少数学生认为读书于己并无经济上的损失，往往不甚注重学习，这实在是一种浪费，对培养人才不利。我建议有关部门重视'人才会计'的研究，运用会计手段促进人才的培养和使用，以使人尽其才，也如地尽其力、货尽其流一样。"

　　当时的国家教育部对潘序伦的这一建议很重视，召开会议进行专题研讨，并在一些大专院校当中，开展了教育制度改革的试点工作。

　　这里，我们再回过头来谈谈潘序伦在会计文献编译工作方面的贡献。在 20 世纪 30 年代前后，我国会计学术领域还有不少空白。有鉴于此，潘序伦认为有必要加速引进国外先进的会计技术与理论，填补缺陷。他是会计学术领域编译工作的先驱者之一。

　　潘序伦对编译工作的要求是，"对引进的国外先进学术，我们不是照抄照搬，而是结合我国的国情,在现行法规和工商惯例的基础上,适当采用。"①他采取审慎的做法,有选择,有比较,精心地加以编译,而非"全盘照搬"。就拿《劳氏成本会计》一书来说,潘序伦从1933年开始翻译出版劳伦斯的《成本会计》(商务印书馆),潘序伦参照的原版本是1930年第一次修订本。后劳伦斯又在1937年出版第二次修订本,潘序伦即根据这一新版本,于1939年重新改译一次。20多年来,国内各校学生及会计人员修习成本会计,均采用此书作为参考书。直到1950年,潘序伦摆脱种种冗务,又根据1946年劳氏第三次修订本,进行改译,使《劳氏成本会计》的内容得到更新。

潘序伦在序言中这样写道:"此次译文一以原著为宗,在会计理论方面译者主张与著作颇有出入,但仍保存著作原意,不予更改,以存其真。至于文字方面,则力求通俗化,使其明白如话,而不犯近代体文堆砌之弊。"②他在这篇序言中申明的主张,在其一生的编译生涯中是一以贯之的。

在潘序伦及其同仁的共同努力下,国外重要的、有代表性的会计学著作,便都以畅达通晓、含义确切的文字,与国内读者见面,如《斐氏高等会计学》《会计准则》《陀氏成本会计》《会计师查核决算表之原理与程序》《苏联会计述要》《国营企业会计概要》等书。

潘序伦从事编译工作之初,我国会计名词极不统一,各种书刊的写法与译法都各行其是,给读者和实际工作者以及编译工作者带来不便。1935年,潘先生组织人员,不断探讨,收集了会计名词2 000余条,每条先把国内会计书刊原有的译名开列出来,然后择一适当的名词,或另拟译名,并加以注释。《会计名辞汇译》就是这样汇集而成的,该书言简意赅,适合我国国情,对扭转混乱局面,统一我国的会计名词,起了一定的推动作用。该书自出版以来曾修订过两次。

1939年,潘序伦又向国立编译馆推举参加会计名辞初步审查人员名单,除了他自己之外,还有不少会计界名流,均为一时之选,计有:上海商学院教授兼立信会计师事务所编辑科副主任黄组方,之江大学、上海法学院教授兼立信会计师事务所编辑科副主任顾准,暨南大学会计系主任钱素君,东吴大学兼暨南大学教授张蕙生,复旦大学会计系主任袁际唐,上海光华大学会计系主任薛迪符,徐永祚会计师事务所主任徐永祚,立信会计专科学校教授李鸿寿,中央信托局总审核杨汝梅,广州大学会计学教授黄文袭等人(名单现藏中国第二历史档案馆),他

---

① 《潘序伦回忆录》,第36页。
② 《劳氏成本会计·译者序》,立信会计图书用品社1950年版,第1页。

们均为会计名辞的规范化作出了贡献。

在此之前，潘序伦围绕这一问题，还发表了一些论文，如《会计名词之研究——在复旦大学会计系学会上的讲话》（《会计期刊》创刊号，1943 年 7 月）、《会计名辞汇译》（《立信会计季刊》，第二卷，1933 年）等。

为普及和推进会计学术，潘序伦多次发表讲演，举办讲座，择其要者有：

1934 年 7 月 22 日，潘序伦受浙江省教育厅委托，向其附属机关人员讲习"学校成本会计"；

同年 7 月，他又应上海复旦大学之邀，在该校会计系的学会上作关于"会计名辞之研究"的学术演讲；

1937 年年初，在上海商会上作有关税务会计的讲话；

1940 年 10 月，他又来到重庆大学，为数百名师生开设讲座，题目叫"我国新兴的会计职业"；

1948 年 1 月，在上海立信会计专科学校发表"会计学之新趋势"的讲话……

在潘序伦的倡导下，整个"立信"校园弥漫着浓郁的学术气氛，《会计季刊》《立信会计季刊》《会计学报》《立信周报》等形式不同的学术刊物，纷纷呈现，对切磋学术、交流经验的推动很大，颇受读者的青睐。[①]

潘序伦的学术贡献体现在会计学、审计学、财政学、金融学、经济学、税务学、教育学等诸多方面。他建树颇多，尤其在会计、审计学科的各个领域，造诣更深，是一位学贯中西的会计学家。

潘序伦生前曾对自己多年的学术研究作过回顾，这里转引其中的一段话，这是他对后人的殷切期望：

> 历史的经验告诉我们，引进并认真学习国外的先进经验和先进技术是必要的，无论是自然科学或社会科学都是如此。但必须是实事求是，切合我国国情，才能取得最佳效果。当今，我国正处在经济体制改革，经济振兴时期，又面临世界新的技术革命蓬勃发展，在对外开放，对内搞活经济的新形势下，我们决不能因循守旧，故步自封，而要积极引进和学习国外的先进技术，应用微电子技术，加强财会工作在信息、企业管理和宏观经济上的职能作用。[②]

---

① 参考罗银胜：《试论中国会计之父潘序伦的学术贡献》，《立信学刊》1995 年第 2、3 期。
② 见《财务与会计》1984 年第 6 期。

第十章　教育思想

一

　　一种思想的产生总可以追溯其源头。那么,潘序伦教育思想的源头是什么呢? 我们经过一番梳理,不难发现他的思想渊源:既来源于"实业救国"的思想;又伴生于"会计革新"的运动;更受黄炎培等人提倡的职业教育思潮的启迪;在一定程度上,也是潘序伦本人自身经历、个人体验的结果。总之,潘序伦职业教育思想,是这些思想交融的产物和智慧的结晶。

　　"实业救国"与"教育救国""科学救国"一样,是近代中国有识之士在面临民族生存危机时提出来的,是带有爱国进步性的。中国知识分子素有"天下兴亡,匹夫有责"的观念意识,近代以来接踵而至的丧权辱国、积弱积穷的乱世局面,深深刺激了爱国知识分子和民族工商业者,"实业救国""教育救国""科学救国"的思想,在他们脑海中激荡,并引起共鸣。顾福佑、王成杰在《潘序伦与立信会计学校》一文中指出:潘序伦"在青年时代受到旧民主主义'实业救国'的思想影响,接着赴美国留学。回国后,他立志把一生献给祖国的会计事业,以期实现'实业救国'的理想。创办立信会计学校,培养会计人才,是他实现这一理想的实际活动"。① 这一论述,对于我们了解潘序伦教育思想与"实业救国"思想的关系,非常有帮助。

　　正如江泽民同志在中国共产党第十五次全国代表大会上所作的报告"高举邓小平理论伟大旗帜,把建设有中国特色社会主义事业全面推向 21 世纪"中指出的:"从 1900 年八国联军占领北京,中华民族蒙受巨大屈辱,国家濒临灭亡边缘,到 2000 年中国在社会主义基础上进入小康,大踏步走向繁荣富强,是中国发

---

① 引自《潘序伦回忆录》附录,中国财政经济出版社 1986 年 8 月版,第 71—72 页。

生翻天覆地变化的 100 年。鸦片战争后,中国成为半殖民地半封建国家。中华民族面对着两大历史任务:一个是求得民族独立和人民解放;一个是实现国家繁荣富强和人民共同富裕。前一任务是为后一任务扫清障碍,创造必要的前提。"①从 19 世纪中叶起,帝国主义列强凭借舰炮的威胁,从中国取得了一大批特权。据汪敬虞分析,列强所攫取的特权有"根据不平等条约取得的特权"和"没有条约根据的特权"之分。条约特权有:条约口岸、协定关税、领事报关、租界、片面最惠国待遇、驻军、治外法权、免征税收、内港引水、雇佣买办、办理邮政等,凡 30 条;无条约根据的特权有:外国在中国开设银行、外国银行在中国发行纸币等,凡 5 条。除去这些特权外,列强还屠杀中国民众,割占中国领土等。② 国家的主权、民族的生存和人民大众的人权等问题,非常严峻地摆在中国面前。

许多仁人志士都在不懈地探索爱国救国之路,他们从多种途径积极倡导维护国家主权,挽救民族危机。许多有识之士则从兴办实业、振兴实业的角度,提出了救国的处方。对此,习近平同志也予以充分肯定,他指出:"为了民族复兴,无数仁人志士不屈不挠、前仆后继,进行了可歌可泣的斗争,进行了各式各样的尝试……"③

"实业救国"另一种表述即"振兴实业"。中国革命的先行者孙中山也是"振兴实业"的积极倡导者,他在第一次世界大战结束后,用英文撰写了《国际共同发展中国实业计划》(简称《实业计划》,由朱执信等译成中文,后亦称《物质建设》,收入《建国方略》一书)。这是一份近代中国振兴实业的建设蓝图。他在此提出对外开放,充分利用外国的资金、人才和管理经验,进行修筑铁路、建设公路、开垦荒地、采矿、冶铁、炼钢等十大实业建设。孙中山还号召华侨"热心回国经营实业",利用他们"最新之科学工业常识",为"祖国实业前途之发达"贡献力量。辛亥革命后,国内比较重视实业,颁发了一系列扶植实业的法令法规,如南京临时政府拟定了《商业注册章程》等。振兴实业不仅是思想家在思考的事,而且成为代表时代脚步的社会思潮。工厂、商号随之逐年增加,产业工人从辛亥革命前的五六十万,到 1919 年五四运动前夕增加至 200 万人。仅从产业工人的激增,就充分说明了当时国内实业发展之迅猛。

平心而论,在我们今天看来,"实业救国"思想是带有鲜明的进步性和爱国

---

① 江泽民文,见人民出版社 1997 年 9 月版合订本,第 2 页。
② 汪敬虞:《资本、帝国主义在近代中国的特权》,转引自姜义华《论近代以来中国的国家意识与中外关系意识》,见《新华文摘》1997 年第 9 期。
③ 2017 年 10 月 28 日《人民日报》。

性。它顺应了时代发展、社会经济发展的历史潮流,表现了人们力图挽救民族于危亡之中的强烈的爱国主义。所以,实业救国、振兴实业的思想,就其本身来说是无可非议的,它影响了数代人的思想,是值得肯定的。对其中的局限性,后人不能苛责。

潘序伦教育思想受益于黄炎培等人提倡的职业教育理论。在中国现代教育史上,黄炎培以首倡职业教育而著称。他数十年来不仅身体力行,坚持实践,创办了中华职业教育社,开拓发展了职业教育事业,而且对职业教育理论进行潜心研究,写下许多论著,形成了颇有体系的职业教育思想。

黄炎培和潘序伦既有师生之谊,又有同道之好。潘序伦1979年曾写道:"我从1927年起开始执行会计师业务,成立立信会计师事务所,翌年又创设了立信会计学校。我们采取的教育方针与方法,可以说完全照搬了中华职校的教育方针与方法。立信会计学校在25年的时间内,训练了十万人以上的各级学生,这是以中华职校为榜样所取得的成就。"[①]循着潘序伦本人的这一段自述,再看黄炎培、潘序伦两人的师承关系和著述实践,并把立信会计学校与中华职业教育社在实施职业教育方面的许多措施加以比较,我们可以推断,黄炎培和潘序伦的教育思想存在着前后相通的内在联系。

1908年,黄炎培时任上海浦东中学校长。是时,潘序伦15岁,闻悉浦东中学的黄校长对学生德、智、体的训练极为严格,便前往报名应试,经录取成为该校的一名学生。由此,两人结下了师生情谊。黄炎培亲自担任修身课教师,"讲课时,讲得有声有色,富有兴趣,发人深思,学生认为是件难得的乐事。任师(黄炎培号任之)真是一位教育家和心理家。我们和他谈话,如见到了严父,又如遇着了慈母。"[②]对此,潘序伦在晚年还记忆犹新。1919年,潘序伦立志出国深造,为学好英语,他找黄炎培寻求指导。黄炎培为他修书介绍,才得以进入圣约翰大学就读。一年半后潘序伦正式毕业,获得文学士学位。1921年,南洋兄弟烟草公司创办人简照南有志助学,委托黄炎培代为招考赴英、美的留学生。潘序伦以第一名的成绩被录取,赴美留学,并取得哥伦比亚大学经济学博士学位。饮水思源,潘序伦对这总是牢记在心。1926年,潘序伦以工作和著述所得银元13 000元设立"思源助学基金",原本想请黄炎培出任基金董事,但于黄炎培社务繁忙,后改请中

---

① 潘序伦:《中华职业学校是我办学的榜样》,见中华职业教育社编《社史资料选辑》第1辑,1983年11月版,第149页。

② 潘序伦:《缅怀黄任之老师》,见中华职业教育社编《社史资料选辑》第1辑,1983年11月版,第137页。

华职教社总干事江恒源担任。潘序伦参加了中华职业教育社,并担任该社董事兼监事、中华职业学校常务董事。潘序伦创办立信会计专科学校后,聘黄炎培担任教授,讲授国文和中国文学史等课程。1965 年,黄炎培逝世,潘序伦亲笔撰写了《缅怀黄任之老师》等数篇文章,寄托沉痛的哀思及对恩师"永久不忘的心意"。

从上述简要回顾可知,黄炎培与潘序伦的师生关系是非常密切的。关于他们两人对中国职业教育的贡献,专家、学者已有评价。徐立元评论道:"可以说在 20 世纪 20—40 年代,中华职业教育社及其所举办的各级各类的职业学校与各种办学形式的立信会计学校,是我国职业教育两支突起的异军。黄炎培和潘序伦虽有先后,但是同道而齐驱。前者开辟了职业教育更广阔的天地,后者在一门学科的专业范围,创新拓展,惨淡经营,取得了非常的成果,为我国职业教育谱写了光辉的篇章。"[①]

黄炎培职业教育的思想核心是教育必须与职业沟通。他认为,"职业教育,以广义言之,凡教育皆含职业之意味。盖教育云者,固授人以学识、技能而使之能生存于世界也。若以狭义言,则仅以讲求实用之知能者为限,亦犹实业教育也。惟实业教育,兼含研究学说之意味。而职业教育,则专重实用,纯为生活起见。"[②]黄炎培起草的中华职业教育社宗旨,1917 年 7 月在《东方杂志》和《教育杂志》同时发表,提出宗旨凡三:"为个人谋生之准备,一也;为个人服务社会之准备,二也;为世界国家增进生产力之准备,三也"。后来,黄炎培又把这个宗旨概括为:"使无业者有业,使有业者乐业。"值得注意的是,黄炎培理想中的职业教育,是"办成一种民主化、科学化、实用化的教育,这种教育应该把学生培养成崇尚民主、平等,热爱劳动并乐于为群众服务的人,同时这种教育还应教会学生一两种确实能为社会'生利'的劳动技能"[③]。据此,黄炎培认定职业教育是解决国家最困难的生计问题的唯一途径。

黄炎培职业教育思想有着丰富的内涵,给潘序伦等许多追随者以启迪,激励着他们积极探索职业教育如何适应社会需求。

二

潘序伦教育思想,是潘序伦先生毕生从事会计教育工作实践的理论总结和

---

① 徐立元:《黄炎培与潘序伦》,《立信学刊》1989 年第 2 期。

② 黄炎培:《职业教育》,《黄炎培教育文选》,上海教育出版社 1985 年 8 月版,第 44 页。

③ 黄嘉树:《中华职业教育社史稿》,陕西人民教育出版社 1987 年 1 月版,第 30—31 页。

经验结晶,内容极其广泛丰富,并有许多独特的建树。

潘序伦积极倡导教育与政治、经济相适应,为振兴中华服务,具有强烈的爱国主义精神。如前所述,潘序伦教育思想虽然带有浓重的"实业救国""教育救国"的色彩,但是他所倡导的会计教育是建立在爱国主义思想基础之上的,强烈的爱国主义精神贯穿于他的教育活动的始终。起初,潘序伦如同当时的先进教育家一样,主张"教育救国",设想通过教育促进国家的独立、富强,解决社会生计问题,使中华民族崛起于东方之巅。"九一八"事变进一步唤起了他的爱国热情,他逐渐认识到,只有国家民族的解放,才有民族经济与教育的发展,才能从根本上解决社会生计问题。因此,他在倡导会计教育、积极从事会计教育的同时,积极参加了抗日救亡活动和民主运动。他参与了为抗日将士以及民主人士的募捐活动,为《生活周刊》等进步报刊义务审计等,并从会计教育、会计实务、会计出版等各个不同层面,有效地促进了战时经济的发展。他还积极支持立信师生的进步活动,保护了爱国师生;在国民党撤离大陆时,他坚持留在上海,等等。所有一切,证明潘序伦是一位具有爱国主义思想的教育家。

潘序伦提倡会计教育距今已有数十年了,但他的教育思想和主张,如力图通过教育的手段,提高人的素质,促进生产力的进步来解决国家最困难的生计问题,从而使国家走上繁荣昌盛之路。这对今天我国推进教育的改革和发展,依然具有不可忽视的现实作用,值得人们加以研究。

潘序伦是培养我国会计人才和发展我国会计事业的先驱。20世纪20年代,他满怀振兴祖国经济的愿望,从西方学成归国,投身于立信会计事业。他的教育思想及其办学实践,充分体现其高尚的爱国主义品德,以及为祖国繁荣而不懈努力的奉献精神。他坚持实事求是、理论联系实际的科学的治学态度;他坚持全心全意为人民服务,脚踏实地的工作作风;他坚持忠于人民的教育事业,为培养人才奋斗不止的高尚情操。

早在创办立信会计学校之初,潘序伦就明确提出:办教育是为了"培养人才,发展实业,振兴中华"。他积极倡导办学与政治、经济相适应,主动为经济建设服务。在旧中国半殖民地半封建社会的条件下,潘序伦艰苦奋斗,全力以赴,开拓适应中国国情的会计研究事业。尽管道路坎坷,他总是锲而不舍,千方百计将事业办得精益求精。抗日战争时期,他以国家、民族利益为重,毅然将学校由上海迁往重庆。他虽历经"反右"和"十年动乱",但在落实政策后,不顾年事已高,仍以全部精力投身于会计教育事业。

在中共十一届三中全会以后,为了适应祖国现代化建设对财会人员的迫切需要，经潘序伦等人倡议，恢复了上海立信会计专科学校以及立信会计师事务所、立信会计出版社等，又为国家培养了大批人才。对潘序伦来说，确是桃李满天下。

在潘序伦的晚年，他多次强调办学要为社会主义现代化服务，要与社会、政治、经济相适应。他曾说过："当前我国正进入社会主义现代化建设，把全部经济工作转到以提高经济效益为中心的新的历史时期。而财会工作在提高经济效益中，担负着控制经济活动，提供经济信息，核算经济效益，预测经济前景，参与经营决策等极其重要的任务。但是，目前我国财会人员的现状，与所担负的重要历史任务是不相适应的，迫切需要迅速加强财会队伍建设，提高财会人员素质、理论水平和业务能力。"[1]而提高财会人员素质和培养财会人才，必须靠办好财会教育。潘序伦真正做到了将毕生精力贡献给祖国的会计教育事业。

1980 年前后，潘序伦会同各界知名人士发出倡议书，向上海市人民政府呼吁，恢复立信会计专科学校。为了学校的生存和发展，他又给当时的中共中央总书记胡耀邦同志写信，请求尽日解决学校的校舍问题。潘序伦认为，政府批准复办立信，系"一生夙愿，在共产党领导下，立信得到发扬光大，我真万分高兴"。[2]他本着"取之于社会，用之于社会；取之于会计，用之于会计"的宗旨，捐赠 45 000 元给学校，作为优秀学生的奖学金。后经他发起，立信老校友、老校董杨国树、查济民和立信会计纸品厂共同捐资 5.5 万元，以十万元在学校设立"潘序伦奖学金"，鼓励更多更好的会计人才脱颖而出。

潘序伦教导立信学子努力学习马克思列宁主义、毛泽东思想、邓小平理论，从政治思想的高度对广大同学提出了新的要求。他在 1983 年立信复校后首届毕业生毕业典礼上发表讲话："你们首要的学习任务，是要继续好好学习马克思学说的基本理论，树立全心全意为人民服务的共产主义理想；目前还要认真学习《邓小平文选》关于知识、人才、科学和教育等问题的论著，以提高你们的政治思想水平。"笔者在这里引述的讲话稿是潘序伦的手稿，现收藏在上海立信会计金融学院的档案馆。

潘序伦教育思想指明了会计职业的特性，以便更好地为教育事业服务。早年，潘序伦在求学时就反复斟酌，确定以会计事业作为自己的毕生事业。以后，

---

① 潘序伦：《向〈广东财会〉编辑部致祝贺——岭南会计学界同仁和我们上海同仁共同策励前进》，《广东财会》1984 年第 1 期。

② 《潘序伦回忆录》，中国财政经济出版社 1986 年 8 月版，第 58 页。

随着事业的发展,他逐渐加深了对会计职业特性的认识。

潘序伦在其回忆录中说过:"说起来很惭愧,现在我被有些人称为'会计专家',甚至过誉为'会计界的泰斗'。但是,在30岁以前我还不知道'会计'是什么样的学科呢!……直到进入哈佛大学商业管理学院,才在学习会计学的征途上迈出第一步。……我觉得会计是一门应用面很广泛的学科,公私事业单位以及农业方面都有需要。所以,我认定我国日后对于会计人才的需要定会逐年增加。现在看来我的选择还是对的。"[1]潘序伦对会计职业的认识是正确的,确实经济越发展,会计越重要。作为经济核算、经营管理的重要工具,会计为各行各业所需要。

为了搞好会计教育,潘序伦对会计职业、会计学术和会计教育进行了系统研究,寻根溯源,煞费心血。他撰写了《我国会计学术与会计职业之回顾与前瞻》《会计学发达史》《我国会计学术之追溯》等文章,在会计领域颇有建树。

为了搞好会计教育,潘序伦阐明了会计职业与社会的关系。早在20世纪40年代,潘序伦迁校至重庆时期,他曾应邀在重庆中央广播电台发表演说,深刻地指出了会计工作的重要性及其与社会的关系。这篇题为《当今会计人员对于国家应尽之职责——在重庆中央广播电台对全国会计人员的演讲辞》,后全文发表于福建省政府会计处刊行的《会计知识》杂志上。潘序伦的这篇文章通篇说理严谨、设喻生动、文情并茂。他要求发挥会计在社会生活中的防腐剂作用。他呼吁全体会计人员,"尽能激起天良,严守岗位,对于各机关的账目,绝对抱着不做假账,不隐蔽舞弊的态度"。这篇文章说明,作为会计教育家的潘序伦,他的目光是长远的。在当时,像潘序伦先生这样的爱国知识分子,他们继承孙中山先生的遗志,怀着振兴经济、整顿财政和防范贪污盗窃、改善吏治的愿望,致力于会计的规范化和培训会计人才,使会计在当时整个社会生活中发挥重要的作用。

为了搞好会计教育,潘序伦对会计职业与经济的关系也有深刻的论述。他认为,"任何工厂、企业、机关、事业缺了会计,资金就不能畅通,效益无人衡量,经营必然紊乱。因此希望同学们,千万不要歧视自己所学的会计专业,会计是一门很重要的实用学科,一定要学好它,今后会学有所用的。"

潘序伦教育思想主张要积极沟通教育与职业的关系,把学校和社会、学习和服务联系起来,着眼于解决国计民生的实际问题。潘序伦的教育思想非常强调教育与职业的沟通,通过多年的精心运作,为社会培养了大批人才,同时为大批

---

[1]《潘序伦回忆录》,中国财政经济出版社1986年8月版,第20页。

青年解决了就业问题,达到了为社会培养适用人才的教育目的。

潘序伦本着"教育救国"的心愿,在建立立信会计师事务所的第二年,抓紧创设了立信会计高级职业补习学校,就是因为看到当时除了少数大的银行、企业采取新式的簿记会计制度以外,其他仍然沿用古老的单式收付簿记,这对我国工商各业发展是不利的。对此,潘序伦认为,"改良会计的事情,成为我国现代社会各界的普遍现象,但改良会计的工作,要赖专才,方能举行。"①而在那时,一方面,熟悉新式会计的人员极其缺乏,从业的账房先生对学习新式会计的要求也非常迫切;另一方面,潘序伦又鉴于"当时教育不普及,高等教育和中等专业教育的规模不大,而旧会计人员熟习的上收下付的中式簿记,又不能适应引进大生产技术后日益扩大的企业需要,这就产生了介绍西式会计,以适应新形势的任务。"②潘序伦看到当时失学、失业的人数众多,他们都希望学习会计技术,以谋取职业。所有这些,都激发了潘序伦对教育与职业沟通工作的探索。

立信会计学校的创设,正是为了促进新式会计的推行,以利于产业的发展,同时也为求学者施以会计学的专业训练,便于他们谋职就业,服务社会。为国家的繁荣富强、工商经济的蓬勃发展而培养会计人才,是潘序伦一生的愿望。在中共十一届三中全会以后,潘序伦已是古稀之年,仍然壮心不已。他说:"实现四化,振兴中华,需要人才,我们会计队伍老化和青黄不接的情况十分严重,我作为一个会计教育工作者,培训会计人才是义不容辞的责任。"③在潘序伦的积极筹划和倡议下,停办了20多年的立信会计专科学校终于得到恢复,在新时期成为会计教育的一块重要的基地。

潘序伦从教育与职业紧密沟通的思想出发,提出了重视学生素质教育、基础教育以及吸纳女生的教育理论。潘序伦针对某些人鄙视会计、不重视提高会计人员素质的落后观点,提出要加强会计人员的素质教育和职业道德教育,强调"建立信用"是会计工作者的立身之本。他认为,会计工作是一项科学性极强的职业,必须真实可信,绝不能弄虚作假。因此,他反复强调的便是"立信"精神,要求以"立信"精神从事培养会计人才的工作。

1937年,潘序伦以精粹的语言阐发了"立信"校训:"信以立志,信以守身,信以处事,信以待人,毋忘立信,当必有成。"这一校训被潘序伦作为进行教学活动

---

① 潘序伦:《立信会计学校的创办和发展》,《立信史话》,立信会计出版社1993年11版。
② 潘序伦:《立信会计学校的创办和发展》,《立信史话》,立信会计出版社1993年11版,第15页。
③ 转引自徐立元:《黄炎培与潘序伦》,《立信学刊》1989年第2期。

的准则。他多次呼吁，从事会计工作的人必须在立志、守身、处事、待人等方面建立信用。这就是他教育思想的主旨，也是开展会计诚信教育的出发点。

潘序伦还注意冲破中国封建社会长期以来重农轻商，不重视经济管理的传统观念，如在一般人的心目中，会计不过是一种计算和记录数字的工作，有所谓"一把算盘一支笔，算来算去没出息"之说。潘序伦认为这些论点是完全错误的，他认为会计是一门经济管理科学，除有一定的思想素养之外，非有高度的文化知识的人，是不能胜任的。即使是一般簿记员，在记录会计事项时，如何简单扼要地说明事件的经过，也要具有表达能力。至于一个会计主管，对于年度财务会计工作的总结，决算报表的分析，财务状况的报告，没有高度的文化水平和写作水平，是不可想象的，更不用说从事会计师和会计教学科研工作。[1] 所以，潘序伦非常重视基础教育，他"非常重视实习，每节课都备有习题，并配备一位辅导助教，认真批改学生作业和解答疑难问题。对夜校学生，教师主要是帮助他们解决实际工作中的困难和问题；对正规日校学生，教师要求他们苦练珠算、书法和应用文等基本功，并利用会计师事务所与工商企业接触较多的有利条件，经常组织学生到工矿企业和商店参观实习。因此，我校的毕业生一到工作岗位便能马上从事实际工作。"[2]潘序伦注重全面提高学生的素质，以利于职业竞争和有效地从事财会工作。他很早便认识到了学生应德、智、体全面发展。比如体育课，囿于条件只在专科学校设置。1947年，在上海徐家汇柿子湾立信会计专科学校校舍兴建之时，他慨然捐资一万美元，建造了一座体育馆，让同学们进行体育锻炼。在当时的大专院校中，这是第一流的室内操场。立信的学生在参加上海地区大专院校举办的联合运动会上，多次蝉联冠军。所有这些都表明，潘序伦的办学指导思想，是要将学生真正培养成为社会所需的、全面发展的专门人才，而不是只会拨拨算盘、写写阿拉伯数字的"账房先生"。只有这样，才能真正做到教育与职业的沟通。

潘序伦教育思想强调会计教育社会化的作用：办学施教，不拘陈法；因地制宜，应时而定；学以致用，按需培养。潘序伦教育思想体现了不拘陈法、利在施教，不拘一格、旨在便学的精神，如果从教育方针上来认识，就是"先普及后提高"。潘序伦在办学过程中，先以会计师事务所附设补习班的名义，为需要学习新式簿记会计知识的人员提供条件而开始办学的。到第二届时，他看见前来报

---

[1] 参见赵友良：《中国近代会计审计史》，上海财经大学出版社1996年10月版，第308—309页。

[2]《潘序伦回忆录》，中国财政经济出版社1986年8月版，第34页。

名要求入学者众多,才决定将附设的补习班正式改为独立的立信会计高级职业补习学校,以后再陆续发展其他规模更大、层次更高的学校,如高级职业学校(相当现在的中专)、专科学校等。课程也随着就学者增加而逐步增加,原设簿记一科,以后增设了会计学、高等会计、初级商业簿记、高级商业簿记、银行会计、政府会计、铁道会计、成本会计、所得税会计、审计学、英文簿记等课程。立信会计学校先后培养了十余万名会计人员,充分发挥了它的社会作用。潘序伦后来在总结立信办学迅速发展的原因时曾说过:"充分考虑学生来源,用多样化的教学方式满足培养人才的要求。这里包括:学制分正规与非正规;学程分初级、中级、高级;学习时间分日班、夜班、晨班、星期日班、暑期班、短训班、速成班;授课方面有面授、函授以至广播讲座;学生来源有在职人员业余学习,失业青年就业学习,家庭妇女谋业学习;学校还有住校和走读之分。这样,使有志来学的青壮年,甚至少数老年,不论文化程度、专业程度如何,路途远近,时间多寡,贫富悬殊,都能选择适当班级学成一技,做好就业的准备或提高自己的业务水平。"[①]

潘序伦充分考虑到教育必须面向社会,方能发展,才有活力。他认为会计是一门实用科学。因此,他精心培育,要求学生做到学验并重。学生既要钻研会计理论,又要掌握会计实务技能。他说:"我凭自己求学的经验,治学素主严谨,重视教育质量,注意教学方法和效果。"[②]为了达到这一目的,他从以下两方面提出要求。其一,以"认真"两字为主导,对师生高标准、严要求。教师要认真备课,认真批改作业;学生要认真听讲,认真做练习题。考核也是十分严格的,考试成绩以 70 分为及格。学校还经常举办簿记、珠算、会计等学习竞赛。考试作弊者要开除学籍;一学期缺课三分之一者,不得参加期终考试;迟到或早退三次者,以旷课一次计算,等等。其二,强调教学内容切合实用,学以致用。对此,潘序伦曾作如下归纳:"我校教师大部分是从事务所的会计师和历届优秀毕业生中挑选的。他们从实际出发,自编讲义。讲义经过两三个学期的试讲,以及补充修订,经事务所编辑科审定后,才能成为正式教科书,由图书社出版发行。读者普遍反映《立信会计丛书》比较切合实用。"[③]

潘序伦十分注意勤俭节约,善于利用社会力量办学。他说:"我历来提倡节约,讲究精打细算,勤俭办学。无论在上海、重庆,还是在桂林、天津,开始时学校

① 潘序伦:《立信会计学校的创办和发展》,《立信史话》,立信会计出版社 1993 年 11 版,第 15—16 页。
② 《潘序伦回忆录》,中国财政经济出版社 1986 年 8 月版,第 33 页。
③ 《潘序伦回忆录》,中国财政经济出版社 1986 年 8 月版,第 34 页。

都是租用中小学夜间的空闲教室上课,或利用机关、团体、企业的房屋,和他们协作办校。每校除有两三位管教务工作的专职人员外,每班 50 名左右的学生,只有一名教师和一名助教负责管理。总务勤杂工作,大都是请租用和协作单位兼办的。那时夜校教职员与学生人数的比例,大体是 1:20;就是正规的日校,也不过 1:10。房租、水电和办公用具都是处处节约,精打细算,因而学校经费每期都有节余。"①

潘序伦十分重视职业指导工作,确保会计教育和职业导相辅相成。潘序伦在推行会计教育的实践中,结合对社会状况的深入考察,认识到职业指导作为沟通教育与职业的重要环节,必须加以重视。

在这方面,潘序伦深受职业教育家黄炎培的影响。潘序伦曾多次出席中华职业教育社职业指导部的顾问会议,对职业指导工作颇为看重,还专门作过题为"会计职业指导"的演讲,文稿发表于中职业教育社主编的《教育与职业》杂志1935 年第 161 期。

潘序伦的这篇文章根据当时会计从业人员所任职务和所处地位,将会计人员分为四类:簿记员;会计员或会计主管;主要人员如经理或主任;会计师。他还分别说明四类人员所应具备的品德、业务技能、管理能力、学识经验等要求,指出什么岗位需什么样的人员素质,个人怎样的条件选择怎样合适的工作。潘序伦将职业指导运用于会计专业,犹如教育必须贯彻"因材施教"原则一样,做好职业指导也应因不同岗位选用不同的人员,根据本身实际选择适宜的任务,才能各得其所,各展所长。在这篇文章中,潘序伦特地说明了会计工作的重要性,他希望有志于会计职业的人员要从早严格训练,抓紧准备。这一切,潘序伦都是考虑社会需要不同层次的会计人员,从更有利于造就人才,发现人才,选用人才出发的。

作为一位教育家,潘序伦不但培养了众多的人才,而且十分爱惜人才。在他那里,人尽其才,才尽其用。在当时,一个青年如果没有一技之长和亲朋好友的介绍,要想找到一份职业是困难的。他非常关心年轻人的前途,鉴于当时就业困难,他特地于 1940 年设立了"立信会计职业咨询所",尽可能地介绍会计人才就业。

这个咨询所开办以来,广泛为社会服务。据该所章程称,它的服务项目有:"甲、答复贵界对于会计职业方面之咨询;乙、会计职业之介绍;丙、会计人才之征

---

① 《潘序伦回忆录》,中国财政经济出版社 1986 年 8 月版,第 35 页。

求：丁、代办招考及训练会计人员事宜；戊、国内会计职业情形之调查统计；己、与会计职业有关之其他服务项目。"应该指出的是，这里有许多项目都是免费提供的，极大地方便了供需双方。

潘序伦规定，进行职业指导、职业介绍时，一般要与本人见面，进行谈话（即如今的"面试"），谈话要作记录，并从言语（洪亮——低微、文雅——粗俗、清晰——模糊），行动（敏捷——迟缓、活泼——呆板、安详——轻率），服装（整洁——污秽、朴实——奢华），仪态（强健——衰弱、和蔼——强横），体格（健康——衰弱、耳聪——重听），思想（正确——偏颇、有条理——杂乱）等方面进行考察，得出结论。[①] 这样做有效地促进了会计教育的发展，也扩大了会计队伍。

三

潘序伦是中国现代会计的奠基人。他从事会计工作和会计教育60年，集会计实务、教学于一身，融学校、出版社、事务所于一体，积累了丰富的经验。他的会计学术水平造诣颇深，会计教育思想已形成体系。这个体系不仅蕴含了一般教育的普遍规律，而且揭示了会计教育独具的特殊规律，归纳起来是五条：面向社会的教育观、服务经济的职业观、不断发展的革新观、追求卓越的效益观、以信为本的道德观。

一是面向社会的教育观。教育要面向社会，才能发展，这是一条规律。潘序伦举办会计教育伊始，就意识到这条规律的存在。他认为"惟有优越之会计人才，庶政府与企业之会计能日臻于完善，间接足以促进国家社会之进步，收效迅速而宏大"。而在日后的办学实践中，随着经验的积累，认识的深化，潘序伦越来越感到，教育与社会存在着密不可分的有机联系。社会的进步，促进教育的发展；教育的发展，又推动社会的进步，这是现代教育的崭新观念。20世纪30年代是中国现代教育的发展时期，也是中国会计教育兴起的时期。随着西式会计的引进和普及，社会对会计的重视程度日益提高。潘序伦欣喜地指出："今日创研究之风，已比较普遍。会计学术之普遍化，国资会计学之创建与进步，或为十年来会计之一新现象。此种可喜之现象，虽为各大学、各同业、各级政府工商机关领袖努力提倡推行之所致，然立信会计补习学校毕业同学之工作，或亦不无微功存在其间，此种情形，益使序伦等欣然奋发，而力图立信会计补习学校之扩

---

① 参见罗银胜：《"他们都是些有所作为的青年"》，1990年7月2日《立信》校报，第21期。

充。"潘序伦以社会的需要，作为自己办学的出发点，作为学校发展的"原动力"，提出了一整套办学的新思路，采取了一系列办学新措施，使他的会计教育成为一个系列工程。在办学经费筹措和人力、财力、物力的融通上，他提出："取之于社会，用之于社会；取之于会计，用之于会计；取之于学生，用之于学生。"在办学层次和规格上，他提出："社会需要什么会计人才，我们就培养什么会计人才。"这使立信成为多种形式教育的结合：职教和普教的结合，学历教育与非学历教育的结合，职前教育和职后教育的结合，长距离教育和短距离教育的结合，面授和函授的结合。因此，立信的学生在社会上具有很大的覆盖面。在办学时空上，学校采取了长期教育和短期培训相结合。在短期培训班中，有日班、午班、晚班，有星期日班和节假日班，最大限度地扩大适应面，以尽量满足在职人员求学的要求。

在教学内容上，潘序伦提出社会需要什么内容，立信就教什么内容，这一点特别体现在立信自编的教材中。潘序伦十分注意教材更新，以跟上时代的需要。1982年，他语重心长地指出："近年来，国外工厂规模和国际贸易日益扩大，联合企业和跨国公司的形成，国外财务会计理论的研究，已由传统的财务会计发展到管理会计，电子计算机也在会计工作中得到广泛的应用。这些先进的科学理论，应该学习，取人之长，为我所用。"另外，在教材的编写上，他又特别注重中国国情，他曾说："我国现在和过去的会计教材中，几乎全部是工商、财政、金融等方面的，农业会计和农村簿记教程，竟成为会计教程中的空白点。我国有八亿农民，数十万个农业社队，而社队会计人员中，受过正式会计学培训为数极少，在这种情况下，编写农业会计、簿记教科书已刻不容缓。"

二是服务经济的职业观。潘序伦从事会计工作和会计教育，正值我国民族工商业迅猛发展的时期。经济的迅速发展，对各类财会人才的需求与日俱增。潘序伦抓住这一有利时机，运筹规划，逐步形成独具特色的会计工作和会计教育的立信模式。他先是创办立信会计师事务所，为工商业提供财务审核、佐证和咨询。后来，他感到要改变中国财会事务的落后状况，最根本的是要解决财会工作的人才问题。于是他办起了财会学校，把财会工作和财会教育联成一体。

潘序伦认为，会计与经济紧密相连，会计这个职业，是与经济共存亡的职业。人类有社会，便有经济；而有经济，便有会计。从这个意义上讲，会计是一个永恒的职业。他认为，随着社会的进步，经济的发展，"更予工商企业改进会计之工作以极大之推动。值此时机，我从事会计工作者之责任，自将益趋重大，而社会对于会计人才之需求，亦必愈见殷切。此种伟大时季，实予等以继续奋发努力，以贡献于国家社会之最大职责，而力图立信会计学校之扩充。"潘序伦将自己的职业与社会的进步、经济的发展、祖国的振兴联系在一起，并贯穿于他的一生。

潘序伦的职业观，体现在他办职业教育的一个口号："使无业者就业，使有业者乐业。"他在《从职业补习教育说到立信会计补习学校》一文中解释了这个口号："没有相当职业的人，大约因为没有职业上相当的知识和技能，要想得着相当的职业，一定要把职业上的知识和技能学会，这便是职业学校的任务。有职业的人，不能胜任工作，一定要把日进无涯的职业知识和技能学好，这便是补习学校的任务。"

到了晚年，潘序伦服务经济的职业观更趋成熟。他认为，会计是管理国民经济的一个重要工具。随着经济的发展，会计的重要作用也愈益明显。1980 年，他在《解放日报》上发表文章说："会计的作用可以概括为三个字，即记、算、管。记就是记账，算就是算账，管就是管理。记账的目的是为了提供算账的资料，算账的目的是为了便于进行管理。由此可见，会计是进行经济管理的一个十分重要的工具。"

20 世纪 80 年代，中国经历了一次思想解放运动，即关于真理标准问题的大讨论。潘序伦不是这次思想解放运动的落伍者，相反，他活到老，学到老，积极投入运动，在会计实务和会计教育方面一直处于"思想领先"的前哨，他的服务经济的职业观，又得到深化和提高。他在《新技术革命向会计提出的问题》一文中指出："我们说科学技术等于生产力，是因为新的科学技术可以带来巨大的生产力。而现在的管理可以极大地提高生产力，所以管理也可以说是一种生产力。那么，会计是管理的一部分，算不算生产力呢？"接着，他又详尽阐述了这个问题，他说："现在有一种说法，就是科学有'硬科学''软科学'之分，专家有'硬专家''软专家'之分。软科学的中心是管理，而重点是企业管理，既有科技知识又有管理才能的专家被称为'软专家'。会计是企业管理重要的一环。从发展来看，会计人员不仅要精通会计业务，而且还要学习自然科学、社会科学、哲学、心理学等知识。新产业革命的发展有赖于无限的智力资源。我们的会计专家应和其他专家一起为社会主义四化建设各个领域的发展，提供最优的方案、策略和方法，以帮助领导部门进行决策。根据上述发展趋势，我们会计人员今后的智力投资，应该向什么方向发展呢？如何以只争朝夕的紧迫感，采取什么相应的步骤来更新我们的知识呢？"

如果说潘序伦早期的职业观，是服务于经济，偏重于数量，那么他晚年的职业观更注重服务的质量。潘序伦赋予了会计这个职业以科学的新含义，并把它确认为"国民经济管理的重要工具"，提高到"生产力"的高度。从这个意义上说，这无疑预示着会计学上的一次革命——传统的成本会计学向现代化的管理会计转化。

三是不断发展的革新观。潘序伦已拥有教育家和会计专家两个头衔,然而从他一生付诸会计工作和会计教育的革新来说,再给他一个改革家的头衔,是不为过的。他对会计工作和会计教育的要求是,日日新月月新。他的一生,是在会计和教育领域里改革的一生。他的改革思想和实践,起源于 20 世纪 20 年代,其覆盖面及影响面非常广泛。他在 1927 年创办会计师事务所,以引进西方会计为宗旨,这本身就是一个革新的行动。翌年,他在事务所里办教育——中介机构办学校,实行产教结合,以产养教,这在当时也是首创。在创办立信会计学校时,潘序伦明确指出:"以改革我国旧式会计,建立新式会计为己任,培养人才,发展事业,振兴中华。"所以,他理所当然地成为改革我国古老会计的先驱,被后人誉为"现代会计之父"。

1949 年后,潘序伦率先树立典范,研究论证苏联经济管理方法,引进苏联会计学说。直到晚年,他孜孜不倦地研究电子计算机技术及其在会计工作中的应用。

潘序伦兴办的会计教育,从补习教育到职业教育,从成人教育到普通教育,办学规模越办越大,办学路子越走越宽,办学形式越办越活,处处充满着革新、开拓、奋进。这些革新举措和思想,特别表现在立信会计高等专科学校复办时期。1980 年,我国已进入改革开放时期,恰逢其时,立信复办。立信该走怎样的路,该如何发展?潘序伦毫不犹豫地选择了改革之路,提出了"收费走读,不包分配,择优推荐,供需见面"的改革措施,开启高等教育改革之先河。从 20 世纪 50 年代开始,我国对大学生一直实行统包统分制度,直到 90 年代才提倡缴费上学,自主择业,立信整整提前了 10 年。1980 年潘序伦就提出,现在大学生就业由国家统包的办法要改一改。解放初期,国家为了保障工农子女能上大学而实行统包是必要的,但 30 年来,我国情况发生了很大的变化,继续守着老办法有三个不利:一是不利于摆正高教与普教的关系,现在大学读书不收费,还要发助学金,而中小学都要收费,这在世界上是罕见的。从全局看,我国还没有富到把大学生全部包下来的程度。在当时,广大农村青壮年文化水平普遍不高,我们应当从有限的经费中增加普通教育的开支,抓好中、小学的义务教育。这个问题解决不好,会拖四化的后腿。二是不利于调动大学生的积极性,也不利于培养他们艰苦奋斗的作风。当时国家培养一个大学生,不包括学校的基建等费用,直接费用就需要 4 000 元(注:这是 1980 年的数字)。学生进入大学之门,就捧上"铁饭碗",

容易滋长骄傲之气。三是不利于学校集中抓好教学和科研,我们是大学办社会,一个大学成了一个"小城市",什么都管,不符合专业化社会分工的原则。

潘序伦的"三不利"正切中高等教育的时弊。我们国家也是在20世纪90年代才开始着手对高等教育计划经济的模式进行改革的,而潘序伦创办的立信改革之路,已走过10个年头。由于这条路走得对,立信得到了突飞猛进的发展。立信之路之所以正确,就是因为它与市场经济相适应,与改革开放相吻合。

四是追求卓越的效益观。江泽民同志于1997年3月指出:当前的高等教育要实现"一个适应,两个提高"。回过头看,潘序伦办教育,就特别注重"两个提高"。在办学效益上,他以特有的"会计头脑"通过对办学过程中各个环节的详细考察,明确地指出"学校成本会计"和"人才会计学说",以最少的投入,取得最大的产出,逐步建立起以校养校、自我发展的良性循环机制。这一点对于我们当前的高等教育改革具有特别的现实意义。

早在20世纪30年代,潘序伦就对这一问题作了思考。1937年7月,他在浙江省教育厅附属机关会计人员讲习所的演讲"学校成本会计述要"中说:"无论经营哪一种生意,必须先看成本。各种营业,也必须知道它的成本,方可求出赚钱或亏本的数额。成本会计用很精密的方法,算得了各项产品的成本,至少可产生三个功用:第一,可以节省各处的浪费;第二,可以规定产品的价格;第三,可以决定营业的方针。"潘序伦接着说:"学校成本会计的意义和功用,也是这样。学校推行成本会计,就是想要把它的工作和费用互相参照和比较,计算出投入与产出的比例,以决定学科和教职工的增减,保证学校的顺利发展。"

潘序伦说,尽管学校是"非营业机关的计划管理,也要使它商业化,虽然必须以谋社会福利为前提,同时也不得不讲究它的效率"。在这里,潘序伦实际上揭示了教育的特殊性。一方面,它是事业单位,必须按照计划办事;另一方面,它又是相对独立的经济实体,必须按照价值规律办事。

到了晚年,潘序伦的"学校成本会计"思想,已深化成"人才会计学说"。1980年12月19日,他趁上海《文汇报》进行"关于人才问题的讨论"之际,提出了开展"人才会计"的研究。《文汇报》为此专门编发编者按语:"我们对于人才的培养从来不计成本,也不大注意效益。潘序伦同志以他特有的会计头脑,提出了这个问题,发人深思。"

潘序伦在这篇题为《开展人才会计的研究》的学校论文中说:"以前我国对于学校训练人才,基本上采取包下来的办法,不作经济核算。现在开始讲经济管理,因此有自费走读等办法。""以我毕生办学的经验来看,自费生的成绩不见得比公费生差。有的在职青年,由组织支出培训经费,其中自有少数学生认为读书于已并无经济上的损失,往往不甚注重学习。这实在是一种浪费,对培养人才不利。"

立信是全国第一个实行收费走读的财经院校,自复办以来,办学效益始终名列前茅,教学质量也是人才信得过的。所有这些都证实,潘序伦人才会计思想是正确的。

五是以信为本的道德观。潘序伦的会计职业道德思想,别具一格,以信、德为中心,一以贯之,贯彻于他毕生的会计事业和教育事业。1927 年,潘序伦创立了会计师事务所,开始他的会计事业。不到一年,他就感到会计事业具有广泛的社会性,与社会经济联系甚密,要开展会计业务,一定要取信于社会。翌年他取《论语》中"民无信不立"之意,将他的事务所改名为"立信会计师事务所",这是第一次亮出立信的牌子。

"立信"作为潘序伦会计职业道德思想的核心内容,那是 1933 年的事情。经过多年的工作,潘序伦越来越感到,对会计这个职业来说,诚实守信的品德,实在太重要了。他在为《立信会计季刊》撰稿《中国之会计师职业》一文中特别强调指出:"然会计师之为职业,而自丧其信用,则此项职业,即失去其根本存在之理由,殊背国家社会期望之愿意,可不慎哉。"此时,潘序伦已将信用视为会计事业的生命线,将恪守信用视为会计职业道德最基本的准则。

1937 年,潘序伦用精辟的语言,概括了立信会计高等专科学校的校训:"信以立志,信以守身,信以处事,信以待人,毋忘立信,当必有成。"此时"立信",不仅是会计职业道德思想,而且内涵丰富,已包含立志、守身、处事、待人等方面的做人准则。

潘序伦以信为本的会计职业道德思想形成以后逐步显示出三个特性:

第一,坚持道德教育与法制建设的有机结合。潘序伦在《中国之会计师职业》一书中说:"会计师之职业道德,亦可从积极消极两方面着想。所谓消极之道德者,即会计师行为之限制,不得于此限制之外,执行其职务,所以保存会计师之身份与人格,而防止其有不正当之行为者也。所谓积极道德者,即会计师应具有公正之品格,诚笃之心地,廉洁之操守,勤奋之精神,以恢复其信用,而发挥其效能者也。"实际上,会计师的积极道德,就是有所为,而消极道德,就是有所不为。有所为,这是道德的要求;有所不为,则是法律的规定,已属法制的范畴。潘序伦主张这两方面应有机结合。

第二,慎独作风和开拓精神的结合。潘序伦先生特别强调会计工作者要树立一丝不苟的严谨作风,他在《敬告国内有志于会计职业之青年》一文中写道:"担任会计职务者之责任,较之其他职员,远为重大。因会计工作,直接与金钱财产发生关系,有错误或过失,以致管理金钱财产发生损害,较之应赔偿之债,其数或达巨万,重之应负刑法之责,而受侵占背信之名。故担任会计职务者,对于事务之处理,常应小心翼翼,如临深渊,如履薄冰,不可稍有疏忽焉。"另外,潘序伦又特别倡导会计工作者要创造性地工作,跟上时代发展的步伐,大胆地对财务制度进行改革。1947 年,他在《为专科职训班毕业生纪念册序》一文中写道:"今当诸位同学毕业之期,尤望体教育部作育人之盛意,与本校诸师长启迪之辛勤,出其所学,以为进用,以推行新式会计,使我国各界之会计制度能与欧美诸国竞爽,退可以收缜密准确之效,进可以革新改造之规,有厚望焉。"

第三,中国的传统道德与现代会计思想结合。纵观潘序伦会计职业道德思想,一方面贯穿着儒家的道德思想,例如信德思想;另一方面渗透着现代会计思想,可以说是中国传统道德与现代会计思想的有机结合。有机结合的中心环节是唯物主义思想,中国的传统道德倡导一个"信"字,现代会计职业强调一个"实"字,要如实地反映经济状况。实是信的基础,信是实的保证,信实相联,相得益彰。

自 20 世纪以来,在我国会计界较早倡导诚信思想,大规模开展诚信教育的当推被誉为中国现代会计之父的潘序伦。我国现代会计的发展与潘序伦先生的实践是分不开的。早在 1928 年,潘序伦先生就从孔子的古训"民无信不立"及"人而无信,不知其可也"出发,以诚信理念创办立信会计师事务所,开办立信会计学校。几十年过去了,在潘序伦先生的身体力行、率先垂范下,经过几代立信人的共同努力,立信人造就了自己的立信会计精神,形成了自己的办学特色,构建了立信会计事业模式。从职业道德角度看,立信人体现了自己的风范,开创了中国会计诚信之先河,立信会计从而成为中国现代会计发展进程中的一条亮丽的风景线。以上这些,使立信会计在我国会计教育领域拥有不可替代的地位和影响。因此,宣传立信会计精神,弘扬立信创始人潘序伦先生会计职业道德思想,不仅对发展立信会计事业,而且对建设我国会计职业道德,完善我国会计诚信教育,都有一定的积极意义。

潘序伦倡导的会计诚信思想主要体现在以下几个方面:

第一,爱国主义精神。爱国主义精神贯穿于潘序伦一生的实践中。学生时代的潘序伦先后在美国取得哈佛大学企业管理硕士学位和哥伦比亚大学政治经济学博士学位,他于 1924 年毅然回到祖国的怀抱。他怀着"教育救国""实业救国"的抱负,于1927年1月设立"潘序伦会计师事务所"。为了赢得社会信誉,体现诚信思想,他在次年将其更名为"立信会计师事务所",同年设立"立信会计学校",并任校长,开始了我国现代会计教育的积极大胆探索,并将会计诚信教育融入他的会计教育始终。潘序伦先生办学宗旨:适应社会需要,培养财会人才,重在务实,振兴中华。

第二,无私奉献精神。潘序伦的一生都无私奉献给祖国的会计事业和会计教育。他创办会计事业和会计教育的目标是"取之于社会,用之于社会;取之于会计,用之于会计;取之于学生,用之于学生"。伴随着立信事业的不断发展,潘序伦全身心地投入在会计事业和会计教育工作上,无私奉献,个人索取甚少。潘序伦本人生活非常朴素,从不奢侈浪费,从不肯轻易购买新家具和新衣服。1980年,立信会计高等专科学校复办,潘序伦献出一生积蓄,设立潘序伦奖学金,将存书2 000多册捐赠给立信图书馆,将事务所挣得的钱和立信编译出版《立信会计丛书》的版税,全部投入会计教育,作为购置校具,扩充校舍等基本建设费用。

第三,大胆革新精神。潘序伦被公认为我国的会计泰斗。我们看到,辛亥革命前,我国工商企业会计一直沿用古老的单式收付簿记法,对于西方借贷复式簿记方法,几乎无人知晓。随着社会生产力的发展,应用和推广新式会计的历史重任光荣地落在潘序伦及其会计同仁的肩上。他们适应当时生产发展的需要,以大胆改良旧式会计,建立新式会计为己任,并大胆引进西方复式借贷簿记法,先后为许多工商业单位进行新式会计制度的设计工作,同时兴办会计学校,开展会计教育,传授西式会计知识,使新式借贷会计源远流长,从而开创了我国会计事业的新局面。

第四,艰苦创业精神。潘序伦创办立信会计事业和立信会计教育,呕心沥血,惨淡经营,就是后来立信会计事业发展壮大,实力雄厚,他仍坚持"精打细算,勤俭办学"。潘序伦先生办学实属不易,私立学校收费低,还要减免,教职员工授课全靠学费支付,故不可能多设教员,大都请人兼课,不发工资,仅给补贴。有的人周课时达二十几节,收入甚少,从无怨言,这与潘序伦以身作则分不开。潘序伦也常授课、代课,但从不拿教薪,都是义务讲课。立信会计事业就是这样自力更生、艰苦奋斗创业成功的。这是立信的优良传统,是立信事业兴旺发达的"传家宝"。实践证明,立信的办学效益是高的,它以最少的人力、物力消耗,获得了更大、更好的社会效益,为我国会计界培养了数以万计的优秀会计人才。

第五,实事求是精神。会计是一门实用性很强的学科。会计的精髓,自始至终贯穿"实"字。立信会计教育要求培养诚实守信的人,这些人应具备扎实的会计知识和技能,发扬踏踏实实的作风。潘序伦在办学实践中反复突出"实"字,格外重视每门课程的实务练习,还给学生创造模拟实践的机会,然后再安排学生到相关单位去现场实习。他平常要求学生注意练习珠算、外语、习字等基本功,并反复加强训练。通过重视实践,不断进行实践锻炼,不仅使学生加深了对会计专业课本内容的理解和掌握,而且使学生不断提高会计专业实用技能,受到用人单位的普遍欢迎。

第六,敬业守信精神。会计工作的根本要求是一个"真"字,这要求会计数据真实可靠可信,绝不可弄虚作假。潘序伦先生的敬业精神集中表现为,忠于会计事业务必"立信":"信以立志,信以守身,信以处世,信以待人,毋忘立信,当必有成。"潘序伦认为,"立信"是做人的重要准则,同时也是会计的职业道德。他把信用看作是会计事业的生命线,"立信,乃会计之本。没有信用,也就没有会计",这是潘序伦敬业守信精神的深刻表达。如果一个人失去信用,就会弄虚作假,徇私舞弊,以至身败名裂,更为严重的是,会危害他人与单位,给社会和国家会造成不可估量的损失。因此,潘序伦一生看重"真诚"与"信用"。他常说,作为会计人员,得99分也不算合格,只有100分才算合格,原因在于财务会计账目容不得半点差错。严谨的治学过程,也体现了潘序伦的忠诚敬业精神。过去,立信学校考试及格分数线定在70分,而不是60分。一位立信学校的学生,如果在考试或工作中作弊,必定会被开除,概不例外。这样一来,社会就可能少一个徇私舞弊者。在学校搞投机作弊的人,到工作单位必然会发展成为弄虚作假者,害人害己,危害社会。

以上六种精神,既是潘序伦个人的诚信思想,也是立信人的立信会计精神。立信会计精神是一种具有优良传统的会计诚信精神,不仅具有鲜明的会计职业特色,而且体现着强烈的时代气息。

第十一章 潜心著译

一

1949 年 4 月,在丹阳的中共华东局——三野司令部驻地,华东联络部通知顾准写一封信给潘序伦,劝他留在上海等待解放。

潘序伦本人也十分明智。他知道,立信会计事业的根基在大陆,离开了,到哪里去发展呢? 于是,潘氏毅然留了下来,当然,这跟顾准的来信不无关系。据潘序伦忆述:"我曾一再提到和我一起工作了 20 年的顾准同志,上海解放时,他跟随陈毅市长和潘汉年副市长一回到上海,就来我家看我,并带来潘副市长的名片,代表潘副市长向我问候。潘汉年同志原是我原籍江苏宜兴县的远房族侄,他的长兄潘梓年在抗日战争时期,担任重庆《新华日报》总编辑。那时我也在重庆,与他们常有来往,他称呼我为'四叔'。上海解放后,顾准任华东军政委员会财政部副部长,兼任上海市财政局局长和直接税局局长,是陈毅市长和潘汉年副市长在财经方面的一位得力助手。他来我家劝我在上海市人民政府下担任一个职务,为国家为人民效力。但我因前半生受封建主义和资本主义的影响较深,一时尚难解脱,就对顾准说:'我以一个"再醮妇"的身份(指我已失足担任过国民党政权下的高级官吏),来担任人民政府的公职,必将使我十分为难。因为在必须表态的场合,用进步的口吻来发言,有许多和我同样处境的人们会骂我为投机分子、无耻之徒;用落后的口吻来表态,又担心要为自己招致不良后果。因此,还是先让我闭门思过,过一段时期再说罢!'我就这样自视清高,不问政治,回绝了他的好意……我虽没有出来为党工作,但还是关心我国的会计事业,鼓励和推荐了不少旧同事和学生,到政府机关和企事业单位任职。"①

后来潘序伦在回顾这段往事时又道:"在 1949 年 5 月上海市解放之初,由于我对共产党还怀有疑惧之心,因之我对党抱着避而远之的态度。我所以抱这种态度:一是因为我出身于封建地主家庭,后在上海圣约翰大学受的是美国教会的教育,此后,在美国留学三年,又受到了典型的资本主义教育,对共产党缺乏了解和认识。二是因为我曾在国民党政权内,三度担任了会计和经济方面的高级官吏,担心是否会因此受到处分呢?"

潘序伦在接到潘汉年副市长的名片后,对潘汉年作了一次礼节性的回访。这次回访是由顾准陪同一道去的。

在上海市人民政府的会客室,潘汉年、潘序伦、顾准等人,交谈甚欢,气氛是热烈的……

1949 年 5 月 27 日,立信会计专科学校师生以饱满的政治热情迎接了上海的解放,随即于 28 日起全面组织复课。

中华人民共和国成立后,立信会计专科学校在中国共产党和人民政府的领导下,不断地改进和革新各方面工作,呈现出新的气象。

学生们响应号召,纷纷报名参加南下服务团、西南服务团和志愿赴东北参加国家建设。由校长、副校长和师生员工各自选出的代表共同组成的校务委员会,对学校开始推行民主化管理。立信会计专科学校相继建立的党支部、团支部、工会、学生会积极开展活动,促进学校团结进步。在继续招收专科新生的同时,学校先后经华东教育部批准和受上海市财政经济委员会委托,开办一年制的会计训练班、财经干部训练班,以加速培养国家急需的财会人才。学校还推进课程革新,删除《三民主义》等内容,增设社会发展史、新哲学、政治经济学等新课,会计、财经和语文等课程内容都有所更新。1950 年暑期起,毕业生改由国家统筹分配,消除了 1949 年以前不少大学生"毕业即失业"的困境。

潘序伦在回访潘汉年副市长之后不久,请顾准吃过一顿饭,为他洗尘。后来顾准工作实在繁忙,与潘氏接触不多。据顾准后来回忆,记忆中有如下几次会面。

一次,中国人民银行行长南汉宸到沪,要去见潘序伦,顾准陪他造访潘府;还有一次南汉宸请潘序伦到北京去,潘氏返沪后,到顾准家里去了一次,还送给顾准一盒北京果脯、一把王麻子剪刀。另外,潘序伦还约顾准和黄逸峰(1906—

---

① 《潘序伦回忆录》,中国财政经济出版社 1986 年 9 月版,第 51—52 页。

1988，著名的社会科学家，在私立立信会计专科学校任教授兼教务副主任，中华人民共和国成立后曾任上海铁路局局长、上海会计学会会长、上海社会科学院院长）到他家吃过两次饭，其中一次有当时任西南军政委员会商业部副部长的王凉尘（原重庆立信会计专科学校毕业，后任国家商业部副部长、全国工商联副主席）在座，席上大家无话不谈，无比欢畅。

1949 年 8 月，潘序伦还曾盛请顾准担任立信会计补习学校的董事长或校长，由于顾准公务繁忙，只得婉拒。

其实以潘序伦的私衷来说，他是十分愿意让顾准来当立信会计事业的接班人。这一点，无论是从顾准的能力，还是从他的实绩和学问，都是十分恰当的。一次，潘序伦在给顾准的信中称道："兄之才识十倍于此。"可见潘序伦对顾准的厚爱。

得知顾准从解放区回到上海，立信校友也都十分兴奋，还专门举行欢迎仪式。据立信老校友严松龄说："1949 年，上海庆祝解放，顾准同志随大军返沪主持上海市财税工作。我们全体在沪校友假座天津路银钱业公会欢迎他，我兴奋得没法形容。他还是那个瘦长个子，穿一套不甚合身的黄土布军服，桌上放着一只大公事包、一罐香烟，说话极其谦和诚恳。"①老校友相聚，自然皆大欢喜，顾准趁势向立信校友介绍了形势与任务，使与会同仁受益匪浅。

会后，顾准基于当时城市接管和财经建设的需要，介绍了大批立信校友参加革命工作。温以仁校友就是其中之一，尽管事隔多年，温以仁仍然非常感念，他回忆说："1949 年 5 月上海解放，全市所有私营银行均告停业，我又第二次遭受失业的威胁，不得已再次向母校（指立信）求援，在潘老师的亲切关怀下，通过顾准老师介绍，我到无锡苏南行政公署工商局参加革命。从此我作为革命阵营内的一名会计专业干部，在江苏省商业系统工作了 40 多年，直至现在。"

顾准重返上海后，不仅对潘序伦十分关心，而且对立信事业其他负责人诸如李鸿寿、陈文麟、顾洵等也很关心。对此，在顾准诞辰 80 周年之际，李鸿寿（1909—1998，民主人士，时任立信会计专科学校校长，后任上海财经大学副校长）接受采访时深情地说："1949 年 5 月底，顾准同志打来电话，说他随军进入上海，住在金门酒店，不久就要到财政局办事，同时称赞我留在上海继续搞教育和会计工作，做得对，这两样都很重要。隔了几天，我到江西路财政局拜会顾准局长。他在百忙中接待了我。除了谈学校和家庭情况外，他讲了党的方针政

---

① 严松龄：《读纪念顾准文章有感》，1995 年 9 月 25 日《立信校友通讯》。

策,新中国要培养大批财经干部,需要大量人才。这一席话,使我坚定不移地跟共产党走,为社会主义教育事业奋斗终生。我邀请他在方便的时候到柿子湾新校舍看看,对全体师生作一次报告。他欣然允诺。一天下午,他来学校视察,然后为全体师生作了一次热情洋溢的报告,鼓励大家为新中国财经事业作出贡献。"

顾准的言行,不仅体现了对母校的关心,更体现了革命家的优良作风。

为适应发展经济的需要,人民政府迫切要求培养会计人才,健全会计制度。1950年夏,立信会计专科学校增设了一年制的高级会计训练班;1951年,又受上海市财经委员会的委托,举办了财经干部训练班。据了解,在顾准等人的关怀下,立信又得到了发展。1951年,上海的立信各种学制的在校生,总共达到1.9万多人。

顾准组织财政局中的接收人员张大椿,翻译苏联专家贝柯夫所写的关于苏联计划工作的书,油印了几十本,分送各方面参考。顾准还让孙际明翻译《苏联财政制度》,交由立信会计图书用品社出版发行。

顾准还为立信会计专科学校毕业生以及教员介绍工作。现在学校档案室还保存一份由顾准局长、朱如言副局长签署的给立信学校的公函,标题为《为山东省人民政府邀请会计学术经验较好教员或教授介绍函》,其云:

　　一、接获山东省人民政府教育厅函,为拟成立一个会计专科学校,内分成本、政府、贸易、银行四科会计学习,派员来沪邀请学术经验较好的几位专门会计教员或教授。

　　二、你处对上项人才较多,特函请代为介绍。

　　三、山东省派来人系商专学校的教导主任宋教同志,现住黄浦路十七号礼查大楼二楼207室山东省工商部驻沪办事处内,如需要详细了解时,可请径往该处接洽,并请将你处所介绍的名单告知。

　　右项即请查照办理见复为荷,此致

立信会计学校

上海市人民政府财政局局长　顾　准

副局长　朱如言

学校接函,立即作了安排,圆满地完成了该项任务。

二

中华人民共和国成立以后,潘序伦请黎照寰继续在立信主持工作,经学校董事会推荐,由黎照寰接替已经离沪的陈其采任立信校董会董事长,为立信向国家输送急需的财会人才。这时的立信校长则由李鸿寿担任。

潘序伦和他的夫人张惠生原先同住在徐家汇徐虹路立信会计专科学校教职员宿舍内,上海解放后他们就迁居市区。潘序伦辞去该校校长职务,由校董会推举副校长李鸿寿继任。1950年,潘序伦又停止执行立信会计师事务所主任会计师的职务,由副主任会计师陈文麟升任。潘序伦因拟专心致力于会计学术的研究著译,请辞校长职务,被校董事会推任为名誉校长,校长职务由副校长李鸿寿代理。后李鸿寿正式被推任为校长,并于1950年10月经华东教育部报请国家教育部批准同意。由此至1952年10月,学校在校长李鸿寿、副校长陈文麟的领导下开展各项工作。

1952年,国家教育部决定对全国高等学校进行院系调整。该年6月,学校校务委员会即对此事作了专门研究。此时在校专科生近300人,教师包括专兼任教授、副教授在内共38人。9月,接国家教育部通知,私立立信会计专科学校与上海其他高等学校的财经院系合并组成新的上海财经学院。为此,学校推定黎照寰、李鸿寿、陈文麟3人负责院系调整的各项事宜。10月,根据有关领导部门决定,徐虹路校舍、家具移交交通大学,图书及市区部的家具随学校师生员工一并转往上海财经学院。待各项移交手续办妥后,学校宣告停办。

此时潘序伦的心境,用他自己的话就是"革命的洪流滚滚向前,随着上海的解放,也把我推上了社会主义的道路,但我的心情却还是动荡不安,心有余悸,不知何以自处。当时我虽没有跟着蒋介石逃到台湾去,而我对中国共产党的认识,也不是非常清楚的。所以,我接受社会主义思想,改造世界观,是有一个漫长过程。好比攀登一座大山,在登山过程中确实感到艰难痛苦,但现在回味起来,真觉得'无限风光在险峰'呢!"[①]

潘序伦辞职,只当名誉校长。他这样做,是想专心编辑出版财会书籍。他组建了立信会计编译社,并任社长。

在1950年1月和3月的《大公报》上,著名会计学者章乃器发表《应用自己

---

① 《潘序伦回忆录》,中国财政经济出版社1986年9月版,第51页。

的簿记原理记账》和《再论应用自己的簿记原理记账》文章。在两篇文章里，章乃器主张用收付记账法取代借贷记账法，并将收付记账法称为中国人"自己的簿记原理"。

这引起了一场轩然大波。当时的会计刊物《新会计》《工业会计》《大众会计》等，都对此进行了讨论。在讨论过程中，人们又提出了会计本质或者说性质的大讨论。

1951年，《新会计》杂志的创刊号上，发表了著名学者黄寿宸的题为《怎样建立新中国会计理论基础》的论文。该文提出："每个社会经济制度都有其独特的生产方式，因此作为一种监督和管理的会计，也就随之不同。""在资本主义经济制度下，产生并发展了资本主义的会计理论。……旧中国半殖民地半封建的性质，这样的性质就决定了旧中国会计的特点……"文章还提出："新中国的建立，标志着一种性质完全不同的社会经济制度的形成，这就要求，建立与资本主义会计完全不同的社会主义理论的基础。"

这篇文章所提出的不同的社会经济制度应该有不同的会计理论与之适应，这一观点在当时的政治经济环境中，就被演化为"不同的阶级应有不同的会计""会计完全隶属于阶级""会计具有阶级性"等思想。

黄寿宸先生的论文发表后不久，《新会计》1951年第4期发表了年轻学者陶德先生撰写的《〈怎样建立新中国会计理论基础〉读后》的文章。该文认为："会计在本质上是无所谓阶级性的，它只是文字与数字相结合的应用技术罢了。"

这篇文章发表后，就立即遭到了全国性的大批判。作者也因此受到了不公正的政治待遇。

当陶德的观点受到批判的时候，陈重丞先生在《新会计》1951年第8期上发表了题为《会计的科学性与阶级性》的论文。该文认为，会计具有"两重性"，即将会计分为"内核"与"外延"两部分，前者是借助于"复式簿记的记账方法来完成的，它是生产力的反映"，因而只具有科学性；后者"接受经济学的指导，与社会经济制度的生产关系是不可分开的"，它具有阶级性。

在陶德和陈重丞这两位学者提出会计"无所谓阶级性"和"双重性"之后，全国展开了对会计性质的大讨论。苏联专家对此进行了严厉的批评。

苏联专家在《工业会计》1952年第4期上发表的题为《论会计核算的阶级性》的论文中就指出："在中国某些知识分子中间，关于一些经济科学的阶级性问题直到现在还没有一个明确的概念。目前还散布着关于许多经济科学没有阶级性的这种论调，这是完全错误而又十分有害的论调，会计是一种有阶级性的科学,是永远执行着该社会统治阶级所赋予它的那种目的和任务的科学。……苏联的经验就证实了这一点,在苏联,会计已逐渐取得了只为社会主义经济核算所特有的那种特殊的形式和技术。"①

苏联专家这一定论性意见的公开发表,几乎使所有与之相反的学术思想都受到了前所未有的批判。陶德和陈重丞这两位学者也难免受到批判和政治上的压制。

正是在这样的形势下,潘序伦虽年近花甲,却自学了俄文,翻译引进了苏联的会计文献,由他编译的《苏联会计述要》《国营企业会计概要》两书于1952年出版。

对潘序伦这时的立信会计编译事业,作为亲历亲闻者,欧阳仲华告诉我们:

> 我是1951年秋进立信会计图书用品社的。报到之前,我曾去潘老当年建国西路太原路口的家中拜谒,请求指导怎样做好编辑工作。我向潘老谈了自己的思想:如果去立信是做会计工作,以我在母校学到的知识作为"资本",也许能够胜任愉快;但是,去做编辑工作,却心中一点"数"也没有,不知该怎样着手才好。这时,潘老鼓励我的大意是:教书是"百年树人"的事业,编辑出版也同样是育人的事业,但更富有特殊意义的是,图书是传世的精神食粮,更富有严肃性而已。编辑无非就是看稿改稿,如果我们给予"放行",则我们的责任也就不言自明。因此,只要本着"认真对待,一丝不苟"的态度,是不会做不好的。潘老还风趣地说,"谨小慎微"也许习惯上常常用作贬义词,但看来编辑工作却非"谨小慎微"不可。否则,"差之毫厘,谬以千里",完全是有可能的了。
>
> 这一年,建国后第一次全国出版工作会议在北京召开,社长顾咨博教授回来后在编辑部传达了会议号召全国各出版社都要按毛泽东题词"认真做好出版工作"的精神,在组织上要健全编辑部门和充实编辑队伍,在工作上要确立审读责任制,以保证出版物的质量。当时,我记得说了一句也许是不甚得体的话,我说,潘校长倒也有先见之明,他不也是这样说的吗?其实,任何事情都有它的客观要求和规律,循此考虑问题和工作,就是符合客观真理的,本就无所谓谁先说谁后说的问题。那时,编辑部主任为潘葆樨,他毕业于中央大学,曾在主计部门担任审计工作多年,潘老慕其才,聘他负责编辑

---

① 转引自张汉兴:《我亲历的会计风暴》,中国社会出版社2004年8月版,第16—17页。

工作。他以国家出版社为榜样,每周组织大家业务学习(政治学习是由工会组织的)和交流工作经验(实际上是建立编辑工作制度和秩序),为提高我们编辑的业务素质和出版物质量起了保证作用。

从另外一件事中,也可以探索潘老的编辑出版思想。

1952年,会计界掀起了一场"会计有无阶级性"的大辩论。潘老在这场辩论中没有表态。但是他一贯主张推广现代会计不应原封不动地照搬西方的理论和方法,而是应该根据中国的实际情况,为中国的实际服务的观点,仍是非常坚定的。从他的这一学术思想出发,反映在他的出版思想上,就是尽快地编出一套适合我国已经改变了的社会经济制度的会计教材。他自己动手组织编写的,也就是在1951年到1953年间出版的,《会计学教程》一、二册,《国营企业会计概要》和《苏联会计述要》,即所谓新四册,以替代原已流行多年的、作为大学本科教材的《会计学》第一、二、三、四册。在编辑出版这套教材时,潘老仍然本着他一贯的要依靠和培养新生力量的思想。《国营企业会计概要》的合作者俞文青(现上海财经大学教授),当时毕业于南开大学不久,在天津立信会计学校执教,用现在的说法,还是个小青年,但潘老一向爱才若渴,即邀其来沪共编这套新四册中的第三册。

潘老在将这新四册交付立信会计图书用品社编辑部时,一再叮嘱,一定要像对待一切来稿一样,同样处理,不要有任何特殊考虑。记得那时,这四本书稿是由潘葆桢先行审读,然后分交各人进行编辑加工,最后仍由潘葆桢阅定发排。我经手编辑的就是《国营企业会计概要》,现在看来,我当时确也有点不知天高地厚,编辑加工完毕后,提了不少意见。稿子回到潘老手里,我一直提心吊胆。担心的是,如果意见不被采纳,岂不充分暴露了自己的无知!但是书稿发排前,潘葆桢对我说,潘老对你的意见,不论正确与否、采纳与否,都一一斟酌过。正确的、采纳的自不待言,不正确的、未予采纳的,都将理由写了出来,作了解释。并特别要他转告我,不要因为某些意见不被采纳而丧失信心,强调今后仍要坚持这样的工作态度。对此,我除深受教育外,那些未被采纳和不尽妥当的意见,由于潘老的详细指点,就成为我日后审读稿件的"资本"了。

建国后,潘老辞去立信会计专科学校和立信会计学校校长的职务,专心致志于会计图书的编辑出版。为此,他成立了立信会计编译所,作为广泛联系专家、学者,组织书稿编译,以及共同讨论研究学术问题的组织。记得当时每周定期聚会一次,地点在北京西路胶州路口的柳沙村。参与这一学术讨论例会的人员并不固定,随着当时编译书稿的计划和进展而有所变动,但立信会计图书用品社的编辑部人员则经常是座上客。根据我自己参加这种讨论会的感受,觉得这对于一个编辑来说,真是大有补益。一是可以及时了解会计界的学术动态;二是可以广泛结识会计界人士;三是对即将编译完成的稿件,可事先对其内容和重点有所了解,便于日后的审读和编辑加工。实际上,这种做法证诸后来出版主管部门对出版社工作的要求,例如国家出版局1980年制订并经中央宣传部同意的《出版社工作暂行条例》中有关"作者工作"和"编辑工作"的部分,也包含着类似的意思。①

潘序伦虽然辞去了校长职务,摆脱了繁杂的行政事务,但是他在潜心著书立说的同时,还不时去徐家汇柿子湾校本部巡视并为师生作报告。

在一次报告会上,潘序伦结合形势,针对同学们的思想动态,动情地说:"会计这一学科,是任何社会制度都绝对缺少不了的。我衷心希望同学们能认识到这一点,安安心心学好会计,毕业后才能用学到的知识,更好地为社会服务。"

接着,潘序伦又说:"听说有个别同学讲,解放了,会计这行不吃香了,好多资本家跑了,学会计有什么出路,甚至还说,会计学得再好,也只能顶个屁用"。讲到这里,他诙谐地笑了笑。"就说是个'屁',但这个'屁'却十分重要,缺少它还真不行。"他认真地说道。

潘序伦开始给大家讲起了故事。有个皇帝一次得了重病,已多日不思饮食。众大臣、御医昼夜随侍在侧,一筹莫展。正其时也,突闻从御榻里传出一声闷响,原来是皇上放了一个屁。此时有位御医,应声而呼,放屁万岁! 放屁万岁! 群臣群医,嗤之以鼻,责怪这位御医荒诞不经,甚至要斥责问罪。但这位御医却不慌不忙,申述了一番道理。他说:"圣上重病多日,不思饮食,实乃积滞中阻,上遇下寒,如今能得一屁,正是龙体内部已上下贯通,是痊愈之兆,大喜事也,何不值得欢呼?"说话之间,皇帝又连放数屁,果然身体从此出现转机……

结合这个故事,潘序伦语重心长地指出:"如今竟有人把我们所学的会计,比做是'屁',其实他根本不懂这个'屁'却十分重要。任何工厂、企业、机关、事业缺了它就资金不能通畅,效益无人衡量,经营必然紊乱,好像刚才所讲的皇帝得了重病那样。因此希望同学们,千万不要歧视自己所学的会计专业,会计是一门很重要的实用学科,一定要学好它,今后会学有所用的。"

---

① 欧阳仲华:《我从事编辑出版工作的指路人》,《立信学刊》1993年特刊。

潘序伦将一则笑话赋予新意，有"化腐朽为神奇"的效果，深深地打动了莘莘学子。

1949年，潘序伦委派他的女婿管锦康教授去北方开拓立信会计事业，在北京创办了"北京市私立立信高级会计职业补习学校"。报名求学的学员很多，60%是无业青年，学校规定，根据其毕业证书介绍职业。40%则是在机关、工厂或者商铺里做账务的。当时，国民经济正在恢复之中，学校维持比较困难，光靠学费难以为继，市教育局几乎没有拨过款，而房租、教师的报酬、办公经费却为数不小，后经联系，1954年将学校移交给国家一机部。在这之前，大约是1950年前后，潘序伦到达北京，专门巡视了校务，对北京立信学校做了重要指示。

在北京期间，潘序伦曾与各界聚会，地点是在锡拉胡同玉花台饭庄，这是一家具有北京地方特色的四合院式的饭店。它出产的檀香烤鸭名震京华，与会者共有两桌。当时担任财政部部长的薄一波同志也参加了聚会。席间，薄一波部长与潘先生交谈甚欢，他对立信办学促进财经事业的发展，颇加褒奖，并请潘序伦到北京出任会计制度设计司司长。

不过，潘序伦因年事关系，予以辞谢，但潘序伦引荐另一位会计名家安绍芸先生。安绍芸去北京时，带去了他的得意门生杨纪琬，杨纪琬后来继任司长，并担任立信的校务委员，这是后话。

1952年夏季，潘序伦辞去了立信会计图书用品社社长之职。他闭门谢客，用他自己的话说，过起了"寓公"生活。他潜心钻研英、美和苏联等国的会计理论。潘序伦虽未担任公职，但仍然关心着祖国会计事业的发展，他鼓励和推荐了不少立信的同学和同事，到政府机关和企事业单位工作。为适应发展经济的需要，人民政府迫切要求培养会计人才，健全会计制度。1950年夏，立信会计专科学校增设了一年制的高级会计训练班；1951年，又受上海市财经委员会的委托，举办了财经干部培训班。

抗美援朝的胜利，震撼了世界。潘序伦自认曾有过"恐美病"，为国家的命运担忧。抗美援朝的胜利，使潘序伦这位不问政治的老专家，对中国共产党产生了敬佩和信任。他迫切希望参加政治学习和社会活动。潘序伦原本是一个无党派人士，经友人介绍，参加了中国民主同盟。

在党的关怀下，于1957年春，潘序伦被推举为上海市政协委员，并安排在市政协学习。组织上指派他担任一个学习小组的副组长，他依靠群众，完成了掌握会议和组织学习小组的任务。

第十二章　错划右派

作为会计界的权威,潘序伦遭到整肃,并不是从 1957 年反"右"开始。其实早在 1954 年就出现端倪。

1954 年批判俞平伯的运动转向全面批判胡适思想,并从哲学扩展到史学、文学、语言学、教育、经济学等各个领域。为了使运动有更加具体的斗争目标,中共中央提出,要批判各个学术领域中的"资产阶级唯心主义思想的代表人物","把对胡适及其他资产阶级思想代表人物的思想的集中批判,与对旧学术工作者的资产阶级学术思想的一般批判适当地结合起来"。① 按照这个指示,各个学术领域、各大学、各研究单位纷纷找出自己的"资产阶及思想代表人物",作为斗争的靶子,痛加批判。先前已经开始的对于梁漱溟的批判迅速形成全国性的高潮。陶行知、陈鹤琴乃至晏阳初、黄炎培等人的教育思想也遭到批判。许多有过某种影响的思潮的代表人物、学术权威,少有不被批批判的。"旧学术工作者"纷纷控诉胡适的"毒害",检讨学术思想,否定自己的研究成果,表示抛弃"资产阶级唯心主义",接受唯物主义。

在各方的推动下,批判迅速演变为全国性的政治运动。党和政府鼓励人们特别是青年人敢于对资产阶级的"名人""权威"提出挑战,而那些响应号召拿起"大批判"武器的青年,对于马克思主义、唯物主义的理解只不过是用几句话即可概括的教条,对于何为"资产阶级唯心主义",更难有科学的界定和正确的认识。他们有的不是学术上、政治上的更高见解,而是对资产阶级与资产阶级思想的"阶级仇恨",这就必然形成不辨是非、怀疑一切、打倒一切的局面。在大张旗鼓

---

① 《中央宣传部关于胡适思想批判运动的情况和今后工作的报告》,《中共党史教学参考资料》第 20 册,第 563 页。

地讨伐"资产阶级思想"的热情激励下，政治批判的范围、对象和程度失去控制，就难免会出现荒唐可笑的事情。正是在许许多多今天看来"荒唐可笑"的事件的反复出现中，以"阶级斗争"建立起了至高无上的权威，扼杀了新中国科学文化发展的生机。

把日常生活、工作中本来不具备政治内容的问题与"阶级""政治"联系起来，加以粗暴的指责与无理的批判，正是群众性大批判运动的一个基本特点。这里可以看一下经过大批判影响的人们，是如何清理"资产阶级思想的遗毒"的。1955年8月11日的《光明日报》发表一篇署名"大麟"的题为《经济科学领域内资产阶级思想的遗毒还很深》的文章。

这篇文章不过4000字，潘序伦及其著作得到了点名批评的"待遇"，其他被批评的还有樊弘、罗仲言、尹文敬、金国宝等8位经济学学者。这篇文章把历史转折时期新经济学中不可避免地出现的某些概念模糊，借鉴旧的经济学理论时的认识偏差和一些完全正确的思想，统统归之于"资产阶级学术思想"的影响。例如，罗仲言认为，社会主义公有制的建立，改造了旧的价值规律与分配规律；在社会主义阶段，价值规律仍然要以改造过的形式发挥作用。这种正确的观点，被指为"资产阶级思想体系"的表现。尹文敬所著的《国家财政学》一书介绍了资本主义国家的财政。他虽然加了批判性的意见，但是仍被指为"客观主义"，"不是分析批判而是介绍宣扬"。王文彬编著的《工业管理》一书介绍"泰罗制"时，提到泰罗估计当时工人的实际工作量只达到充分工作量的三分之一。大麟先生说："这种不加分析的说法，无异于是对工人阶级进行诬蔑，对帝国主义奴才加以颂扬。"勾适生[1]认为统计学是应用的数学，因此是自然科学。金国宝认为统计学是用数字表示社会或自然现象的动态或静态并分析其数字间关系的科学。王思立认为统计学是研究如何搜集、分类、分析数字材料的科学。这些定义被说成是统计学领域"长期泛滥着资产阶级统计学的错误理论"的证据。著名的会计学家潘序伦先生认为，会计工作的意义，是使经济事业的利害关系人，明了企业的财务状况和业务情况，以维护自身的利益。这个不失为正确的定义，被指为"以资本保卫者自诩，未免把时代搞错了"。

这就是由《红楼梦》批判引发的极度泛化的、无所不及的学术批判，潘序伦当然也不能幸免。对这样的批判，处于当时的境地，潘序伦没有也不可能作出学术

---

[1] 勾适生，统计学家，上海财经学院教授，1950年在三联书店出版《统计学原理》，曾任九三学社上海分社第三届理事会扩大委员会委员。

上的回应。

1957年4月27日,中共中央发出《关于整风运动的指示》,规定了整风运动的目的、内容、方针和方法。此后,全党整风运动即逐步展开。整风运动先在省市以上党政机关、大专院校、民主党派、新闻出版界、科学技术界、文艺界、卫生界中进行,以后逐步向工人、农民、军队等展开。运动之初,广大党员和群众向各级领导机关和负责干部提出了大量的有益的批评与建议。但是,与此同时,确有极少数资产阶级右派分子乘机散布反对共产党领导和社会主义制度的言论。

为此,1957年6月8日,中共中央决定开展反击右派分子的斗争。《人民日报》当天发表了《这是为什么》的社论。从此,在全国范围内开展了反右派斗争。对于右派分子的进攻予以反击是必要的。但是,由于对国内政治形势作出了不切实际的估计,又采取了"大鸣、大放、大字报、大辩论"的错误方法,不适当地在全国范围内开展了一场持续近一年的群众性运动,把大批革命知识分子、党员干部和爱国民主人士等错划为"右派分子",造成了不幸的后果。

对于这一事件的评价,邓小平同志曾有过评论。1980年3月19日,他同中央负责同志谈话时指出:

> 1957年反右派斗争还是要肯定的。三大改造完成以后,确实有一股势力、一股思潮是反社会主义的,是资产阶级性质的。反击这股思潮是必要的。……不反击,我们就不能前进。错误在于扩大化。①

下面,让我们深入一步,尝试进入潘序伦的心灵世界,探究一下1957年前后他的真实心态到底如何。

1957年,许多知识分子有机会就一些问题进行切磋,潘序伦也在某些场合与人交换看法。当然意见纷杂、时常交锋,在当时也在所难免,其中潘序伦的某些言论触犯了"时忌",被人诟病。而当中央倡导反右之时起,许多正直之士被批。身历其境的老作家韦君宜在她的回忆录中说过:"对于社会风气和干部作风呢,从这时候起就已经开始提倡唯唯诺诺,提倡明哲保身,提倡落井下石,提倡损人利己等等极坏的作风。有这些坏作风的人,不但不受批斗,甚至还受表扬,受

---

① 邓小平:《对起草〈关于建国以来党的若干历史问题的决议〉的意见》,《邓小平文选》第二卷,人民出版社1994年10月版,第294页。

重用。骨鲠敢言之士多成右派。这怎么能不发生后来的'文化大革命'！"①

风气之下，性情中人潘序伦怎能幸免，这里就来追述他当时的心路历程。他说："这原是给一个思想改造的好机会，可是由于我过去没有好好学习，阶级立场尚未改变，又不善于依靠群众，难以掌握会议和胜任学习小组组长的任务。我辜负了党对我的信任。这虽然也是对我敲响了警钟，但我并没有接受教训。以后我又讲了一些不合时宜的话，因此，在1957年受到了批判和处分，这给我的震动很大。毫无疑问，这时候我的心是十分沉重和苦闷的。"②

由于潘序伦生性耿直，对某些社会弊端，敢于直言，在上海市政协的学习会上，讲了些不合时宜的话。这可惹下了大祸，不出半年，噩运便从天而降。在当时极"左"思潮的影响下，潘序伦受到了极不公正的批判和处理。

一时间，批判他的文章铺天盖地，扑面而来，将潘序伦说得一无是处。这使他十分痛心，不知如何是好。

当年上海的许多报纸都刊登了批判"右派"分子潘序伦的消息。1957年9月8日《解放日报》以《同潘序伦论大是大非——市政协座谈会旁听记》为题进行报道。

> 市政协工商界和社会人士小组，在揭穿了右派分子潘序伦各种手法后，以再接再厉精神，用摆事实说道理的辩论方法，严正地驳斥了潘序伦的各种反党反社会主义的谬论。

"合营企业是两头蛇"？

潘序伦公然反对公方代表制度，他说："一个企业中有公方经理和私方经理的制度是不好的，这正如一条蛇有两个头是不好的一样。企业里有公方经理和私方经理，那么市人民委员会不也要称公方副市长和私方副市长了吗？如果私方经理有能力，就让他负责，不一定要公方经理，如果私方经理没有能力，则可以有私方经理和公方经理。"

对这一论点，会上进行了激辩。工商界的鲍金荣说："在合营企业中派遣公方代表，这是社会主义改造的一项根本制度，它的任务是保证企业的社会主义方向和国家的领导。鲍金荣说，我们大中胶木厂未合营前，已亏了一万多元，私方厂长和工人很合不来，双方意见很多。企业合营后，在公方代

---

① 韦君宜：《我所目睹的反右风潮》，《百年潮》1998年第2期。
② 《潘序伦回忆录》，中国财政经济出版社1986年9月版，第53页。

表的领导下,工人们的积极性大大提高,一年多来利润达到了四万多元,占清产核资数的50%,私方厂长也在公方代表的领导和教育下,明确了工人的监督作用,和工人们的感情也融洽了,并发挥了积极性,新设计自动化弹簧车和改进了胶木模型,两次获得了先进生产者的称号。"一位担任制药公司副经理的委员说:"企业合营后,私方人员还存在浓厚的资产阶级思想感情,需要继续改造,如果只有业务能力而缺乏一定的政治水平,是不能够领导合营企业的。潘序伦所谓私方没有能力,可再派公方代表的说法,只是把公方代表制度变质为'备而不用'而已。因此,潘序伦的言论实质上是否定公方代表制度,否定企业的政治领导和社会主义方向。这位委员又指出:潘序伦把企业中有公方私方比作是'两头蛇',这是潘序伦仇视社会主义企业的表现。这与右派分子黄苗夫所说公方代表像恶霸,把合营企业变成地狱的讲法是一个调子。"申新二厂工会主席吴少青说:"我们工人是天天盼望公方代表下厂的。公方代表的存在是我们工人在企业中当家作主的标帜。公方代表一来,我们工人的生产积极性就提高了。他用工厂合营后生产迅速提高的许多实例,驳斥了潘序伦的谬论。郭森麒揭露了潘序伦的所谓'合营企业里有公方和私方经理,因而市人民委员会也要有公方副市长和私方副市长'的反动谬论,是对我们政权机关的恶毒污蔑。"郭森麒说:"我们的政权是工人阶级领导的人民民主专政,而潘序伦把政权机关看成是一个'合营企业'。这和章伯钧主张的'联合政府'是同一个调子。实质上就是反对工人阶级领导的政权。"

潘序伦起来辩护说:"我的意思是,将来社会主义改造完成,企业中反正没有公方和私方了。那么现在政府就可以任命有能力的私方代表来担任公方代表,这样也可取消了原来的私方代表。"这一个解释,实际上把他原来要取消公方代表的言论作了更进一步的发挥,用心也更恶毒和巧妙了。他的辩护受到了特邀委员方椒伯的驳斥。这位七十多岁平时很少发言的委员激动地说:"潘序伦的辩护,更证实了他的反动本性。他说要取消私方代表,就是说资产阶级分子不需要再进一步改造了,也就是否认现在还存在阶级矛盾的事实。潘序伦说私方代表可以成为公方代表,实质上就是要私方代表领导企业,使公方代表名存实亡。实质上就是要取消党对合营企业的领导。"

"社会主义产生官僚主义"?

今年五月十四日潘序伦在市政协第四次全体会议的小组会上说,他有一架收音机坏了,送到一家公私合营商店去修了两次修不好,认为这是合营后产生的官僚主义。"因此觉得资本主义制度下的工商业不会有官僚主义，社会主义国家要克服官僚主义，尚待历史证明"。在今年七月三十一日政协反右派斗争座谈会上，潘序伦又明目张胆地说："社会主义不仅在工商业中有官僚主义，其他地方亦有官僚主义，因此说明社会主义不如资本主义。"

这一反动论点受到了严正批驳。上海财经学院教授祝百英说："潘序伦修一只收音机就联系到社会制度，从而污蔑社会主义必然产生官僚主义。这是右派分子夸大缺点否定成绩的一种老手法。就从修收音机来摆事实讲道理吧。祝百英说，在解放前或未改造的私营商店去修理收音机，不是偷换零件，就是在机件上打下'埋伏'，使你过了两天又要去修理。这种资本主义商业道德不是人所尽知的吗？国营和公私合营商店就不同了。如国营中百第三商店对轻微的损坏，不但当场修好，而且不要钱；并告诉客户怎样保护机件，因此受到莫大信任，修理的人多了，到后来要几个月前登记才能修理到。在合营高潮后，合营企业也有条件向国营企业学习了。祝百英质问说，潘序伦为什么看不到这种众所皆知的事实，而偏偏要把极个别商业企业的旧作风加以扩大来否定社会主义制度，这不是别有用心的污蔑是什么？"工人委员傅惠霖、季德培等也列举事实说："潘序伦说社会主义国家要克服官僚主义尚待历史证明。但是，历史已经证明官僚主义不但不是社会主义制度产生的，而且社会主义正在有效地克服旧社会所遗留下来的官僚主义。"

"新社会没有是非"？

潘序伦在今年五月中说："解放以来，资本家不能同工人论是非，老年人不能同青年人论是非，男子不能同女子论是非，医生不能同病人论是非，教师不能同学论是非。如论起来，前者总是错的，后者总是对的。"把我们社会描写成一个没有是非、漆黑一团的社会了。在今年七月三十一日，潘序伦又在会上说："这是指每次运动而言的。"

潘序伦的这种反动言论，受到委员们的严厉驳斥。肖觉天、张汇文和严秉沁等委员逐点地进行了批驳。潘序伦说资本家不能和工人论是非，我们来看解放前的情况。工人是一切财富的创造者，过着牛马不如的生活；不劳而获的资本家，却住的是高楼大厦，过的是富足而荒淫的生活。工人们要求增加工资还要受到迫害，应该说这是无是非的社会。解放后，资产阶级以五毒向工人阶级进攻，这应该说是"非"。工人阶级用"五反"运动来打退资产阶级的猖狂进攻，这应该说是"是"。极大部分资本家经过"五反"后，认识了自己的错误，明确了自己的前途，接受了和平改造，愿意走社会主义的道路，并愿意把自己改造成为自食其力的劳动者。可是潘序伦却说"五反"运动是无是非的,资本家对工人不能论是非。这是潘序伦反对社会主义,故意颠倒是非的说法。

潘序伦说"老年人不能同青年人论是非",这也是一种恶意的污蔑。解放后,"敬老"是党教育青年人的社会道德,老年人到处受到尊敬。在电车和公共汽车上让座给老年人已成为社会的风气,这是解放前所没有的。七十多岁的肖觉天说:"以现在的政协会议上来讲,我们许多从六十岁到九十岁以上的老年委员,都受到青年委员们的尊敬,大家坐在一起讨论问题,明辨是非,而潘序伦闭着眼睛不愿看这些事实。潘序伦自己对待青年人倒是不论是非的。如他的女儿和女婿劝他将立信会计图书用品社早些公私合营,这当然是'是',但潘序伦却大骂了女儿和女婿一顿。"

肖觉天委员说:"旧社会遗留下来的老校长到处遭到打击,因此说教师不能和学生论是非。这是造谣污蔑。肖觉天责问说,哪一个老校长受到打击?潘序伦无言以对,只狡辩地说:'解放后,立信会计专校在校务会议上讨论一件十万元(现在十元)的小事情,学生代表也参加讨论,但讨论好几次不能决定,我觉得我这个校长不能同学生论是非。'这个狡辩,正好证明是潘序伦颠倒是非。学校用钱要经过互相讨论决定,这正是是非的表现。"

潘序伦说有的医院里有病人骂医生,就认为这是"不能论是非"。肖觉天委员反驳说:"对这种病人,社会舆论不是在批评教育吗?这正是我们论是非的表现。而潘序伦却把个别病人的不良作风,夸大成为新社会没有是非。这也正是潘序伦反对社会主义的真实用意。"

"男子不能同女子论是非",潘序伦说这是指婚姻法的宣传运动而言。这反映了潘序伦对妇女解放的仇视。女委员严秉沁驳斥说:"我们全国几亿妇女,过去在封建主义、资本主义和夫权的三重压迫下,女人只成为男人的工具和玩物,肉体和精神都受到无尽的摧残和压迫。多少姊妹在这种摧残下,牺牲了生命或过着非人的生活,解放后,我们妇女得到双重解放。政府颁布了婚姻法,使我们妇女的解放有了法律的保障。而潘序伦却仇视婚姻法和婚姻法的宣传运动。他以为只有像他那样拥有'花烛夫人''抗战夫人'等三妻四妾才是正当的行为,而婚姻法中所规定的男女一律平等是不正当的,因此他说新社会'无是非'了。"严秉沁正告潘序伦:"我们妇女要像保卫生命一样来保卫妇女的解放,你要反对婚姻法和妇女解放,我们妇女要起来和你斗争到底。"

黄启汉、薛笃弼等许多委员指出：潘序伦说我们历次运动无是非。这正说明他的反动本质。恰恰相反，每次运动正是辨明大是大非社的运动。潘序伦站在反动阶级的立场，用仇视的眼光来看新中国，我们认为是"是"的，他就认为"非"，我们认为"非"的，他就认为"是"。因此才说我们新社会"没有是非"。

经过充分的辩论，潘序伦只好承认他讲这些话的"动机是不好的，效果也是反党反人民的"，又承认："仅此一条，也构成我是右派分子了。"

稍前的政协会议，还开会批驳了潘序伦"高唱剥削的赞歌"。据当时的新闻报道说："早在章乃器发表'定息不是剥削'的谬论之前，潘序伦就已在研究这个所谓理论了。等到章乃器的反动言论在报上发表后，他更大肆宣传，并且还特别强调了劳动收入的投资不是剥削。最近两天中，政协第四大组委员们和潘序伦展开了关于这个问题的激辩。"[①]

在这次批判会上，工商界委员季慕卿、鲍金荣等说："不论资本从何而来，只要资本一掌握生产资料和产生剩余价值，就形成剥削了。"他们又说道："潘序伦的讲法，用意在于挑拨资本家对党的不满，并为章乃器和李康年的反动言行撑腰，企图阻挠工商业者的进一步社会主义改造。"

这次会议结束以后，有人问潘序伦"对于这场辩论有何意见"，潘序伦只好说道："我站在人民立场上说，没有话讲。"当时的报道最后还捎带一句说："潘序伦还有什么另外的立场呢？他没有回答这个问题。"

当时各种针对潘序伦的批判，不一而足。1958年，潘序伦被错划为"右派"，同时还被撤销了政协委员的职务，并从民盟上海支部中开除出来。

在这始料未及的打击面前，潘序伦没有失去对社会主义的信念，他仍闭门读书。后来，他被安排参加上海徐汇区政协的小组学习。1960年9月，他得以平反。1961年，他出任徐汇区政协委员，并恢复民盟的盟籍。

---

① 封光汉：《潘序伦高唱剥削的赞歌》，1957年8月30日《解放日报》。

第十三章　流年浮沉

当代中国的经济学家中能被称之为思想家的，顾准是其中之一。在那个非常时代，顾准用独立思想维护了生命的尊严。潘序伦时常为有这样一位亦师亦友的顾准，而感到荣幸。

1962 年 5 月，顾准应允中国科学院经济研究所所长孙冶方的邀约，担任会计研究工作。到研究所不久，他即开始这项工作。

鉴于会计这一门学问，即使到了共产主义时代也用得着，而当时又面临着提高和改革的形势，顾准虽然脱离会计工作已有 20 年，然而他对会计理论和技术早已吃透，驾轻就熟。一旦重新进行会计理论与实务的研究，他广泛涉猎中外会计文献，深入基层调查研究，开展学术研讨活动，取得了令人瞩目的成果。

顾准在短短两年中，结合多年来实际工作经验，理论联系实际，立志编著一部中国特色的社会主义会计学巨著，计划写七篇，后来只完成了《会计原理》《社会主义会计的几个理论问题》两书（顾准逝世后于 80 年代初正式出版），终因遭到政治上的冲击，而不得不中辍，成为令人遗憾的残篇。

来到经济研究所的最初几个月，顾准为这项研究做了大量的准备工作。顾准的会计研究，是从掌握大量第一手材料，进行了大量调查走访开始的。这时候，顾准打算深入基层考察会计工作的实际运作情况。他想到上海是自己比较熟悉的地方，师友众多，企业熟悉，到上海做这项工作，容易取得必要的帮助。所以，他就向所长孙冶方提出建议，自己到上海去一次。

孙冶方当即同意了顾准的这一建议，但孙冶方主张他先熟悉一下研究所内的环境和气氛，在研究所待上一段时间再走。这样，顾准于当年 9 月去了上海。

顾准的上海之行，从 9 月至 12 月，总共花了 4 个月。在此期间，他见到他的老师潘序伦。其实早在一个月前，即 1962 年 8 月，潘序伦夫妇参加上海市委统战部组织的各地参观活动,来北京住在前门饭店。他的女婿管锦康告诉了顾准这个消息,顾准专程去饭店看望潘序伦。同行的还有高云樵(国家工商行政管理局)、周信(上海市驻京办事处),他们都是当年立信补习学校的同学。这次见面,是1952年分开后的首次晤面。

9月,顾准一到上海,便去潘序伦寓所拜访。顾准向老师潘序伦开口要了些会计书籍。潘序伦非常喜欢自己的学生,就推说:"我现在根本什么书也用不着了。"

潘序伦说着就让顾准随便挑选他家中所存的书。于是,顾准共挑了二三十本书,都是上海解放后两三年间他搞会计研究时置办的。后来,两人又多次会面,潘序伦积极支持顾准搞会计改革的研究工作。在上海,顾准还见到娄尔行等人。娄尔行后来回忆说:"……先生趁他来上海调查研究之机,多次去潘兆申教授家中,或来我家进行讨论。这种讨论,事先不定主题,兴之所至,自由展开,既有争论,也有相互补充。各自不存戒心,没有顾虑,颇多启发,颇能得益。"[1]

据顾准自述,上海之行,孙冶方为他给上海市副市长曹获秋和宋季文开了介绍信。调查的安排是由上海市财政局副局长顾树桢负责的,市财政局和统计局各派一个助手协助他工作。顾准觉得,由于安排稳妥,"加上上海各厂会计人员都知道我这个人,调查进行得比较顺利"。

4个月的上海调查研究工作,很快便告结束了,顾准自认收获不小。他觉得从上海调查中可以发现,从现行会计制度的技术结构来说,证明苏联1940—1950年这一套会计制度的根本用意,是服务于国家财政系统监督控制企业流动资金的要求,因而大大限制了工业会计本来可以发挥的多方面的作用,并在很大程度上不能满足企业经济管理和会计实践方面的要求。他在调查中又获悉,"净产值"的计算,虽是统计系统的任务,但是离开会计账目,就无法把净产值计算出来,因此初步研究了企业内部统计系统和会计系统的关系。

20世纪60年代,潘序伦和他夫人张蕙生,都步入了老年。他们的家庭充满着恩爱、和谐的气氛,两人的琴瑟和鸣,相濡以沫。

抗日战争时期,张蕙生在重庆帮助潘序伦从事立信教育事业,名扬国内外。但是,他俩的生活却非常俭朴。他们的宗旨是"取之于会计,用之于会计"。他们的后半生约有20年历经坎坷。王勉耀目睹了潘序伦夫妇那时候的一些生活片段:

---

[1] 娄尔行:《怀念顾准同志》,《上海会计》1995年第6期。

1960 年的一天,我到曙光医院看病,碰到潘校长和张老师,我急忙上前招呼。他俩似想回避的样子,后来张老师问我:"你大概不在上海吧。"并说潘校长是来医高血压的。我听了心里很难过。我说:"我一直在上海。"张老师有些愕然。那时候强调'站稳立场,划清界限'。我虽在报纸上看到潘校长被打成"右派分子"的不幸消息,但我坚信潘校长是好人,是一位热爱祖国,希望祖国繁荣富强,并为党的事业脚踏实地、勤勤恳恳工作的人,不可能是"敌人"。所以,我敢于上前同两位老人家打招呼。我知道他们是多么忧郁、内疚啊。后来,潘校长再次蒙难,牵累了张老师。有一次,我去嘉善路菜场遇到张老师,她老人家别过头迅速回避了。又有一次。我去永嘉地段医院看病碰到张老师,经过二十年折磨的她变得苍老多了。①

潘序伦在会计界名震一时,享有盛誉,他的爱好也与常人一样,热爱生活,追求美好人生。他还酷爱在工作之余旅游。早在 20 世纪 20 年代,潘序伦留学美国获得经济学博士学位,学成归国途中,他顺道游历了西欧十余个国家。异国风土人情,给他留下深刻印象,对他数年苦读不啻一种良好的休闲。

到了 1962 年,潘序伦虽年届古稀,他随政协一起参加旅行社举办的"大西北"旅行活动。这次旅游经过江苏、安徽、河南、陕西、甘肃、青海、新疆、宁夏、内蒙古、山西、河北、北京、天津、山东等多个省、市、自治区,既游历了祖国名山大川,又开阔了视野。潘序伦在一些名胜之地摄影,如天山瑶池、玉门油田、云冈石窟、青海湖边、嘉峪关头、金瓦寺前、大漠新地、行宫故殿等许多地方,他都拍摄了照片。旅游结束后,潘序伦请人订成两册影集以作留念。

1978 年,当年影集的制作者途遇潘序伦于建国西路,被邀至寓所,出示照相簿两本,照相簿所幸留存下来。俯仰之间,屈指当年游伴,18 人中已经有半数成为古人,两人相与叹息。

临别时,潘序伦对该同志说:"君少我十八岁,异日离开人世,也当较迟于我。因此,希望在我辞世之后,这两本影集,即请足下保存,以供今后旅游爱好者作为参考资料如何?"该同志当时笑而诺之,以为戏语也。

数月后,潘序伦果然发信相邀称"因年事日增,体力日衰,为了早日把预约之事料理清楚起见,两本照相簿,请及早前来取之"云云,潘序伦信守前诺,将两本珍贵的影集赠送给他人。这是后话。

---

① 王勉耀:《怀念潘校长和张老师》,《立信史话》,立信会计出版社 1993 年 11 月版,第 153—154 页。

蔡经济记得，潘序伦为人非常谦虚。以前潘序伦与他通信总称他为"吾兄"。蔡经济非常不安，屡次去函，请潘序伦称自己的名字，但潘序伦始终不改。后来，则来信称自己为"贤弟"，一直到他离开这个世界都是如此称呼。

20世纪60年代初，上海油糖食物的供应相当匮乏，在香港谋职的蔡经济就从香港寄了些油糖给潘序伦。他收到后即来函告知，"我们对于油糖，并不缺少，此后请不要再寄"等语。

蔡经济收到信后便按潘序伦的意见而停寄。大约半年后，潘序伦给蔡经济去信说："我们目前相当困难。生活十分清苦。"蔡经济除了先寄钱外，再每月寄油糖一次（当时当局规定不能每月寄多次）。如此维持了一段时期。

蔡经济后来收到潘序伦的来信说，"我们的生活已有好转，而且将收到的油糖食物分给钱素君女士若干，此后务请不要再寄为是"等语。

那时上海的情形已略有好转，但食物还是不够充足的。然而潘序伦的话蔡经济不敢不听，否则潘序伦会不高兴的，从此就不再寄食物给潘序伦了。蔡经济回忆说："关于寄食物给潘师的事，我也和王蕴玉同学谈及。王蕴玉同学原是潘师会计师事务所内的职员，对潘师非常尊重而感激，有时王同学也叫我代他寄些食物给潘师。潘师知道后，即去函王同学，表示谢意。"①

有一次，蔡经济趁友人到沪之便，带了一件羊毛衫送给潘序伦，作保暖之用。因为上海冬天的气候相当寒冷，又无暖气供应，年老的人应当多穿些衣服，以保护身体健康。潘序伦收到后，致信说："非常感谢你的好意，这件羊毛衫是纯羊毛的（Pure Wool），我很久没有买过纯羊毛的衣服，而且市场上很难买到如此好的羊毛衫，想来其保暖程度相当之高。可是我们想起欠一位医生的人情特别多，无以为报，就将你送给我的这件羊毛衫转送给这位医生，希望他此后能多照顾我们，我们就心满意足了。"

潘序伦为人非常谦虚，且非常克制自己，宁可自己受寒受冻，而以人情为重，应当先还人情，真是难得之极。

潘序伦紧锁的双眉刚有所舒展，嘴角才刚浮现出微笑，1966年，"文化大革命"开始了。十年动乱期间，他遭受了难以忍受的冲击，审查、批斗、检讨、抄家……

红卫兵要潘序伦交代所谓的"罪行"，潘序伦要支撑衰老的身体，去接受"监督"劳动。他只好下放到上海纸品一厂从事"惩罚性"的劳动……

---

① 蔡经济：《潘序伦博士百年诞辰有感》，《立信史话》，立信会计出版社1993年11月版，第59—60页。

　　可潘序伦问心无愧,他说:"我一生培育会计人才,我到底在什么地方得罪了他们?"自杀不失为一种抗议手段,但他才不去干那种傻事呢!

　　出于对会计事业的执着追求,潘序伦身居陋室,伴着一盏孤灯和几箱书卷,自甘寂寞,安之若素,岁月流逝,始终不渝。

第十四章　重振"立信"

一

1976 年 10 月，"四人帮"被粉碎了，举国欢庆。潘序伦的精神也为之一振，立即将多年所蓄的长须，一剃而光，以示投身四化建设的决心。

严寒刚刚褪去，在潘序伦即将平反的前夕，他对人侃侃而谈的不是哀怨，不是感慨，而是他迫切要求党和政府支持他重振"立信"，为会计事业再创辉煌。

潘序伦清楚地知道，时间对他来说，已经不会太慷慨了，所以他来不及唏嘘和叹喟，紧要的是再干番事业。

粉碎"四人帮"的第三年，组织为潘序伦以前的错案彻底平反，改正了错划的"右派"，他的上海市政协委员职务同时得到恢复。

听了这个消息，潘序伦只觉鼻子一阵酸，多年所受的委屈和抑郁，如今一下子恍若冰释，他的心情更加舒畅。

潘序伦重新安排了自己的学习日程，经常提起精神，戴上老花镜，手握放大镜，认真阅读各种报刊和"学习参考资料"。在眼睛疲乏、卧床休息时，则在收音机旁收听国内外政治、军事、法律、财贸、科技以及体育比赛等新闻，从不间断。在他居室的案头上，高高地垒起了一沓沓国内外最新的会计文献。他经常工作到深夜十一二点钟，有时腿肿了，就坐在床上写作。他还参加了各种学术讨论和社会活动。不过，他也自感体力难支，他说："近年来，我年老体弱多病，但国内外来信来访的人日益增多，这使我感到有些力不胜任，难以应付。"

这一切，都向人们展示了这位历经苦难而意志弥坚的老教育家，老骥伏枥，志在千里。

回顾这段历程，潘序伦说道：

　　能使我自觉自愿地衷心乐意地接受社会主义思想,真正认识到"只有共产党才能求中国"的真理,则在党的十一届三中全会以后。当全国人民经受十年动乱痛苦的时候,我也受到难以忍受的冲击,但对会计事业奋斗的志愿,却始终不渝,念念不忘。粉碎了"四人帮",全国欢腾,当时我虽已年逾八旬,亦在绝望叹惋声中觉醒过来,精神振奋,立即将多年所蓄的长须,一剃而光,以示投身四化建设的决心。党的十一届三中全会以后,拨乱反正,平反了解放以来的冤假错案,对我1957年被错误地批判和处分的问题,给予了改正。我更加关心党和国家大事,经常参加市、区政协和民盟组织的各种学习、会议等社会活动,积极阅读党的十一届三中全会以来的重要文献和历次全国人大、政协会议的工作报告,特别是学习《关于建国以来党的若干历史问题的决议》以后,更觉得我们的党是光荣、正确、伟大的,我们的国家是大有希望的。近几年来,党中央的各项对内、对外方针政策和所有的主张措施,都深得民心,顺乎民意。党中央宣布:"我国知识分子的绝大多数,已经成为工人阶级的一部分,是实现四化的依靠力量";党的十二大又提出了到2000年工农业生产年总产值翻两番的宏伟目标,这些都使我受到了极大的鼓舞。鉴于随着国民经济"调整、改革、整顿、提高"八字方针的贯彻执行,经济振兴和新产业革命时代即将到来,作为经济管理重要组成部分的会计学科研究,亟待跟上,1979年初,我首先在上海市成立全国第一个会计学会,同时建议大力举办会计职业教育,以解决会计人员严重青黄不接的问题。这些建议受到了上海市委和市人民政府的重视,于1980年秋,批准恢复了立信会计专科学校,使我平生夙愿得以顺利实现。同时还任命我为名誉校长,享受高级干部的各项待遇,给予我无微不至的关怀和照顾,真使我百感交集,感激万分。

　　我现在起步虽已晚了点,但我要竭尽有生之年,积极响应"肝胆相照、荣辱与共"的号召,自觉自愿、全心全意地为人民多作贡献,坚决沿着党所指引的方向,在社会主义大道上前进![1]

中共十一届三中全会的春风,吹遍了祖国大地,使万象更新,百业复苏。潘序伦认为,"像我这样一个老朽,也如'枯木逢春',精力有所恢复。作为一个终身从事会计工作和教育工作的我,当然希望我的会计事业和教育事业在大好形势

---

[1]《潘序伦回忆录》,中国财政经济出版社1986年9月版,第53—54页。

下继续下去;更希望我的弟子们能'青出于蓝而胜于蓝',把立信会计事业发扬光大,并能在振兴中华的年代里,为四化建设大业作出更大贡献。这对我的晚年将是个莫大的安慰!"在学生的眼里,"党的十一届三中全会后,春回大地,潘校长的冤假错案得到了平反,任凭风吹浪打,潘校长毫无怨言,仍把落实政策补发的钱捐助办学。为了教育事业,他数十年如一日,始终不渝地战斗到生命的最后一刻。我几次去探望潘校长和张老师,他们还是一如既往地努力学习着、工作着,有时收听中央人民广播电台的重要报道直到夜晚十点钟。对我们学生前去探望,两位老人家总是亲切、热情地接待。"①

鉴于当时国内企、事业各界的会计工作人员量少质差,青黄不接,远远不能满足我国经济蓬勃发展的需要。潘序伦在 1979 年就倡议并大力资助,在上海市组织成立了全国第一个会计学会——上海市会计学会,随即开展了各项学术讨论,出版了《上海会计》(初名《会计通讯》)和举办了业余会计学校。翌年,全国会计学会成立,潘序伦被两会同时推选为顾问。

1979 年 1 月 18 日,潘序伦以上海市会计学会筹备委员会委员的身份,出席了上海市会计学会成立大会。他在会上发表讲话,他指出:"上海市会计学会今天召开成立大会,我很高兴应邀参加。本会能在今天成立,完全要感谢党中央一举粉碎了'四人帮',提出了抓纲治国,拨乱反正,调动一切积极因素来实现四个现代化的伟大决策,这才有成立学会的可能。在'四人帮'横行的时候,会计界从实际工作到学校教育,被破坏得不成样子,这是大家都亲身经历到的。现在好了,在党中央和各级党组织的领导下,确认会计是经济管理的一项重要工具,财经学院恢复了,《会计人员职权条例》颁布了,这些都是调动会计人员积极性的有力措施。今天,上海市会计学会批准成立,社会科学院黄院长亲自兼任筹备会主任,更充分地表明我们党对会计工作的重视和对会计工作者的鼓励,这实在是会计界的一件大喜事。我今年已 86 岁了,而且身体多病,有幸还能和许多老同事、老同学、老朋友在一起参加这样一个盛会,我感到十分兴奋。我预祝上海市会计学会能够组织上海市的会计工作者,为实现四个现代化的工作作出巨大的贡献。"②

潘序伦在讲话中,语重心长地对上海市会计学会及其广大会计工作者提出殷切希望:

---

① 王勉耀:《怀念潘校长和张老师》,《立信史话》,立信会计出版社 1993 年 11 月版,第 154 页。
② 上海市会计学会编:《会计通讯》1979 年第 1 期(创刊号)。

第一,学会要组织总结我国过去的一些宝贵经验。中华人民共和国成立以来,我国广大的会计工作者,在30年的会计工作实践中,积累了极为丰富的经验。如果能把这些亲身经验整理和总结出来,从而逐步提高到理论的高度,那是非常宝贵的。我希望上海市会计学会,能够领导和组织这项工作,因为它对我们在实现四个现代化的过程中,不断提高会计理论水平,改进会计实务工作,打好会计学术基础和发掘会计科研人才都有很大的帮助。

第二,学会要组织会员学习外国的经验。过去30年我国会计工作者学过苏联的经验,对其他国家的经验却学习得不多,或者根本没有注意。实际上,苏联会计方面的经验,基本上是从欧美资本主义国家引进的,并没有什么新的创造。可是30年来资本主义国家的企业管理,出现了很大的变化,那就是出现了应用数学的方法进行管理的管理科学和应用电子计算机的管理情报制度(或管理信息系统)。这是企业管理上的大革命,叫做"科学管理革命"。在电子计算机出现之前,管理方面的情报制度,基本上是会计制度。在电子计算机出现之后,情报制度这个职能,被擅长这一行的经理人和情报制度专家们接过去了。会计界在这一方面起步较迟,直到20世纪70年代才赶上步伐。美国的一些主要会计学术团体,都在这方面进行了全面的努力,他们主办各种有关电子计算机和情报制度的讲座和讨论会,提供进修这种新知识的教学方案。大专学校也都开设有关这方面的课程。所有这些东西,对我们来说,都还很陌生,特别是我们过去对于数学方法注意得太少。但是在大生产日趋现代化的今天,要想满足于我们过去的老办法行事是不可能的。会计学会和学会会员应当及早学习和研究这些新的课题,否则我们会在将来的客观要求面前感到措手不及。为此,学会有必要组织学习讲座,学习有关电子计算机(电子数据处理)方面的知识,有关管理科学、情报制度、运筹学等方面的知识。这对我们很好地研究如何吸取外国的好经验,做到"洋为中用"来说,是大有好处的。在组织这种讲座时,目前可能还要争取"外援",请国内外一些对运筹学方面、电子计算机方面有研究的人来给我们讲课。除此以外,为了要使广大非会员的会计工作者能够学习外国经验,组织收集和翻译出版会计书刊资料,也是十分必要的。

第三,学会应组织研究我们在实现四个现代化过程中所遇到的新问题。比如,"土地"一项在我国会计科目中没有被列入。现在我们如果与外商合办企业,占用的土地就不能不予以考虑。对于原来的国营企业来说,如果要比较占地面积很大的企业与占地面积较小的企业的经济效果,如他考虑它们各别占用土地面积这个因素,实际上也是不妥当的。又如,将来企业实行奖励基金,如果要以利润为基础,那么"收益决定"问题势必会提到议事日程上来,那时所遇到的问题就更多了。不仅是新问题,就是过去在会计基本理论和实践上没有很好研究的问题,也都值得我们仔细地检查一下,提出来进行研究。总之,组织研究会计理论与实务上的新旧问题,是我们会计学会理所当然的任务。

第四,学会应迅速担负起会计人员的培训和普及教育工作。比如,有许多企业的领导人,对会计比较陌生,看报表也感到困难,这对提高管理水平是不利的。过去仅从报表通俗化、简单化的角度方面动脑筋,这是不够的。所以,学会还需要做些普及教育工作,使企业领导人不仅能看懂报表,而且还能懂得一些会计知识,这对管理水平的提高,好处极大。又如,会计人员现在青黄不接,这是大家知道的,单靠学校培养,恐怕不能满足迫切的需要。学会自当考虑组织一些力量,利用电台、电视,举办短期业余讲座,或为某些大型企业,举办会计人员的业余培训工作,以缓解急迫的需要。这也可以补充学校教学力量一时难以照顾到的一面。

第五,为了使上述各项工作能够顺利地开展,有两项工作,也是十分重要的:一是出版工作,二是资料工作。如果学会不搞出版工作,则上面所述总结、翻译、研究等项工作取得的成果,就不能发挥普及的作用。有关各种会计问题研究的文章没有在刊物上发表,也收不到广泛交流讨论的效果。至于资料工作,学会在短时间内,不可能设立图书馆,但是否可以考虑建立一套有关会计方面的图书资料目录卡片,上面不仅注明图书资料的名称、作者及出版时间、地点,而且指明这项资料可向哪里(哪个学校、工厂或图书馆)取得。如果学会会员由于研究上的需要,要借用该项资料时,学会可办理介绍或代借的工作,为会员进行研究工作提供方便。这就要求学会资料部门能与各项资料的持有机构事先进行联系。这种服务,在国外图书馆行之已久,我们如能试办一下,倒也是个创举。

潘序伦在讲话的最后表示,他虽年老,体弱多病,但仍当追随各位,在党中央和各级领导同志的领导下,在完成我国新时期的总任务这一宏伟事业中,贡献出他最后的微薄力量。

潘序伦的讲话,高瞻远瞩,既富有前瞻性,又有操作性,对涉及电子计算机、管理科学、情报制度、运筹学等学科建设方面的建议,得到了大家的赞同。

潘序伦在那天的会议上风采不减,因而给当天在场的诸尚一先生留下深刻的印记,诸尚一回忆:

> 1月18日上午八时半左右,我去陕西北路上海市哲学社会科学学会联合会,参加会计学会的成立会。刚到门口,迎面一辆小汽车驶近,步下车来

的是上海财经学院副院长李鸿寿氏。我正待招呼，见他神情肃穆，忙着鸨伛身往车厢里搀扶一位老者出来，便住口站过一旁，细看是谁。

冬日的上海，早晨每多云雾，可这天阳光煦和，分外晴朗。在李鸿寿的扶持下，那位老者稳稳地步出车厢，才踏上街沿，便挺直起身子，向四外注视，一眼看到了我，还没等我认出是谁，便直呼我的名字道："尚一兄，好久不见了，你好么？"浓浓的宜兴口音，啊，是潘序伦先生！

已经十多年不见了，潘先生风采依旧，只是颌下的稀疏须髯略见灰白了。听说他也受到了"四人帮"的折磨，如今虽然已落实了政策，可毕竟是八十多岁的人了，谁能想到他还是那么矍铄，那么神采奕奕。

他也是来参加会计学会的成立会的。这位会计界的老前辈，仍然不能忘情于他所毕生倾注其心力的会计学术。他的到来，一下子便欻动了整个会场——这边叫先生，那里唤老师，亲亲热热地簇拥着他步向二楼休息室。随同潘先生来的张蕙生先生和钱素君女士，这时，也被他们的门墙桃李们团团围住，问长问短，再也顾不上潘先生了。

开会了，潘先生由会计学会会长黄逸峰、副会长王眉征等陪同在主席台就座。早一时没见到潘先生的与会者，闻风之下，都争相把目光投向他。他笑迎着满场掌声，微微点着头，向全场扫视。我过去没有机会亲承他的教益，但可以想见他在执教当时的风度也就是这样的吧?!

轮到潘先生讲话了。他带着家乡口音的普通话，谈起了他正在读的新从国外寄来的会计、系统工程等方面的书籍，随即用英语介绍了这几本书的原名，发音咬字还是那么清晰确切，完全不像是高龄而又荒废了多年的样子。

……在出席成立会的二百七八十位会员面前，他侃侃而谈，提出了那么几个问题：会计学术应该如何为实现我国的四个现代化服务？如何为经济改组和企业管理服务？如何运用电子计算机到生产管理和会计工作中来？等等。老前辈虽然白了须髯，可是宝刀不老，壮志未已，精神反而有胜于当年了！

上海市会计学会的基金，也就是在这时候由潘序伦捐助的，他说："我在'文化大革命'中被抄家的财物，全部作价人民币八万余元发还给我。我得到这笔发还的钱以后，当时想到自己已是年逾八旬，风烛残年，我的两个女儿也都已自立，我老夫妻两人不需要这样一笔巨款。那时，正当上海市会计学会成立，我就把发还的半数四万元,捐赠该会作为基金。"①

对于筹建上海市会计学会等往事,当年做过潘序伦助手的丁苏民曾回忆说:"经受反右斗争和'文化大革命'两次很大冲击的潘老师,在中共十一届三中全会后,虽已年逾八旬,但思想豁然开朗,精神焕发,决心做个'老来红',誓为祖国会计事业的复兴贡献终身。自1978年起,潘老师亲自召集立信老校友陆修渊、陆梓樵、王成杰、顾福佑、凌廷熙、蒋春牧、王庭桂、施明璋、黄子仁、周以篆、周四新等,商讨成立上海市会计学会。此举得到了上海社会科学院院长黄逸峰和市财政局局长王眉征的大力赞助和支持,我国第一个会计学会终于在1979年1月18日在上海诞生了。学会选举黄逸峰为会长;聘请潘老师为名誉会长。为了支持会计学会开展工作,潘老师以'平反'发还的抄家财物——人民币四万元,捐作学会基金,而自己依然过着粗茶淡饭、勤俭节约的日子。"

说起丁苏民先生辅佐潘序伦,那是丁苏民与立信的渊源。据他本人说:"1934—1935年,我白天工作,晚上到河南路吉祥里常常工作到深夜,星期日也很少休息,任课老师有:高级商业簿记和会计学的陈文麟老师,成本会计的施仁夫老师,审计学的顾询老师。最后结业时,潘序伦校长、李鸿寿教务主任和我们一起摄影留念。同班同学有:周信、凌廷熙、吴履绥等。师生之间感情非常亲密,直到现在仍未间断。由于我的学习绩名列前茅,在修完成本会计课后,母校就叫我担任成本会计助教。同时,我的工作也由簿记员、会计员跃升为主办会计,并最后考进了大中华火柴公司会计科。不久,抗日救亡燃遍祖国大地,立信同学会在进步校友顾准等人的领导下,经常组织了歌咏、话剧、学术报告等活动,不少同学都由此踏上了革命、救国的征途,我也是其中之一。"他还说道:"1979年起,承上海社会科学院院长黄逸峰之约,受聘为该院特约研究人员。此时潘序伦老师兼任该院顾问。由于潘老师年老体弱,需人帮助料理公私杂务,我受陈敏之(顾准胞弟)副所长之嘱,兼任潘老师的助手,直至1985年11月潘老师病逝为止。在长达七八年的时间里,我追随潘老师左右。"

1979年3月,潘序伦出席了上海市哲学社会科学联合理事会联合会议,并当选为主席团的成员。1984年社联再次开会,又推举他为顾问。

1980年7月,潘序伦应邀参加了国家教育部在上海复旦大学召开的高等教育经费问题讨论会。

中共十一届三中全会以后,随着现代化建设的开展,会计工作又被提上议事

---

① 《潘序伦回忆录》,中国财政经济出版社1986年9月版,第57—58页。

日程。1980 年 3 月 5 日,潘序伦在上海《解放日报》上撰文,呼吁全社会重视会计工作。

1980 年 7 月,当潘序伦得知提高现代化企业管理水平与财会队伍青黄不接的矛盾相当突出时,他又一次提出复办"立信"。在接受上海《文汇报》记者采访时,潘序伦算了一笔账。他指出,就数量来说,上海工业企业财会人员只占职工总数的 0.9%,按规定比例推算,还缺财会人员一万名左右。而且,现有人员中将近一半没有受过专门训练,很难进行财务分析和促进企业经营管理。靠现有的几所财经学校,每年只毕业 1 000 名学生,远远不能满足各行各业加强管理的需要。谈话之中,焦急之情溢于言表。

作为一名会计教育家,面对这种状况,怎能不心急如焚。潘序伦想:国家急需会计人才,而社会上的待业青年,却缺乏专门学校培养,如果恢复"立信",不是可以为国家输送不少有用的人才吗?

于是,他多次给上海市的领导部门写信,述说自己办学的心愿。他的双腿肿得不听使唤,只好把老立信的一些同仁请到家里,商谈有关办学事宜。潘序伦提出,学校开办费由他承担。说着,潘序伦把一张 5 000 元的银行存折交给了他们。

潘序伦还设法找到了上海市财政局副局长顾树桢,详细陈述了复校计划。谈着谈着,只见他兴奋得脸上泛着红光。顾树桢倾身用心听着,不时地插上一两句话。不知不觉,他们谈了好几个小时。一位教育家、一位局长,两人虽然素昧平生,但为了祖国的四化大业,为了培养会计人才,他们想到一块了。

他们的手紧紧地握着,他们的心息息相通,他们决意共同肩负起历史重任,为立信会计专科学校的复办而共同努力。直至华灯初放,他们才握手告别。

立信正式批准复办是 1980 年 10 月 20 日。但是酝酿复办立信早在 1978 年就开始了。据老校友施明璋介绍说:

> 1978 年 10 月 11 日,凌廷熙学长收到北京吴履绥学长一封关于编写立信同学会史的来信。1978 年 11 月 5 日,在上海新昌路 87 弄 75 号老凌家中,立信校友陆修渊、陆梓樵、李燮泉、王成杰、蒋春牧、王庭桂、施明璋、周豫康、丁苏民、朱柏青、凌廷熙等 11 人终于相聚在一起,共同追忆立信同学会史。会上,陆梓樵同学提出成立会计学会的建议。11 月 9 日再次在老凌家聚会,参加者增加了黄浦、张更生、唐根才、顾福佑、沈尉平 5 人,集中讨论成立会计学会问题。1979 年 1 月 18 日,上海市会计学会诞生了。凌廷熙、周

豫康参加了学会工作。由成立会计学会,便引发了复办立信会计学校。1979 年 9 月 30 日,在我家聚会,重点讨论了立信同学会史料和复校两件大事,出席的有:陆修渊、黄浦、丁苏民、蒋春牧、周以箓、王成杰、凌廷熙。在此前后,潘校长也一再指示要复校。在凌廷熙的记录中有这样一段记载:9 月 23 日,潘老对凌说,可以考虑由立信同学用立信校名办校。10 月 7 日,十几位立信老同学在人民公园茶叙会上表示:只要恢复立信校名和立信校风,大家都愿"拼老命"。10 月 11 日,丁苏民、凌廷熙、施明璋 3 人去潘老住地专门汇报办校事宜。10 月 15 日晚,丁苏民、周以箓、王成杰、凌廷熙又去黄浦家中商谈办校事宜,并由丁苏民向陆修渊通报近日酝酿情况。10 月 16 日,凌廷熙向蒋春牧通报情况,并由蒋转告王庭桂、黄子仁。10 月 18 日,黄子仁、王庭桂、凌廷熙同往蒋春牧家中交流近日办校活动的进展情况。10 月 23 日下午 5 时,丁苏民、施明璋、蒋春牧、凌廷熙在王庭桂家中共商去教育局申请办校的打算。11 月 4 日,在上海社会科学院 309 会议室讨论立信复校筹备工作,出席的有:王成杰、周四新、徐一尘、凌廷熙、李燮泉、丁苏民、陆修渊、陈敏之、黄子仁、施仁夫、王庭桂、施明璋、江麟年、周豫康、王文彬、詹家忠、姚爱珠、杨其昌、周以箓等 19 人。会议最后由陈敏之同志作总结发言,确定:(一)立案报批;(二)建立领导班子;(三)组织工作班子。11 月 13 日,丁苏民、李燮泉、王庭桂、王成杰、江麟年、黄子仁、凌廷熙、施明璋 8 人在老凌家开会,讨论复校计划和报批问题。12 月 4 日,又在老凌家开会,讨论立信挂靠单位等问题,出席的校友有丁苏民等 15 人。吴履绥学长适来上海,也参加了讨论。12 月 30 日,在丁苏民家中讨论办学的备案问题,参加者有:王成杰、凌廷熙、周四新、王庭桂、丁苏民、陆梓樵、施明璋、杨其昌、蒋春牧、李燮泉等 10 人。

施明璋提供的材料表明,立信复校是在潘序伦登高一呼的情况下,广大立信同仁共同努力的结果。

二

1980 年 8 月 25 日,潘序伦会同顾树桢等 11 位教育界、经济界知名人士,联名向上海市有关部门发出倡议书。他们为国家兴办会计教育事业的拳拳之心,受到了人们的称赞,也得到了上海市人民政府的首肯。

由潘序伦领衔的倡议书的内容如下：

为了适应四化建设的需要，培养急需的财会人才，满足更多青年的升学愿望，我们根据中共中央对教育工作所提出的"广开学路""各方办学"的精神，经过反复酝酿，并获得中国会计学会、上海市会计学会的赞助和原立信同仁、校友的支持，倡议在上海市人民政府有关部门领导下，于今年下半年复办立信会计专科学校。

一、校名、性质和校址

校名定为立信会计专科学校，属于大学专科性质，以培养"助理会计师"人才为主，并接受有关部门委托，培训与财务会计专业知识有联系的计划、统计、物价和企业管理等专门人才。附设立信会计职业学校，属于中等专业学校性质，以培养"会计员"人才为主，分别呈请市高教局、市教育局批准和领导。以后根据需要和可能，再考虑附设立信会计函授学校。当前，立信会计专科学校和附设的立信会计职业学校先招收应届高中毕业生，以满足升学的要求。今后，根据形势发展，兼搞在职干部培训。

立信会计专科学校校址设在上海市山海关路育才中学内。附属的立信会计职业学校设总校一所，校址也设在育才中学内；另设分校若干所，在市内各区租用各中学校舍，以便学生就近入学。

二、组织领导

由热心会计教育的有关部门领导，会计界知名人士，原立信同仁、校友中有声望的同志以及办校负责人员组织"立信会计专科学校校务委员会"为学校的领导决策机构，选主任一人，副主任若干人，呈请市人民政府有关部门批准。并由校务委员会主任、副主任、校长、副校长中的党员同志组成学校党组，加强党的领导。目前先成立筹备小组，由顾树林、胡远声、段力佩、顾濂溪、陆修渊、顾福佑同志参加。办公地点设在育才中学。

校务委员会的职权：决定教学方针、发展规划、专业设置和招生规模；按照市高教局、市教育局规定，推荐专科学校和职业学校的正、副校长人选，报市人民政府有关部门审批后任命；定期听取总结汇报，检查教学工作；筹集办学基金，审批经费收支预算和决算；研究决定其他重大校务。

专科学校正、副校长负责专科学校日常教学行政工作，任免教师、助教和职员，职业学校总校正、副校长负责职业学校日常教学行政工作。

学校行政人员编制：本着精简原则，专科学校和职业学校总校行政人员定为三十五至四十人。其余都聘请退休人员和在职人员兼任。教师原则上都由退休人员和在职人员兼任。

三、学制、设课和教学管理

（一）学制

专科学校学制两年，每周上课十六至十八小时，每学期上课二十周；职业学校学制两年，每周上课时数和每学期上课周数与专科学校相同。

（二）设课

专科学校第一期除政治、语文、数学、外语四种基础课外，还增设珠算、书法课。第二学期起学习专业课。

专科学校先设会计和物价专修两科。会计专修科的课程，包括：政治经济学、商用英语、会计原理、企业组织与管理、工业会计、商业会计、统计原理、企业财务、管理会计、会计数学、审计学、会计报表分析和会计制度设计。物价专修科，除选读会计专业课程外，增加物价专业课程，课程另订。

（三）教学管理

教学管理坚持高标准、严要求，专科学校的教学管理、学生毕业后去向及待遇与今年高校招收自费走读生的办法相同。职业学校的教学管理、学生毕业后去向及待遇，参照其他中等专业学校有关规定办理。

四、招生对象和名额

招生对象，今年均为应届高中毕业生，凡高校统考来录取的考生可以自愿报名，择优录取，不另考试。

招收名额。专科学校三百三十名，其中：会计专修科二百五十名，物价专修科一百名，设八个班级；职业学校一千三百名至二千名，设三十至四十个班级。每个班级平均五十人。

五、师资和教材

（一）文化基础课的师资，从有关高等院校和育才中学中选聘。珠算、书法课另聘珠算、书法专家执教。

（二）专科学校的会计、物价专业课师资，聘请大专院校财经会计教师、原立信会计专科学校教师和市财政局及工业、商业系统的会计师与上海市会计学会中有资望的会计专家担任。职业学校会计专业课师资，聘请大专、中专财经会计教师和市财政局及工业、商业系统的会计师与上海市会计学会的会计专家担任。

专业课要求在开课前一个学期组织备课和试讲，开展教研活动，以保证教学质量。

（三）专业课教材，一般采用中国人民大学、上海财经学院和其他省、市财经学院编写的教科书，结合现行财务会计制度编写补充教材和实习题及习题解答。

六、经费收支

（一）教学经费，属于编制内人员的工资、兼职教职员津贴。校舍租赁费和必要的教学设备购置费用，每年编制经费预算，从地方财政教育经费中拨付。其他办学费用，从学费收入中开支。

（二）学费标准，专科学校按高校自费走读生标准每人每学期收费二十元；职业学校每人每学期收费十五元。

（三）教职员待遇

1. 教师：按讲课课时计算，致送讲课费。一般教师每课时一元二角；讲师级教师每课时一元五角，副教授级以上教师每课时二元。助教（改卷）参加听课的，每课时一元，不参加听课的，每课时六角。讲课费每学期按五个月计算。专业课教师在开课前集中备课，比照讲课时数发给津贴；参加编写教材、实习题及习题解答的，酌发稿费，每千字按三至五元计算。

2. 职员：专职的，按编制、级别计发；退休的以补差为原则，另发交通费津贴；在职的或已在外单位领取补差的，按职务每月酌送津贴十元至三十元；每学期按六个月计算。

倡议人：

潘序伦（中国会计学会顾问、原立信会计专科学校创办人和校长）

马一行（上海市计委副主任、出口办公室副主任）

顾树桢（上海市财政局副局长、中国会计学会副会长）

胡远声（上海市物价局副局长）

段力佩（上海市育才中学校长）

黄朝治（人民银行市分行副行长、上海市金融学会副会长、上海市会计学会副会长）

陈敏之（上海社会科学院部门经济研究所副所长）

顾濂溪（上海市信托投资公司副经理）

陆修渊（上海市棉纺公司顾问、上海市会计学会秘书长）

张更生(上海业余会计专科学校副校长、上海市会计学会副秘书长)

顾福佑(上海市财政局企业财务处总会计师、上海市会计学会副秘书长)

1980 年 8 月 25 日

1980 年 10 月 10 日,上海市教育局、市高教局、市财政局联合向上海市委、市政府报送关于复办立信会计专科学校的请示,并附上述倡议人正式拟就的《关于复办立信会计专科学校的倡议书》。有关部门在请示报告中对学校性质提出的意见:立信会计专科学校是地方政府举办的财经类专科学校。它的任务主要有三条:一是参加本市高等学校自费走读生的统一招生,为地方培养高级财会人才;二是接受有关部门委托,培训和提高工交、财贸系统在职财会人员的业务水平;三是附设会计职业学校,培养中级财会人才,并在条件成熟的时候增设会计函授学校,为待业青年和农村财会人员提供学习机会。附设的立信会计职业学校属自费走读中专性质,拟在每个区设分校一所,总校负责教学业务指导。

10 月 20 日,上海市人民政府发出沪府(1980)135 号文,同意立信会计专科学校复办。批复指出:立信会计专科学校系财经类大专院校,由上海市财贸办、市教卫办共同领导。人事、财务和规划由上海市财政局负责,专科学校的教学行政业务由上海市高教局管理和指导,附设职业学校的教学行政业务由上海市教育局管理和指导。批复要求"复校工作,要依靠社会各方面的力量,挖掘潜力,以广开学路,培养急需的财会人才,适应四化建设的需要"。

这一天,标志着立信会计专科学校从此进入一个新的发展时期。

学校校务委员会召开会议,宣布经各方磋商产生的 45 名校务委员名单,除潘序伦之外,还有马一行、顾树桢、胡远声、段力佩、黄朝治、陈敏之、顾濂溪、陆修渊、张更生、顾福佑(以上为学校复办倡议人)、王眉证、黄逸峰、黄凉尘、许毅、杨纪琬、郭森琪、龚清浩、娄尔行、姚惠泉、史景星、吕更、李贤达、吴羹梅、陈铭珊、诸尚一、陈穗九、王文彬(以上为财会主管部门、财经院校等方面人士)、李鸿寿、李文杰、张蕙生、钱素君、施仁夫、王澹如、黄浦、储启蒙、王庭桂、陆梓樵、徐日清、徐惠勇、丁苏民、李燮泉、蒋春牧、王成杰、施明璋(以上为立信同仁、校友)。[①] 与会者推选黄逸峰为校委会主任,马一行、王眉证、顾树桢、李鸿寿为副主任,并推举潘序伦为名誉校长,推选王眉证为校长,顾树桢、段力佩、胡远声、顾福佑为副校

---

① 名单的先后以及括号中的文字均为当时原稿记录,见上海立信会计学院档案。

长。校务委员中的党员另行开会,推定由王眉征、马一行、顾树帧、段力佩、胡远声、陈敏之、陆修渊组成党组,王眉征为党组书记。

得知上海市人民政府正式批准恢复立信会计专科学校,潘序伦大喜过望,并愉快地出任了名誉校长。"立信"的复办,实现了潘序伦的夙愿,也得到了社会各界的鼎力相助。老教育家、育才中学校长段力佩将中学的部分教室借给了他们。

10月25日,众人翘首以待的立信复校首届开学典礼,假座黄浦区政府大礼堂隆重举行。潘序伦高兴地出席了典礼并发表了讲话。他怀着激动的心情,勉励全体师生在党和政府的领导下,发扬"立信"优良的办学传统,以"建立信用"为目标,当老实人,说老实话,办老实事,逐步发展多样化的办学形式,按照严格和实用的要求培养人才,为祖国四化事业作出贡献。

时任上海市市长的汪道涵发来书面贺词,祝愿"立信会计专科学校在我国社会主义现代化的进程中,源源不断地培养大量的会计人才,为提高经济管理水平作出新的贡献"!

王眉征在会上致开幕词,上海市有关领导舒文等参加了大会。财政部会计制度司、财政科学研究所等部门单位以及海内外校友发来贺电、贺函。次日,上海的《解放日报》《文汇报》均作了报道。

没过几天,潘序伦又来到育才中学,看看这,望望那。他伫立在校门口,抚摸着刚刚挂上的"立信"新校牌,不禁百感交集,回想往事,恍若隔世。

他兴奋地说:"一生夙愿,在共产党领导下,得到发扬光大,我真的万分高兴。"他深深感激党对他的关怀和支持。

据了解,复校时的立信在校工作人员有:陆修渊、顾福佑、李燮泉、王庭桂、蒋春牧、詹家忠、潘开乙、施明璋、朱仁镛、傅顺莲、夏慧娟、徐一尘、朱柏青、周以篆、王成杰、刘龙珍、江麟年、许仁全、张凤仪、顾树桐以及万陵西、李宝勇、乐爱利等。

在专科学校复办的同时,由专科学校附设的立信会计职业学校也在紧锣密鼓地操办之中。1981年1月,立信会计职业学校在应届高中毕业生中,录取中专新生816名,2月16日正式上课,2月22日举行开学典礼。经上海市教育局与各区县教育行政部门研究商定,并取得有关学校的配合支持,立信会计职业学校在黄浦、杨浦、虹口、闸北、长宁、卢湾、南市、静安、徐汇九区,嘉定、上海、宝山、川沙四县先后设立了分校。据参与复校的校友黄华麟回忆:

回顾三十年代,我从家乡来到上海,由于求知欲的驱使,进入母校学习。

在潘序伦老校长和陈文麟、李鸿寿、钱乃澄、顾准、顾询等老师的悉心教导下；使我逐步掌握了会计知识，并在工作中加以运用。数十年来，我所以能在会计战线取得一些成就，与当初各位老师，特别是潘老校长的谆谆教导是分不开的。饮水思源，对母校倍感亲切。

当 1980 年下半年经上海市人民政府批准复办母校时，我出于对母校的热爱，欣然应邀参与复办工作。

根据当时市政府文件精神，除复办立信会计专科学校外，还设职业学校（中专性质），并要求在各区、县设立分校。这是一项相当繁重的任务。为了完成这项任务，必须在市、区部门的领导下，依靠社会各方面力量来进行。经过多方联系，决定在九区、四县成立十三所分校。其中重点分校由指定专人会同有关中学进行筹建，一般分校则派联络员与学校保持经常联系。按照当时的分工，由我负责筹建静安分校。我通过静安区教育局的介绍，同瑞金中学接上关系。经过多次与该校沈岳浩校长、郁桂英副校长等商量，很快在班级设置、教室安排、教师选聘、人员配备以及费用预算等方面达成协议，为建立静安分校奠定了基础。双方研究确定，由沈岳浩兼任静安分校校长，我担任副校长。郁桂英同志兼任教导主任，并由立信老校友陆梓樵同志担任顾问。

接着，我又和总校其他同志一起去市招生办公室看材料，办理录取新生事宜。1981 年春，静安分校正式开学，当时，招了两个中专班、两个预备班。1981 年秋，为了适应社会需要，又试办了一个职工中专班。1982 年，举办了四个职工培训班。其后每年都招收中专和职工中专的新生，因而逐步成为十三所分校中办班最多、发展最快的一所分校。

……

特别使我们感到高兴的是，潘老校长对静安分校一直给以极大关怀和鼓励。他总是当面或亲自写信来勉励我们，并加以指导。记得有一次他看到我们编印的《教学动态》刊登静安分校开展作文比赛情况时，就写信来要我把优秀作文投寄给报社发表，我就照他老人家的意见做了。当时他已九十高龄。他对静安分校的关心和爱护，使全校师生深受鼓舞，是推动静安分校不断前进的强大动力。[①]

---

① 黄华麟：《参与复校的一点回忆》，《立信史话》，立信会计出版社 1993 年 11 月版，第 83—84 页。

复校后一直在立信中专工作的徐瑞洁回忆说:"在立信复校之初的一次会议上,我见到了潘老,他老人家慈祥而又充满智慧,使我内心激动,久久不能平息。会后潘老和我们谈心,语句不多,但语重心长。大意是,到立信来工作不分先后都是立信的校友。立信创业不易,我们要齐心协力,继承立信传统,为立信争光。这次谈话我铭记在心,这也成为我以后做好工作的动力。为立信工作的光荣感和责任感,一直驱使我竭尽全力,为立信事业贡献微薄的力量,不辜负潘老对我们的期望。"①

1980年年末,潘序伦的活动繁多。据马钟榆回顾:1980年12月7日,原立信会计专科学校十六届在沪同学借市政协会场,欢聚一堂庆祝毕业三十周年,特邀请潘老和我们一起欢庆这一珍贵的时刻,潘老欣然赴会。不少同学在会上回顾了自己走过的历程,他们说自己在工作上、学术上能有所成就,离不开潘老和母校的培育。大家称赞潘老真是桃李满天下。潘老听了同学们的发言后,很诚挚地说:"我对桃李满天下这一句话的'桃李'并不十分喜欢,我还是更喜欢'松柏',现在国家要兴国,我们立信要兴学,立信会计专科学校已经得到市政府批准复办,我们要将立信会计事业办得像松柏那样,万古长青。"

潘老这一席话,使在座的同学感触很深,潘老的思想境界多么高呀!他不只是满足于桃李满天下,而是要提倡"松柏"精神,一种经得起严冬冰霜考验的精神。他在启示同学们要为立信会计事业在各种磨炼中继续开拓发展下去。回忆当时,潘老不畏艰难曲折,为立信会计专科学校的复办到处奔波。他自己过着粗茶淡饭的生活,前来参加会议时,他穿着深蓝涤棉中式棉袄罩衫,一双黑色布鞋,而将"平反"后发还的数万元捐给了学校。党和政府看到潘老居室不宽敞,三次配给他住房。他都婉言谢绝,只希望已复办的立信会计专科学校有一个自己的校舍,为发展会计事业培养更多的人才。②

1981年2月,立信会计编译所恢复成立,潘序伦任主任,副主任为王澹如、管锦康。9月,编绎所恢复后第一本图书《会计基础教材》由知识出版社出版。立信会计专科学校和立信会计编译以及立信会计师事务所的重新成立,潘序伦为之终生奋斗的"三位一体"的立信会计事业,以崭新的态势,呈现在人们面前。

潘序伦在1985年的一次谈话中谈论立信会计事业各个组成部分的关系。他说:"我们还在1981年2月,组织原立信会计研究编译所部分同仁恢复立信会

---

① 徐瑞洁:《缅怀潘老》,《立信学刊》1993年特刊。
② 马钟榆:《纪念潘序伦老校长诞辰百年》,《立信学刊》1993年特刊。

计编译所,专门编译《新编立信会计丛书》和《立信财经丛书》,为培养财会人才提供教材。立信会计编绎所已经出版了 23 种财会书籍,发行 249.6 万多册,仍然供不应求。1984 年年底又成立立信会计咨询服务公司,开展咨询业务。筹办的印刷厂现已正式投入生产。这些单位与学校的关系:凡是立信所办的各项事业是一个整体,以学校为主体;各种层次、各种形式的学校是一个整体,以大专为主体。这些单位有主有从,相互促进,使立信专科学校向多功能的方向发展,逐年减轻国家财政负担,力求自给。”

三

1981 年,潘序伦即将九十寿辰。上海各界要为他预祝生日,他执意不肯。后来,这件事传到上海市政协副主席张承宗那里,张副主席特意送请帖,诚邀潘序伦和张蕙生到静安宾馆,并宴请他们。

潘序伦婉谢道:“年纪大了,牙齿不灵,肠胃又不大好,就免了吧。”

张承宗悉心询问潘序伦,平日吃些什么。不想潘序伦随便报了一些菜肴之后,张承宗即吩咐宾馆精心置办。潘序伦感激之余,恭敬不如从命,愉快地接受了张承宗的款待。

没过几天,潘序伦的本家请他们夫妇到玉佛寺游览,并设家宴祝寿。

这两次祝寿活动被潘序伦的学生和会计界同仁知道后,他们便不肯放过潘先生。然而潘先生再三推辞,不愿兴师动众,铺张浪费,最后便在七月上旬假座市政协餐厅举办了潘序伦校长九十寿辰的茶话会。

上海的各界人士雅集一堂,预祝潘老校长九十寿辰。届时,国内外的很多友人也到会,他们赞誉潘序伦作为“中国现代会计之父”,当之无愧。潘序伦十分感动,表示要为振兴中华,竭尽绵薄之力。

在潘序伦眼里,学生质量的优劣,直接关系到学校的生命。每当年轻的学生去他寓所时,他总是不厌其烦地叮嘱他们,要克服困难,好好学习。

潘序伦一生爱校如家,将精力和钱款都花在立信会计事业上。晚年他与学生的一次聊天中,他发问立信意何谓? 有人说:“立信会计者,潘序伦也。”

潘序伦不以为然,他说:“立信是我的儿子。”一语而出惊四座,无不称是。

确实潘序伦是这样说的,也是这样做的。他数次捐款给学校充作经费,最后一次是他将发还的巨款,共十万元捐献给学校,设立“潘序伦奖学金”。每次取其利息奖励品学兼优的大专生、中专生和函授生。而潘先生的生活起居却极为俭朴。有一年冬天,潘序伦应约前往锦江饭店会见外宾,饭店有暖气设备,非常暖和。潘序伦是穿厚实的棉袄去的,里面却是件破旧不堪的衬衫,因此如果脱下棉袄,会不雅观。他只得硬着头皮,以致汗流浃背,颇为狼狈。1984年,潘序伦向学校提出一个久藏于心的愿望:筹集捐赠人民币10万元给学校(其中有立信会计海外校友会顾问杨国树捐的4.5万元、香港地区实业家查济民的1万元),设立"潘序伦奖学金",用以褒奖优秀学生。

名誉校长潘序伦对重振"立信"倾注了大量的心血。复办以后的"立信",继承了老立信的好传统,采取多层次、多形式办学,1981年复办了会计中专,1982年举办成人夜校,1983年又恢复了函授教育,此外还根据社会需要,开办各种短训班和单科班。该校实行收费走读,毕业时由学校推荐,用人单位择优录用。这样打破了一上大学,一切费用都由国家包下来的习惯,也消除了"铁饭碗"思想,促使学生提高学习自觉性。学校勤俭办学,据1982年统计,该校的开支,只相当于一般大学的十分之一。这种新颖的办学形式,受到了政府的重视和社会的欢迎,为高校闯出了一条多、快、好、省的人才培养的新路子。

我们知道,潘序伦在上海创办了立信会计学校以后,随着形势的发展,他本人和他的学生,如蔡经济、刘芷休、王逢辛、张蕙生、管锦康等,去全国各地开办了立信的分校或训练班。在重庆、衡阳、桂林、南宁、玉林、柳州、抚州、容县、南京、广州、天津、北京等地先后设立了立信会计学校,一时俨然成了跨地区、全方位的会计教学团体。在各地,办学层次也分为补习学校、专科学校、高级职业学校,学员的来源非常多。

20世纪80年代以来,随着立信在上海的复办,各地立信犹如雨后春笋,纷纷兴起或恢复。潘序伦基于上海的经验,提出三条原则:一是各地立信要由当地财政部门领导;二是要取得当地教育行政部门支持;三是由当地校友会举办。这三条原则充分体现了立信的特色和继续发展的原动力。为了支持各地立信,潘序伦除了担任上海立信会计专科学校的名誉校长之外,还欣然应聘出任各地立信名誉校长或董事长,潘先生还再三嘱咐,要把各地立信办好。

在财政部和各地政府的关心下,重庆、天津、北京、广州、南京、成都、桂林、南宁、无锡、宜兴、洪湖、玉林等地,都开办了立信会计学校,为当地输送了不少会计财经人才。

香港新亚文商书院的黄强曾经写过《记潘序伦会计师》一文,节选如下:

　　20世纪50年代初期笔者在广州财经技术学校读书时,已拜读潘序伦先生主编的《高级商业簿记教科书》。及后在从事会计实务工作和研究工作中,进一步知悉和了解潘序伦先生的业绩,敬仰殊深,神交三十载。

1982年6月,笔者在广州《羊城晚报》上发表了一篇介绍潘序伦先生的文章,编辑为了吸引读者,把文内引述美国一些会计界人士把潘序伦先生称为"中国会计之父"的尊称,改换了原来的题目。同时由于手笔之误,文内个别人名和年龄见报时有所误差。拙作刚好被身在上海的潘先生读到,他随即给该晚报编辑部写了一封信,指出有过誉之嫌,并一一更正了错处。严肃认真、一丝不苟的会计师风范可见一斑。

当笔者接获《羊城晚报》编辑部转来潘老先生的手书,立即将原文所提意见一一作了详细解释,还像对待会计工作那样,逐一提出了"原始单据",另外寄奉拙作论文回函,乞请赐教。

不日即收到潘老先生的亲笔回信。信中说:"经吾兄上次赐书说明根据,我已自认误会,向您道歉,……就让我俩做个'忘年友'罢!南方熏风有便,尚祈时赐好音。"一位德高望重年近九十的大学者,如此谦虚诚恳地对待一个默默无闻的会计晚辈,也是我有生以来所收到过唯一如此真诚的致歉信。他这封信完全可以不写的,然而,他却写了。捧读之下,禁不住泪花闪坠!

此后,笔者真的与潘老先生成了忘年友,每每欲亲聆教诲,可是上海广州竟像天涯之距,始终未能成行拜会,趋前求教,但书信往返多次,即使潘老先生抱歉,也嘱其秘书捉笔,免我翘企。这些书信已一一珍藏,"忆来惟把旧书看"。

1985年冬,笔者正在办公室埋头做账。有人给我送来了上海会计学会和上海立信会计专科学校的一个大信封,里面竟是一份讣告。我噙着泪水匆匆读完,真不敢相信是事实,后来读了一遍又一遍,不得不承认现实,只好用颤抖的手,给《羊城晚报》写了一条新闻稿,以作纪念。那时还没有传真机,骑了40分钟的单车送去稿件,当晚便登了出来:《我国杰出会计专家潘序伦病逝》。

笔者在香港生产力促进局任教中国会计短期课程,讲授中国会计演进历史时,常常谈及潘序伦及立信会计学校,一天,一位女会计师课后说:"黄Sir,我在1973年九龙西洋菜街的立信会计学校读过,可惜后来这家学校结束了。"笔者有点茫然,心想,什么时候能在香港复校?届时,笔者将会尽献绵力!

不少立信复校期间的校领导，至今还记得晚年潘序伦工作、生活的情景。魏人英（曾任立信会计专科学校党委副书记）回顾他第一次见到潘老的深刻印象："那天潘老接见我们是在一间只有 20 平方米左右，既做会客室又兼起居室的卧室里。小小一个房间置一床、一桌、一书写台、一书橱、一单人沙发、一电冰箱，还有几把椅子。除了床头挂着一幅他在林间小憩的国画外，别无他饰。这就是蜚声国内外会计界前辈的寓所吗？这完全出乎我的想象。当时正值盛夏，老人穿着一身已经洗得很旧的白色中装布衫裤，套了一双黑色圆口布鞋，活脱脱像一位乡间塾师。这位就是留洋海外，并先后获得硕士、博士学位的会计学专家、教授潘序伦先生吗？这也完全出乎我的想象。没等我在两个直觉的'出乎想象'中回过神来，孙庆元同志就把我介绍给潘老。我随即奉上前几天填好的一首作为晋见礼的《沁园春》词（见立信校友通讯创刊号），对老人为开创和发展中国会计事业的贡献表示敬意。潘老非常高兴而认真地立即拆阅，边看边作低吟，还自言自语地说：'《沁园春》的这个"沁"字，不少人常读成"xin"，其实应读"qin"。'接着他又简要地问了当时学校的近况和我的简历。为了不影响老人休息，且又是第一次见面，不久我们就告辞了。"

徐文彬（曾任立信会计专科学校副校长）也追忆潘老的二三事：

"1984 年上半年潘老的一位老友的孙女要投考我校，潘老的女儿打电话给我，我就到潘老家中去了一次。潘老把他老友的信给我看了，信中的意思是要潘老'鼎力支持，破格录取'。我看了信以后说：'我尽量按信中的要求办就是。'潘老问我准备怎么办。我就把'鼎力支持，破格录取'的意思说了一下。潘老听了后说：'可不可以找个老师帮她复习复习功课，指点指点，让她考得好一点，这就是我对老友的支持。破格录取则我不能徇私，你们也不要为了我而徇私。'潘老这种公私分明的态度给我留下了很深的印象。

"过去我常听说潘老经济情况虽较宽余，但自奉甚俭。我第一次去潘老家中时，看到他家中的家具、用具确实非常简单，证明传闻非虚。但后来有一件事却给了我更深刻的印象。有一次潘老请美国著名会计师麦克劳在红房子餐馆吃饭。因为天气冷，餐厅中的暖气开得很大，在座的其他人都脱掉了厚衣服，只有潘老虽然额头流汗但仍穿着棉袄，大家劝他把棉袄脱了，以免出去时因室内外温差太大而受凉。可是潘老坚持不脱棉袄，大家都有点诧异。饭后送潘老回家，潘老脱下棉袄换衣服，大家一看才恍然大悟，原来潘老里面的衣服打了一个大补丁。有位同志随便说了一句，劝潘老做一件新衬衣。潘老却认真地说：'我的积蓄不多了，我要全部奉献给会计事业。这件衣服补一补还可穿，何必花钱去做新的呢?'从这里可以看出,潘老之所以自奉甚俭,其目的是要为发展祖国的会计事业尽自己的力量。这是一种崇高的奉献精神,值得我们后辈学习。

"潘老勤奋学习,刻苦钻研学问的精神,一向为会计界人士所钦佩。潘老早年的求学生涯,我们不可能见到。但他晚年仍然渴求新知识的情况,却是我亲眼所见的。有一次去探望潘老,见他正在做笔记,边上放着几本有关电子计算机的书籍。坐定之后,潘老就向我谈起学习电子计算机的事来。他说他最近身体较好,天天在学习电子计算机语言,读书不仅做笔记,而且也做习题。他认为,会计今后总要走向电算化,搞会计的人总要学会使用电子计算机才行。但是由于年纪大了,记忆力很差,已经做过的习题,过几天又不会做了,他说他采取了一种'累计学习法'。做习题时把老习题先做一遍,然后再做新习题。我听了以后感到很惊讶。用这样的方法做习题,每天要做的习题越来越多,到最后学完一本书,要做多少习题啊!可是潘老对我说,他就是决心要这样做下去的。一个年逾九旬的老人,为了学习新知识,竟然有这样大的决心,实在令人钦佩。当时我对潘老学习计算机的决心还不大理解。我想,像他这样的年龄,恐怕不一定真能学会使用计算机,就是学会了也不会有机会让他亲来操作计算机,那他为什么要下决心学习计算机呢?后来慢慢体会到,勤奋学习在潘老身上已成为一种秉性,渴求新知识已成为潘老的一种生活必需。潘老在会计学术上之所以能达到这样高的造诣,恐怕与这种秉性是分不开的。当然这种勤奋学习的秉性决不可能是天生的,而是他在几十年的奋斗中逐渐养成的,而且是老而弥坚的。对照潘老这种如饥似渴地追求新知识的精神,看看现在一些在学习上浅尝辄止的年轻人,他们应该是羞愧得无地自容了。

"听一些立信的老前辈说,潘老除自己勤奋学习外,对后辈和学生一向是诲人不倦的。他在晚年,很喜欢与年轻人接触。迁到立信的在校学生和青年教师去探望他,他总是显得非常高兴。潘老兴致勃勃地与他们交谈,询问他们的学习情况。潘老谈得最多的是会计工作的重要性,希望年轻人能够立志在会计领域中做出一番事业来。潘老也常常指导他们应该看些什么参考书。凡是亲自聆听过潘老教诲的学生和青年教师,对潘老这种诲人不倦的精神都非常感动。我到立信的时候已经不属于年轻人了,但潘老也同样对我亲施教诲。有一次潘老问我过去写过些什么东西,现在有什么研究课题。我一一作了回答。我回答潘老的话以后又加了一句,说我年龄不小了,以后恐怕不会有什么成果了。话一出口,我就懊悔了,在潘老面前怎么可以这样讲呢?果然,潘老听了以后就恳切地对我说:'咦!你还在壮年,怎么能说年纪大呢?你担任行政工作以后,还是不要放弃专业研究,这两者是相互作用的,我相信你还是可以出成果的。'我听了以后,一方面深感惭愧;另一方面也把潘老的教诲牢牢记在心里。在这以后,我还能拿出一点成果,写了几本书。这与潘老的教诲也是分不开的。"

1952 年全国高等学校院系调整之前,立信会计专科学校属私立(私人办学)性质。1980 年立信复办,根据上海市人民政府同意三局请示报告的批文,立信会计专科学校是地方政府举办的财经类大专院校,属公办的性质。关于学校的隶属关系,上海市人民政府批文确定:立信会计专科学校由上海市人民政府财贸办公室、教卫办公室共同领导;人事、财务和办学规划由上海市财政局负责;学校的教学行政业务由上海市高等教育局管理和指导,其附设的职业学校的教学业务则由上海市教育局管理和指导。

这样的隶属关系延续到 1983 年。国家财政部为关心支持学校今后的发展,经与国家计划委员会、教育部、上海市人民政府反复商讨后,1983 年 9 月 30 日发文给国家计划委员会、教育部,提出了"上海立信会计专科学校改由上海市人民政府和财政部双重领导、以上海市人民政府为主"的意见,国家计划委员会、教育部于当年 12 月 6 日复文给财政部,同意上述意见。复文中明确:财政部除在有关教学业务方面进行指导外,其他有关发展规模、专业设置、经费、投资等问题由上海市人民政府负责。

1984 年 1 月,国家财政部人事教育司发文给学校,通知了上述隶属关系的变动,并在通知特作说明:"今后在教学业务方面的指导活动,视同部属其他院校。"1984 年 2 月,上海市人民政府同意财政局在请示报告中提出的意见:在隶属关系变动之后,立信会计专科学校的人事、发展规划等应同其他大专院校一样,单独设置,归属上海市人民政府财贸办公室管辖,财务经费仍由上海市财政局管理。

1995 年 10 月,经上海市人民政府决定:立信会计高等专科学校由上海市人民政府财贸办公室划归上海市教育委员会管辖,财务经费也划归上海市教委统一安排。

1980 年立信会计专科学校复办时,没有自身的校舍,在育才中学的大力支持下,立信会计专科学校得以设在该校,并在教育部门和社会各界的协助下,学校先后商借大通、东风、绍兴、长新等多所中学的教室上课。夜大学、中专、函授各教学部分别设于新群、瑞金、陕西中学内。1983 年 5 月,学校与长宁区教育局、长宁区体委签订在定西中学校舍加层和租用教室的协议书(加层面积为 615 平方米,租用期为 3 年,期满后归还定西中学)。该年 10 月,学校迁入定西中学。

潘序伦还一直为校舍而操心,多次恳请有关部门及早解决这一问题。仅据学校的大事记记载,就有多次。

1982 年 12 月 2 日,潘序伦致函汪道涵市长,请求解决学校校舍问题。汪道涵批示给上海市人民政府教卫办副主任舒文,要求提出处理意见。

1983 年 3 月 28 日,潘序伦会同李鸿寿向上海市政协五届五次会议,提出请求落实立信会计专科学校校舍的议案。

1983 年,复办后的立信,正沐浴着中共十一届三中全会的东风,大专部和夜校部、中专部、函授部等各种学制的在校生有 3 000 多人,身为名誉校长的潘序伦当然十分欢喜。当时,国家财政部和上海市人民政府正酝酿成立立信会计专科学校总校,在各地设立分校,潘序伦等立信同仁也为此努力。

继立信复办后,由著名爱国人士黄炎培创办的中华职业教育社也重新恢复,为此,当时的中共中央总书记胡耀邦给该社主任胡厥文写了信。这年 3 月,兼任该社董事的潘序伦在读了胡厥文先生的手示后,"亦同受鼓舞"。4 月 14 日,潘序伦写信给胡耀邦,向他报告立信的办学情况。

潘序伦在信中表达了对复办的立信能继续为祖国造就财会人才,这一由衷的"钦幸"之情。他恳切地表示:"序伦今已年逾九旬,恐难有所建树,但当此国家中兴,总该为祖国教育事业竭尽绵力,并根据我公对胡厥老的指示精神,决心把立信会计专科学校办好。"

潘序伦在晚年,一直为立信会计专科学校的复办而不辞辛劳地工作。原先他拥有好几处高级公寓住房,后大都捐给学校。十年动乱期间,他家受到冲击,被迁居到一间房子里,没有回旋余地。

复校以后,党和政府出于对潘老的关心,在华侨新村、康平路、乌鲁木齐南路等三处,先后给他安排了住房,潘序伦都辞让了。他恳切地表示:"上海住房紧张,还是把房子先让给比我更需要的中青年知识分子吧。"

1983 年夏天,上海市有关部门第四次给潘老分配住房。这次是北京西路江宁路口的京西大楼,它地处闹市中心,四间一套,设施齐全,交通也方便。但潘序伦还是执意谢绝了。

他对来人这样说:"专校(指立信会计专科学校)校舍未落实,绝不为个人安适作打算"。

一时,"潘序伦四让住房风格高"在沪上传为佳话。

我们已经在前面说过,立信复校后,潘序伦即被任命为名誉校长,当时上海市市长汪道涵同志亲自向他颁发了任命书。随之,潘序伦享受了工资、医疗待遇。由于潘序伦年事已高,校方专门为他配备一部专用轿车,他得知后甚为生气,认为这样过于奢侈,故屡加辞谢。

每月 5 日,校长办公室派专人将潘序伦的 200 多元工资送至他的寓所。有一天,这位年轻同志因故延迟数日,潘序伦关切地问道:"是不是学校的工资发不出了?"并表示,他的工资可以首先裁减。解释具体原因后,潘先生的焦虑之心才安定下来。① 潘序伦时时惦念着立信的前途和命运,牵挂着立信的师生们。

潘序伦在自己寓所的书桌上,放着一本已经有些泛黄的笔记本。他因为年老,因此专门备了一本笔记本,用来记下来访者的姓名和地址。有一次,一位从新疆来沪的校友去拜访潘序伦。虽然三十多年未见面,潘序伦却十分热情地接待他,并记下校友的名字和地址。当他得知这位校友不久就要回新疆,便叮嘱这位校友去找自己在新疆的侄儿潘午生,共同搞好立信新疆校友会工作。

对帮助解决立信缺少教室上课的困难,领导部门一直很重视。学校除名誉校长潘序伦之外,校长顾树桢也多方尽力争取。终于在 1984 年,经国家财政部、上海市人民政府同意,将立信校舍的建造正式列项,选址确定在上海市中山西路2230 号。

经过征地、动拆迁、勘察等紧张的前期准备,校舍由上海市高等教育建筑设计院负责设计,上海市第七建筑工程公司承建。1985 年 10 月举行奠基开工典礼,潘序伦为奠基石题了名,财政部副部长陈如龙亲临剪彩。

新校舍首期工程于 1987 年 8 月竣工交付使用。9 月,学校迁入新址办公。新校舍包括综合办公大楼 11 604 平方米,图书馆、阅览室、阶梯教室共 2 432.26平方米,教学楼 5 346 平方米,大礼堂、食堂 3 557 平方米,厨房、浴室 1 084 平方米,宿舍、车库 2 418.6 平方米等,共计 26 518.86 平方米,耗资 1 567 万元。这比原计划投资额 1 845 万元,节约了 278 万元。

---

① 据采访李旸先生的记录。

第十五章　风范长存

一

潘序伦在他的晚年,除了担任名誉校长之外,还身兼数职。他出任了中国会计学会和上海市会计学会的顾问、上海会计师事务所董事长、立信会计编译所主任、市社联顾问,以及市高级会计技术职称评定委员会副主任等职。他热心从事会计、教育活动,贡献自己的"余热"。

1979 年 8 月,潘序伦响应党的号召,曾具名写了一封《书寿王云五》的公开信。可惜传闻当时王云五已在台湾病逝,未能看到。兹按原稿抄录于下。

云五我兄道鉴:

　敞读报纸,欣悉我兄欢度九旬荣庆,且健康胜常,矍铄依然,下风逖听,实深感慰。与兄暌违三十载矣,伦亦虚度八十又七春,每怀夙昔过从,犹在目前,翘首云天,时觉神驰左右,想望弥殷。伦以垂暮之年,处昌明之世,每当燕乐,海上旧友毕集,远怀风范,倍增停云落月之思,因缀短章,为我兄寿。

　国家三十年来,旋转乾坤,厥功甚伟,前此虽受"四人帮"之破坏,稍有蹉跌,然自邓公当国以来,拨乱反正,百废俱兴,以图书出版工作而论,亦大非昔比。犹忆我兄在沪之日,彼时虽执图书出版业之牛耳,然每一书出,印数不过数千而已。即《四部丛刊》《万有文库》等类书,广告焉,预约焉,附赠书柜焉,尽力宣传推销,然其印数,仍极有限。今日则不然,一书之出,印数动辄一二十万,犹供不应求,难副众望,即此一点,足证国家文化学术之发展,非过去之可同日而语也。尤足以为兄告者,我兄创制之《四角号码检字法》,国家仍极珍视,为出版界与教育界所广泛应用,年前所出之《四角号码字典》，备受读者欢迎。即《辞源》一书，国家亦已集各地饱学之士，重加修订，俾使之更臻完善，充实内容，继续出版。凡种种，当为我兄所乐闻，亦足以告慰我兄夙昔之抱负也。

犹忆1949年我兄离沪之前，曾将多年收集之词汇卡数十万张，交由伦当时主持之立信会计专科学校保存。中华人民共和国成立以后，伦以为此属文士之心血，国家之财富，理应归之国家，俾发挥其应有之作用，因代为交与国立图书馆保存。我兄曾有志于将此材料，编著中华百科全书。今国家已在京、沪等地，设立大百科全书出版社，网罗人才，全力以赴，遥想百科全书问世之期定不在远。倘杖履在此，伦知当亦为之莞尔首肯也。盖使理想成为现实，宁非人生一大乐事乎？

嗟夫我兄，我等相别之时，犹当盛年，今则垂垂老矣。三十年来，虽一水非遥，然鱼雁鲜通，思念之情，与日俱增。念人为之障碍，每用慨然。今者，中美建交，已成现实，弟兄和合，重见端倪。故园春意盎然，桃李成荫，尚望早日归来，共襄四化大业，使我中华民族巍然卓立于天地之间，则我兄百旬荣庆之时，伦亦得叨陪末座，为兄奉觞，同伸庆贺。此为伦之夙愿，不审我兄亦有意否耶？

纸短情长，不尽欲言，肃布腹心，预以寿兄，临颖盼祷，余不一一。

弟潘序伦拜启

1979年8月于上海①

潘序伦的这封信曾登载在当时的香港《大公报》上，表达了潘序伦当时的心情和思想认识。在两岸同胞共同为实现台湾回归祖国，完成祖国统一大业奋斗之际，重读潘序伦的这封信，犹感亲切，从中可以看出他热盼祖国统一、富强、昌盛的心愿。

潘序伦一如既往地关心会计学术理论的发展。1979年1月，经他提议，率先在上海成立了全国第一家会计学会。在历届年会上，他都亲自出席并讲话，提出了许多新鲜的见解。

1980年12月，潘序伦参加了人才问题的讨论。他提出了开展"人才会计"的研究。他说，我国对于人才的培养和使用，还是一锅煮、铁饭碗的办法，因而产

---

① 潘序伦：《潘序伦回忆录》，中国财政经济出版社1986年8月版，第49—50页。

生种种浪费的情况。潘序伦以他特有的"会计头脑",指出国家培养人才也要计算成本,提高经济效益。中央教育部对他的这一建议很重视,召开会议展开专题研讨,并在一些大专院校当中,进行了教育制度改革的试点。

随着中共十一届三中全会的召开,全国工作重心逐步转向经济建设,而各种层次的财会人才紧缺矛盾十分突出。此时,潘序伦虽然年老体衰,行动不便,但他仍热情关心现代化建设。1980 年 7 月,他在接受《文汇报》记者采访时说:"从广播、报纸中知道,当前提高现代化企业管理水平与财会人员队伍青黄不接的矛盾相当突出。就数量来说,目前上海市工业企业财会人员只占职工队伍总数的0.9%,按规定比例推算,就缺财会人员一万人左右。而且,现有财会人员中将近一半没有受过专门训练,有的做账靠估计,格式也不统一,账目混乱,更谈不上进行财务分析,促进企业经营管理。靠现有的财经学院和几所中等专业学校,每年只能分配毕业生 1 000 人左右,连补充自然减员的缺额也有困难,远远不能适应各行各业加强经济管理的需要。再加上今年高中毕业生数量多,高校招生人数有限,有大批青年要求升学和就业。"在这种情况下,他以特有的会计头脑和服务意识,会同立信同仁提出了复办立信会计专科学校的建议。他还就办学的指导方针、教学要求、师资、校舍等一系列问题,提出了不少具体意见。有关部门进行了认真研究,不久由上海市人民政府批准立信复校,潘老的夙愿终于实现。

在晚年,潘序伦依然十分"重视会计工作",他呼吁全社会重视会计教育。他认为,"会计是管理国民经济的一个重要工具。随着生产的发展,会计的重要作用也愈益明显。"他在《解放日报》(1980 年 3 月 5 日)上撰文说,会计的作用"可以概括为三个字,即:记、算、管,记就是记账,算就是算账,管就是管理。记账的目的是为了提供算账的资料,算账的目的是为了便于进行管理。由此可见,会计是进行经济管理的一个十分重要的工具。"他强调要打好会计的基础,包括振兴会计教育,培训会计人才,为经济的腾飞服务。

1985 年,《中华人民共和国会计法》颁布实施。对于一个从事会计事业 60多年的老专家来说,潘序伦欢呼雀跃。他发表了《搞活经济和会计立法》一文,再次对会计教育"为四化建设、振兴中华贡献力量"献计献策,而此后不久,潘序伦就因病溘然长逝。可以这样说,潘老真正做到为会计事业鞠躬尽瘁,死而后已。

20 世纪 80 年代前后,以微电子技术为核心的新技术革命,包括微电子技术、光纤通信、航天技术、新能源、新材料、生物工程、海洋工程等一系列新技术的重大突破和飞速发展,极大地改变了世界面貌和人类生活。对此,国际科技界、经济界议论纷纷,有人把它称为"世界第五次工业革命",有人又称之为"新的产业革命"或"第三次浪潮"。人们预言在未来几十年内,把现在已经突破和将要突破的新技术,应用于生产,将会使整个人类社会的生产力产生新飞跃,人类将进入知识经济的社会,这对我国来说,既是一个机会,也是一个挑战。面对严峻的挑战,潘序伦认真考虑着教育界、会计界人士会如何办呢?他当时提出的许多问题,值得人们深思。他在《新技术革命向会计界提出的问题》一文中指出:"第一,我们说科学技术等于生产力,是因为新的科学技术可以带来巨大的生产力。而现代化管理可以极大地提高生产力,所以管理也可以说是一种生产力。那么,会计是管理的一部分,算不算生产力呢?"接着,他又就新兴的信息技术对会计工作、会计教学以及专业课程设置的影响,提出了自己的看法。他说:"第二,过去是用电波来完成通信任务。而现在发展成为用光来通信,就是大家知道的光纤通信。会计本身就是一种信息,随着电脑时代的到来,会计工作是否要来一场彻底的变革?目前,我国的会计记录、编制报表等工作都用人工来完成,以后是否可以用电脑代替人工……由于通信技术的革命,作为信息的会计不应忽视通信新技术的学习,如会计专业中过去无'电子技术'这一门课程,结合新产业革命发展的需要,会计专科学校可相应地开设这方面的专业课程。学生不仅从书本上学,还要下工厂联系实际应用进行学习。过去认为,中小学生不宜用电子计算器,这会使儿童不动脑筋。属于数学学会的珠算专业人士,就认为中小学生还是要学珠算的,现在的小学生都还是背了算盘去上学。但目前形势的发展,不仅要求中小学生会用计算机,还要进一步学会搞电子计算机的程序设计。连小学生的知识都发生了如此巨大的飞跃,我们会计人员不应急起直追吗?随着集成电路、超大规模集成电路的出现,世界各国对电脑的应用和发展,我们难道不需要急起学习吗?"[1]

潘序伦在这篇文章中还对会计人员的知识结构的更新提出了要求。为此,他认为必须及时调整充实学校的教学内容。他说:"现在有一种说法,就是科学有'硬科学''软科学'之分。专家有'硬专家''软专家'之分。软科学的重心是管理,而重点是企业管理。既有科技知识又有管理才能的专家被称为'软专家'。会计是企业管理中重要的一环,从发展来看,会计人员不仅要精通会计业务,而且还要学习自然科学、社会科学等知识。新产业革命的发展有赖于无限的智力资源,无论是企业、科研机构还是政府机构,都重视成员智力的发挥。我们的会计专家应和其他专家一起,为各个领域的发展提供科学依据,提供最优的方案、

---

[1] 原载《解放日报》理论宣传部、文学艺术部编:《新论》(未定文稿),1984年3月21日第88期。

策略和方法,以帮助领导部门进行决策。根据上述发展趋势,我们会计人员今后的智力投资,应该朝什么方向发展呢? 如何以只争朝夕的紧迫感,采取什么相应的步骤来更新我们的知识呢?"潘序伦在这里提出一系列值得教育界深思的问题,他的"活到老,学到老"的精神以及教育必须与时俱进的观点,实在令人佩服。

1983年9月,在《经济日报》记者前来采访时,他又强调:要发挥管理会计的职能,在做好传统的记账、算账、报账等工作的基础上,充分发挥会计信息的控制和反馈作用,逐步开展经营分析、前景预测、方案比较、预算控制等工作。

在同年的会计学会年会上,潘序伦语重心长地指出,会计人员必须树立职业道德。他认为,会计人员的职业道德应该包含品德、责任和业务技术三方面内容。他说,品德方面应做到遵纪守法,以身作则;坚持原则,廉洁奉公;忠诚老实,毋忘立信。责任方面是指会计工作要按政策办事,按计划办事,按原则办事,按制度办事。业务技术方面要求记账、算账、报账都做到100%的正确。后来,这篇文章发表在当年的《财务与会计》杂志上。

潘序伦把关心年轻一代的成长,当作一个教育家的分内事。1982年5月,潘序伦代表上海市珠算协会,在中国福利会少年宫向孩子们赠送了一批制作精良的小算盘,希望小朋友们继承祖国的文化遗产,学好算盘,将来更好地为人民服务。

1983年,潘序伦还写了文章《一个会计学家的自述》,把他自己在青年时代的坎坷往事,误入歧途的曲折经历,如实地叙述出来,刊登在上海《青年一代》杂志上,希望对失足青年有所启迪,有所帮助。此文发表后,为许多刊物所转载,并被评为《青年一代》的优秀稿件。

潘序伦晚年依然保持着勤俭淡泊的生活。他穿的是朴素的中式服装和布鞋,有的是补丁连补丁;吃的东西是廉价的品种;住的仍旧是小屋;外出除了因公或开会,很少使用学校专门为他配备的小轿车。

潘序伦的老伴想买一台电视机解解寂寞,他不同意。一个学生知道后,非常过意不去,这名学生买好了电视机送上门来,他才不得已收下。潘序伦对自己是如此苛刻,对教育事业却乐于慷慨捐助。

这里再来看一篇立信校友章普安回忆潘序伦的文章。

> 我于1938年进入立信补习学校学习会计(吉祥里),读满五门学科获得毕业证书。1941年秋,经校方代重庆地区企事业单位招考会计人员而被录取。原定由校方设法送至金华转道去重庆,适逢12月8日太平洋战争发

生,校方领导李鸿寿先生正式告诉我,如仍有意去重庆,可由我自己决定,校方已不再承担送至金华的任务。在 1942 年年初,我毅然决定离沪赴渝,经过几天的艰难旅程,于 4 月 3 日到达重庆,由潘老安排我在立信会计师事务所工作。从此,我获得了能有潘老教导的机会。1943 年秋,立信会计专科学校重庆市区班开办,我和立信的其他几位同仁一起报考。当时的规定,入学考试(共六门课目)中的国文、英语、珠算三门课目有一门不及格即不能录取。潘老亲自批改国文试卷,我得 59 分,只差 1 分及格。我急得实在没有办法,厚着脸皮去求潘老能否通融给予录取,当时王逢辛先生、陈文解先生也在场,并帮我向潘老说情,理由是说我其余各门成绩都及格,请潘老所批的 59 分能否放宽 1 分。潘老考虑了一下,态度和缓地以惋惜的口气操着宜兴话音说:"在我手里批分数,这差的 1 分就是不及格,普安的国文是差点的。"万分无奈的情况下,按照当时教育部门的规定,潘老同意我以试读生的身份随班跟读,所进修学分,学校承认,但要到一学期各门课程成绩及格之后才正式上报认可。经过自身的努力,我克服了不少困难,以"好学近乎智,力行近乎仁,知耻近乎勇"这句古话作为律己的座右铭。最终读完应进修的学分,于1946 年春毕业(但毕业证书推后一学期,与第二届毕业同学一起发下)。

　　抗战胜利复员来沪,我一直在纺织业工作。1982 年退休后,听从潘老意见,到立信会计编译所从事《立信会计丛书》编辑工作。1984 年春节,编译所举行团拜并聚餐,席间,潘老心情很愉快,看到一年多来已编出的会计书籍,与大家一样,都非常高兴,并且对今后多出会计书籍充满了信心。就在餐宴中,潘老对我说:"普安,你本来 59 分,今天我加你 1 分,及格。"我听到这句话,情绪万分激动,真是又惊又喜。从 59 分到 60 分,这 1 分竟整整相距了 40 个年头,能得到潘老的这 1 分,可也真不容易。潘老的敬业精神,严谨求实的治学态度,以及对学生的高要求,早为世人所公认。我亲身感受所得的体会是更深刻、更真实。事实上,40 年前潘老扣我 1 分的事情,早成过去,而隔了这么长的时间,潘老已是高龄,尚记在心中未忘。那时潘老扣我 1 分是有恨铁不成钢的深远用意,现在给我加 1 分,却充分体现出潘老爱护、关心后辈的一颗爱心。可以断言,在潘老一生所教成千上万的学生中,不会有第二个相同的事例。这种精神怎不使人感动,尤其是我,更是终生难忘!①

----

① 章普安:《四十年之后,潘老给我加了 1 分》,《立信学刊》1993 年特刊。

二

1984 年 7 月 14 日，1 200 多位立信学校在沪校友，欢聚在上海社会科学院大礼堂，举行立信上海校友会成立大会。当市会计学会副会长陆修渊校友宣布大会开始时，会场掌声雷动。

这一天正是立信创办人潘序伦老校长 92 岁诞辰，在热烈祝贺声中，大会一致推举他为立信上海校友会名誉会长。大会推举上海社会科学院名誉院长黄逸峰等 14 人为顾问，顾树桢为会长，陆修渊、黄浦、顾福佑、孙庆元校友为副会长，大会又通过了《立信上海校友会章程》及理事会名单。

立信会计专科学校校长顾树桢致开幕词，他回顾了立信校友会悠久而光荣的历史，并指出了在新的历史条件下重新建立立信校友会的重要意义。校友会筹委会负责人丁苏民汇报了校友会筹备经过后，老校长潘序伦首先讲了话。

潘序伦在讲话中强调要继续维护立信的声誉，必须坚持"信以立志，信以守身，信以处事，信以待人"的校训精神，并寄希望于重建的立信校友会能有效解决立信发展过程中遇到的困难，为立信多作贡献，最后指出了知识更新问题，强调了它的重要性和迫切性，并豪迈地说道："我们以前的学习口号是'活到老，学到老'。我已年逾九旬，因之我自己的口号是'活到死，学到死'。"讲话的具体内容如下。

各位校友：

今天我看到校友中间，有些是老年，有些是中年，有些是青年，这叫做老中青三结合，济济一堂，共庆立信上海校友会的成立，我们全体校友面对这种情况，心情定然非常愉快。我在五十六年前创办了各种程度不同的私立立信会计学校，在老校友们的共同努力下，赢得了一些声誉，立信这块牌子原是校友们所共同创建的。到了现在，这块牌子已经是属于国家的了。现在我们的立信会计学校已经是国家办的了，是人民大众所共有的了，因此更应该依靠大家来维护它的声誉。

我常常想起立信会计学校以前之所以能在社会上赢得了一些声誉，最重要的原因，不外乎是立信毕业的学生，大都能在各种岗位上尽职尽力地做好他们的工作，没有做有损于学校名誉的行为。现在的各届毕业学生是否也能如我校以前的毕业生那样，坚持我校"信以立志，信以守身，信以处事，信以待人"的校训精神,使他们的工作也能得到工作单位和社会上的好评。我校校友们在全国的分布面很广,校友们一定能听到各方面对于我校近来各届毕业生服务的评语。假如评语是好的,也就算了;假如不好,我恳切希望校友们能把这种不好的评论,迅速反馈给我校领导,引起他们的注意,这是校友们帮助我们学校改进工作的首要办法。

今天,我们为了社会主义四化建设,加强会计、审计和经济管理工作,需要大量的高级、中级和初级的会计人员。我校经上海市人民政府批准,从1980年复校以来,经过四年的努力,总算已奠定了初步基础。我校的办学方针是多层次,多形式,学生自费走读,不包分配,由学校择优推荐的方式,受到了政府的重视和社会的欢迎,也为社会主义职业教育闯出了一条新路子来。外地各省市,远及新疆、西藏,也纷纷来函、来人要委托我校,代办训练班或培训他们的在职干部。现在上海立信大专日校、夜校以及中专、函授等部门的学生共计5000人左右,没有党的十一届三中全会的拨乱反正,重视科学,重视知识分子的方针、政策,我校哪里会有今天的这种局面呢?

面临着这样的大好形势,我一则以喜,一则以惧,喜的是我校在党的领导下,在财政部与上海市人民政府的双重领导下,有了新的发展,前程似锦。惧的是盛名之下,其实难副。除了上面已经讲到的毕业生的素质问题外,我校在建设征途上,还面临着不少棘手的困难问题。例如:

1. 我校的新址虽已经市计委审定,建筑校舍的专款,虽已经财政部与市政府拨下,但校舍的建筑设计,还刚刚开始,从破土动工到建筑完成,恐非经三年之久不能完成,这就要大大增加我校办学的困难。

2. 我校的教材编印事项,在新编立信会计丛书编委会的努力和大百科全书出版社上海分社的大力支持下,已经出版了近二十种,但远远不能适应国内各方面的需要,况且印刷出版的时间越来越长,以致我们新版的立信会计丛书,竟不敢在报纸上登载广告,假如新丛书能快速出版,它的贡献可能更好、更大。

3. 我校今天在师资方面也感到困难,由于缺少具有正教授职称的教师,因而不能培训研究生。还有新的课程,如会计电算化、审计、统计等,由于请不到足够的教师,也买不起价值昂贵、足供整班学生应用的电子计算机,因而难以多开这种课程。所有这些发展中遇到的实际困难,还得依靠全体校友们群策群力,从爱护母校及为祖国培养更多的财会人员出发多作贡献,这也是重建我校校友会主要目的之一。

改革之风，现在吹遍全国企业、事业，我们现在的立信会计专科学校，是不是也该追随上海交大、复旦学校之后，考虑一下在某些方面作一些适当的改革措施呢？我希望校友们对我校领导提出好的建议，并对于我校某些方面出现的不足之处提出批评，这也是能使我校办得更好的重要途径之一。

最后，我对全体校友，包括我自己在内，还要提出一项重要而紧迫的任务，就是知识更新。现在世界上的科技知识，不论是自然科学知识，还是社会科学知识，都在迅速更新，通常在三年或五年内就会更新一代。我们的知识如不经常更新，就会被人甩得更远。我们从前的学习口号是"活到老，学到老"，我已年逾九旬，因之我自己的口号是"活到死，学到死"。各位都比我年轻得多，正是更新知识的大好时光。我也知各位工作很忙，但无论如何应该挤出适当时间来学习新知识，以免遭受时代的淘汰。关于这一点，我愿与各位相互助勉。

我的讲话完了，祝全体校友们身体健康，工作顺利，学习进步。①

接着财政部原副部长忻元锡讲话，他高度评价了潘序伦的讲话，并深刻论述了经济振兴的速度问题、质量问题与数量问题之间的相互关系及它们与会计之间的密切关系。他再次提请大家注意潘老所提到的知识更新问题。他指出：过去二三十年知识不更新，吃老米饭，没有问题。现在不成了，如果不懂得电脑，不懂得机器人，那就很难掌握瞬息万变的世界市场，也很难掌握不断发展的现代化会计知识。我们立信会计学校要培养数量更多而且知识不断更新的财务会计工作人员，来适应我国国民经济日益发展的需要。

最后，上海市会计学会、立信上海校友会向潘序伦老校长祝寿、献礼，大家一致起立鼓掌致敬。

中国财政科学研究所所长许毅校友，也从北京赶来参加大会。北京《财务与会计》编辑部，立信会计海外校友会，重庆、天津、南宁立信会计学校以及北京、武汉、广州、山东、湖南等地众多校友纷纷来电、来信表示衷心祝贺。大会在热烈的掌声中圆满结束。

1985 年是我国杰出的会计学家、教育家潘序伦从事会计事业六十周年。立信会计专科学校联合有关单位，举行了隆重的庆祝活动。

10 月 25 日下午两点半，上海市会计学会、上海市审计学会、立信会计专科

---

① 《立信校友通讯》1984 年 9 月 20 日第 1 期。

学校、立信上海校友会,在上海锦江小礼堂隆重集会,热烈庆贺潘序伦同志从事会计事业六十周年。

上海市会计学会兼上海市审计学会会长、立信会计专科学校校长顾树桢主持大会并首先讲话。接着,专程来沪的财政部副部长陈如龙,代表财政部向潘序伦先生颁发《荣誉证书》并致贺词。上海市副市长叶公琦代表上海市人民政府致祝词。上海市政协常委寿进文、上海市哲学社会科学联合会副主席王眉征,以及加拿大审计总署主任莫多,先后也在会上作了热情洋溢的发言。

潘序伦先生因病住院治疗,委托他的女儿潘屺瞻致答谢辞。最后大会宣读了各地立信校友、校友会以及大美国际会计师行、永道会计财务咨询公司发来的贺电和贺信。

出席庆祝集会共有200多人。其中有上海市财贸党委副书记褚后仁、上海市财政局局长鲍友德、上海市审计局副局长赵洪元、上海财经学院院长张君一,以及忻元锡、马一行、李文杰、李鸿寿、谭敬等知名人士和各地立信的校友代表。

财政部副部长陈如龙在庆祝大会发表了热情洋溢的贺词,他向潘序伦表示热烈的祝贺,并致以崇高的敬意。他说:

> 为表彰潘序伦先生对我国会计事业作出的卓越贡献,财政部特予颁发荣誉证书。在今天的庆祝会上,我首先代表财政部来宣读荣誉证书:杰出的会计专家、教育家潘序伦先生从事会计工作和教育工作六十周年,对我国的会计事业作出了卓越贡献,特发给荣誉证书。
>
> 中华人民共和国财政部
> 一九八五年十月二十五日。

陈如龙在讲话中指出:"潘序伦先生在青年时代,留学美国,先后获得哈佛大学企业管理硕士学位和哥伦比亚大学经济学博士学位。他回国后,为了振兴贫穷落后的祖国,以引进和传授西方先进会计知识和技术,先后兴办了立信会计师事务所、立信会计专科学校和立信会计图书用品社。60周年来,潘老先生应用国外先进学术成果,结合我国实际情况,编写和翻译了大量的会计财经书籍,培养了数以万计的专门人才。这些人才遍布祖国各地,成为我国财会战线上的骨干力量。可以说,潘老的学生遍天下,立信会计专科学校的名字与潘序伦先生的名字是联系在一起的。潘老先生积极拥护中共十一届三中全会的路线和政策,在耄耋之年,仍然为发展财经教育事业献计献策,为祖国的两个文明建设贡献力量。1980年在潘老先生的倡议下,复办了立信会计专科学校。复校以来,立信已为国家培养了一大批人才。"

他高度评价了潘序伦的伟大贡献:"60年来,潘序伦先生为我们会计事业作出了卓越的贡献,建立了不朽的功勋,在中国会计史上写下了光辉的一页。潘老先生崇高的爱国主义品德;拥护中国共产党并为祖国繁荣、人民富裕的献身精神;实事求是,理论联系实际的科学的治学态度;全心全意为人民服务,脚踏实地的工作作风;忠于人民的教育事业,为振兴中华、培养人才奋斗不止的高尚情操,是值得我们学习和尊敬的。"[①]

原上海市副市长叶公琦在庆祝大会上的贺词指出:

> 在潘序伦同志从事会计事业六十周年并荣获中央财政部颁发的荣誉证书之际,我代表上海市人民政府向潘老致以热烈的祝贺。
>
> 潘老是我国杰出的会计专家,著名的教育家,是培养我国会计人才和发展我国会计事业的先驱。六十年前,潘老满怀振兴祖国民族经济的愿望,从西方学成归国后,创立立信会计事业,对推广近代会计知识,提高企业管理水平,取得了很大的成绩。日寇入侵,上海沦陷后,潘老只身奔赴抗日后方,在一无办学经费,二无校舍的困境下,到处奔波,向社会募集经费,为会计教育事业历尽艰辛。抗战胜利后,潘老重返上海,集资筹建立信会计专科学校新校舍。解放以后,立信继续为上海和全国各地培养了大批财会人才。高等学校院系调整以后,立信并入上海财大,但潘老仍继续关心并积极支持会计教育事业,研究会计新技术。党的十一届三中全会之后,潘老虽已年近九旬,而壮志不减当年,为了振兴会计事业,倡议复办了立信,采取了"自费走读、择优推荐"的办学新路子,既能更多地培养社会主义经济建设急需的会计人才,又为国家节约了大量办学经费。数十年来,潘老献身会计教育事业,治学严谨,著作等身,桃李满天下,驰誉海内外。他的爱国主义品德和献身会计教育事业的精神,受到了党和人民的高度评价。他所创办的立信会计专科学校已成为培养社会主义财会人才的一个重要基地,随着经济建设和教育事业的发展,必将更加兴旺发达,办出新的水平。
>
> 潘老年事已高,近来又患病住院治疗,我们衷心希望潘老善自珍摄,早

---

① 引自罗银胜等编:《实用交际大全》,上海古籍出版社1991年5月版,第760—761页。

日恢复健康。①

　　潘序伦从事会计事业 60 周年庆祝大会的第二天,10 月 26 日上午,雨过天晴。坐落在上海市中山西路 2230 号的立信会计专科学校新校舍工地上,彩旗招展,高耸入云的塔机上悬挂着五彩缤纷的气球和"立信会计专科学校奠基典礼"十二个大字的巨幅标语,吸引着远近的人们。建设工地中央设立着临时的主席台,主席台前方鲜花簇拥着一块黑色的花岗岩奠基石。锣鼓队和鞭炮队分列在主席台两旁。300 多位代表准时赶到工地,代表着立信的广大校友和师生来参加这盼望已久的新校舍奠基典礼。人们比画着未来校舍的设计模型,脸上流露出抑制不住的喜悦。

　　上午 9 点 40 分左右,在一片掌声中,专程来沪参加潘序伦先生从事会计事业 60 周年庆祝活动的原财政部副部长陈如龙,立信会计专科学校校长顾树桢及党委书记褚后仁纷纷走上主席台。奠基典礼由孙庆元副校长主持。顾树桢在典礼上发表了讲话。

　　顾树桢说:"昨天,我们欢聚庆祝我们的老校长潘序伦同志从事会计事业 60 周年。今天又在这里举行立信会计专科学校新校舍的奠基典礼,真是喜上加喜,这使我们无比高兴。"接着,他又说:"复校五年来,由于没有自己的校舍,教师和学生们的条件相当艰苦,师生们殷切地希望有一个良好的学习环境,潘老校长也时刻盼望着新建一所现代化的新校舍,能为国家着养更多更好的人才。今天,财政部和市人民政府为我们拨款建造的校舍正式破土动工了,预计 1987 年秋天可以建成。"

　　当陈如龙走下主席台,亲手为奠基典礼剪彩和揭幕时,全场顿时一片欢腾,锣鼓声、掌声、鞭炮声以及打桩机的打桩声响彻工地,传得很远很远。只见黑色花岗岩的奠基石上,镌刻着金光闪闪 23 个大字:

　　　　公元一九八五年十月奠基,名誉校长潘序伦,校长顾树桢。

　　陈如龙副部长和顾树桢、褚后仁、孙庆元、魏人英、徐立元、徐文彬等学校领导一起,手握铁锹为奠基石培土……

　　在上述活动进行之际,潘序伦身染沉疴,在与病魔作最后的抗争。他将生命

---

① 引自罗银胜等编:《实用交际大全》,上海古籍出版社 1991 年 5 月版,第 761—762 页。

置之脑后,唯一牵挂的还是立信。时任立信会计专科学校副校长的孙庆元清楚地记得那时的情况。

那是潘老去世的前一天上午,他的病情已十分严重,而思维仍然十分清晰。他反复询问:"你看立信将来会怎样? 会不会这样? 会不会那样?"在他生命垂危的时刻念念不忘的仍是立信。如今,八年过去了,可以告慰潘老的是:立信,包括上海立信和全国各地的立信,虽然还存在着这样或那样的一些困难,但总的来说,都取得了很大的进展。因此,在今天纪念潘老诞辰100周年的时候,觉得最好的纪念,莫过于进一步办好立信事业。

潘老创办立信事业,领导立信事业,历尽了千辛万苦,整个过程为后人留下了宝贵的精神财富。作为潘老的一名学生,对这一切,当然不可能全面了解,然而潘老创办立信的许许多多做法,仍然一幕幕地浮现在眼前……①

这期间,学校领导决定在立信新校园内为立信事业的奠基者潘序伦老校长塑一尊半身铜像。据全程参与经办此事的钟陵强回忆:

每当经过校园内潘序伦老校长的铜像,心里总有股特别的亲切感。

八年前的深秋,原校长办公室主任陈顺沐同志找到我,告知学校领导决定在将要建成的立信新校园内,为立信事业的奠基者潘序伦老校长塑一尊半身铜像,委托我全权负责塑像的组织工作。接到这项"分外"任务,我是十分乐意的。我1982年调入立信工作,耳闻目睹,深为这位老校长的人格力量所折服,为这位会计界的泰斗塑像是件很有意义的事。

我首先着手物色雕塑家。经人介绍找到了龙华烈士陵园巨型群雕的作者、著名青年雕塑家刘巽发先生(他的雕塑作品《全世界无产者联合起来》《国际歌》等曾在《红旗》杂志上发表),这是位很有艺术才华和创作激情的艺术家。他听了我对潘老校长生平事迹的介绍,并研究了我提供的书面材料后,对塑造好这位杰出会计大师的形象表示了极大的热情。当时潘老校长已经重病在院,为了及时取得雕塑的第一手素材,经联系,我们特意赶到医院看望潘老。守在病床边的潘老女儿潘屺瞻女士已预先知道我们的来意,很有礼貌地招呼我们后,就用嘴附在父亲耳边说:"领导请来了雕塑家,要为

---

① 孙庆元:《怀念潘老,努力办好立信事业》,《立信学刊》1993年特刊。

您塑铜像。"满脸病容的潘老听见女儿的声音,慢慢睁开双眼,似听清非听清地轻轻"嗯"了一声,并对我们微微点点头。刘先生在一边,从不同角度观察潘老的头部骨骼和五官位置,并掏出速写簿画了好几张头像速写。之后,我们怀着十分沉重的心情道别了潘老校长。没想到两天后,就传来了潘老与世长辞的噩耗![①]

1985 年 11 月 8 日,这是潘序伦生命的最后一天。他因患膀胱癌,医治无效,不幸在上海中山医院溘然长逝,终年 93 岁。临终前,他忍着病痛,写下了催人泪下的《潘序伦最后遗愿》。

恳切请求亲友、同学、同志们务必在我死后,切实按照我的遗愿执行,万分感谢! 1. 不发讣告。2. 不收骨灰。3. 不开追悼会。4. 不收任何形式的奠礼及花圈、花篮之类。

我一生最喜欢节约一切物力、人力、财力,为建设新中国服务。

潘序伦作为中国会计教育事业的先驱,建立了不朽的业绩,高山仰止,景行行止。

1987 年 11 月,为缅怀潘序伦,在新落成的立信校园内,矗立起了一座青铜浇筑的纪念塑像,供后人瞻仰。当看到财政部副部长陈如龙和上海市副市长叶公琦揭开红绸,露出闪着光芒的潘老塑像,所有在场的人们无不内心激动,思绪万千……

1993 年春天,适逢潘序伦诞辰 100 周年,他的骨灰移存于立信校园。同时党和国家领导人发来题词,中华人民共和国副主席荣毅仁的题词:

为我国的会计事业的开创、发展和壮大作出贡献!

中共中央政治局常委、国务院副总理李岚清的题词:

现代会计学宗师,职业教育之楷模。

---

① 钟陵强:《功名身后事　事业伴终生》,《立信学刊》1993 年特刊。

全国人大常委会副委员长、中国民主同盟主席费孝通的题词：

建校建业，立信于民。

全国人大常委会副委员长、中国民主建国会主任委员孙起孟题词：

敬业育人，会计先驱。

全国人大常委会副委员长、中国民主促进会主席雷洁琼题词：

培育财会英才。

全国人大常委会副委员长王丙乾题词：

发扬光大，再立新功。

尾声

2001 年,潘序伦创办的立信,开始入驻上海的松江大学城,标志着立信进入了一个新的发展阶段。数十年来,学校以"毋忘立信,当必有成"为风向标,弘扬"诚信、奋斗、创新"的立信精神,实施"立信为本,实践为衡,求是务实,报效社会"的办学理念,以培养"厚基础、宽口径、重应用"的高级应用型专门人才为培养目标,立足上海,面向华东,服务全国,影响海外,培养了 20 多万经济管理人才,遍布 20 多个国家和地区。

"大学之道,在于明德。"大学教育偏离了"明德",那就意味着丢掉了灵魂,没有灵魂就是冷冰冰建筑的摆设。而潘序伦倡导的"立信"精神就是学校的灵魂所在。

以诚信教育为办学宗旨的上海立信会计金融学院有着引以为豪的过去,即创立了个性突出的"信"字品牌,形成了致力于培养学生"重在基础,力戒浮华,求真务实的"的办学特色,构建了由学校、出版社、事务所组成的"三位一体"的教育格局。然而立信的领导并没有故步自封,自我束缚,他们清醒地认识到,在当今时代,国家实施科教兴国的大背景下,必然对学校的管理体制、学科设置、办学理念、师资队伍、管理人员配备提出新的更高的要求。

对此,新一届学校党委领导班子居安思危,审时度势,从学校的实际出发,采取果断措施,力图在改革中促发展,在实践中求创新。通过弘扬以"诚信、奋斗、创新"为深刻内涵的立信精神,推进了学校的改革发展。

立信精神讲"诚信"。学校创始人潘序伦老校长提出的校训,在建设社会主义市场经济的今天,越来越显现出"信"字品牌的强劲生命力。中共十六大报告中明确提出,把"诚实守信"作为建立社会主义思想道德体系的重点,"要以诚实守信为重点,加强社会公德、职业道德和家庭美德"。学校作为公民道德建设的切入点,就必须采取相应的措施和方法,全面实施诚信教育,培养出具有诚信品格的学生。

立信精神讲"奋斗"。这里的奋斗不仅是讲团结奋斗,还包括艰苦奋斗。文学巨匠茅盾先生曾说过:"人生之天职,即为奋斗,无奋斗者,百无成就。"学校虽然已经进驻大学城,在硬件上基本实现了跨越式发展,但团结协作、艰苦奋斗的精神不能丢。

立信精神讲"创新"。这种创新,既有思想理念的创新,也有教育方法的创新,还有制度的创新和个性的发展。只有不断创新,才能使立信不断适应不同时代和形势的需要,培养出各种有用人才,从而保持我们立信在我国教育之林占据一席之地。

"立信精神"不仅是立信发展史的真实写照,更是引领立信发展的巨大精神力量。它在实践中不仅起到了标尺的作用,而且已成为广泛的共识并演化成群体的意识和精神。广大干部、教师、管理人员和后勤保障人员等都能在各自的工作行为中自觉比照:工作和为人的出发点是否以诚信为基础,工作的态度是否认真,工作的思路是否有新意、创意。这有利于保证学校各项工作的顺利开展。这种精神力量,为学校的长远发展提供了有力的内在支持。

2005年7月,时任财政部部长助理的王军在中国会计学会2005年学术年会以及中国会计学会财务成本分会年会暨第18次研讨会上,发表了热情洋溢的讲话,向业界发出倡议——锻造中国会计精神①。

王军在讲话高度评价了中国现代会计之父潘序伦的历史功绩和地位。他阐释了中国会计精神的内涵。正如民族精神是一个民族赖以生存和发展的精神支撑,会计精神也是会计行业繁荣与进步的内在动力,深刻长远地影响着会计事业的发展。那么,究竟何为中国会计精神?他指出,中国会计精神应当是诚实守信的品格,客观公正的意识,开放广阔的胸襟和进取创新的追求。其中诚实守信是灵魂,客观公正是根本,开放胸襟是关键,进取创新是动力,四者构成了中国会计独特而丰富的精神内核。他说:

> 诚实守信是会计行业之魂。"诚信是诚信者的通行证,失信是失信者的墓志铭。"市场经济条件下,诚信既是道德资源,又是经济资源。诚信在保障交易正常进行中具有重要作用,诚信理念推动了经济发展和社会进步。诚

---

① 陈清清、陈涵文,见2005年7月22日《中国财经报》。

信在会计行业尤为重要,中国现代会计之父潘序伦先生曾指出:"立信,乃会计之本;没有信用,也就没有会计。"潘序伦把信用比为会计工作的生命线。对会计行业而言,诚信既是财富,又是财源,还是财力。诚信是财富,是指它有助于业务的开拓、市场的占有、领导的信任。诚信是财源,就单位会计人员来讲,诚信使会计在管理领域中发挥越来越重要的作用,不断提升其管理地位;就注册会计师来讲,诚信可以使客户增多,实力增强,合作者增多,在合作中取得发展。诚信是财力,是指诚信品牌是一种极大的无形资产。诚信一旦缺失,就意味着失去了走出单位、走进市场,走向国际化的通行证。市场经济需要会计诚信,"信以立志,信以守身,信以处世,信以待人,毋忘立信,当必有成"的诚信精神,已深深根植于会计人员的心中,成为忠诚敬业的座右铭。

客观公正是会计行业之本。会计行业肩负着依法、客观、公正处理社会各阶层经济利益关系,促进人类社会关系正常发展的任务。会计人员思想道德素质和文化业务技能的提高,不仅是自身全面发展的需要,也是构建社会主义和谐社会的需要。会计行业的重要地位和不可替代的作用,要求会计人员有客观公正的意识和作风:对工作,要坚持准则、依法理财、客观公正,做到"不唯上,不唯书,只唯实";对自己,要自重自省、自警自励、自律慎独,做到"吾日三省吾身"。随时提醒自己,警钟长鸣,通过自我约束、自我监督,培养和锻炼自己客观公正的职业道德、信念和意志。

王军的评价,无论怎样看,都是十分中肯的。

后记

罗银胜

记得梁漱溟先生说过:"自己愈认真,从外面收来的东西就愈多,思想就一步一步地变,愈收愈多,不能自休,就成今日这样子。"我从事潘序伦研究的艰辛历程,使我对梁先生所说的这句话深有体会。

我承认,我内心有一种难以化解的"潘序伦情结",或者说是"立信情结"。这种近乎顽固的情结,驱使我从事潘序伦研究,从青涩之年一直到现在,历时二十余载。我总是有一种奢望,就是要为我国现代会计之父潘序伦先生作传,我是不是有点不自量力? 如今传记算是完成了,其中的酸甜苦辣不足与外人道,且算是自己已经尽力而为了。

作为一部系统完整的潘序伦传的作者,我历经数载,在浩如烟海的图书文件、回忆文字、档案资料、人物谈话以及潘序伦先生的著述中,寻寻觅觅,悉心整理,并赴各地采访有关人士,其中的艰辛只有自知。这是我的工作,同时也成为我的爱好。回首这些年走过的路,我自幸自己是努力了,至于收获多少,那是另外一回事。我在《教育大词典》(上海教育出版社)、《中国现代教育家传》(湖南教育)、《中国现代企业家列传》(经济日报出版社)发表了《潘序伦传》;在《上海会计》《财会月刊》《解放日报》《联合时报》等报刊发表研究潘序伦的论文十余篇;并与金家富先生一起主持了上海市教委课题"潘序伦教育思想和办学实践研究",结题后获得了奖项,已由立信会计出版社出版。我还参与编纂了立信校志、大事记……总之,我已经尽心尽责了。

我知道,我的背后,有一个强有力的后盾,那就是上海立信会计金融学院的领导和海内外的立信校友。没有他们的关心与支持,我将寸步难行。

借本书出版之际,我要向下列人士表示衷心的谢意:潘屺瞻、管锦康、陈敏之、王元化、李文杰、李鸿寿、顾树桢、许毅、杨纪琬、娄尔行、诸尚一、丁苏民、黄浦、成守文、李海波、金家富、魏人英、徐立元、徐文彬、孙庆元、马钟榆、沈传德、贾建明、钟陵强、汪溢中、陆钟美、康文嶽、纪剑鸣、孙时平、李旸、王晓英、阙伟民、方士华、彭秋龙先生等以及我的父母与家人。毫无疑问，没有他们的鼎力支持，本书是难以顺利问世的。

感谢李世平先生、陈敏之先生、黄宗英女士为拙作作序。十分感谢上海立信会计金融学院的各级领导，特别是李世平、唐海燕、文选才、许玫、温景春、万峰、顾晓敏、陈晶莹、赵荣善、龙英锋、金慧华、苏宏峰、万秀凤、黄敏、何爽等先生，他们的无私帮助，我将永铭于心。

2017 年 11 月 30 日